Wie Freiheit entsteht

Sozialgeschichtliche Bibelauslegungen

herausgegeben von
Claudia Janssen und Beate Wehn

Gütersloher Verlagshaus

Die Deutsche Bibliothek – CIP-Einheitsaufnahme

Wie Freiheit entsteht : sozialgeschichtliche Bibelauslegungen /
hrsg. von Claudia Janssen und Beate Wehn. –
Gütersloh : Gütersloher Verl.-Haus, 1999
ISBN 3-579-03099-X

ISBN 3-579-03099-X

Umschlaggestaltung: Linda Opgen-Rhein, Dortmund
Abbildung: Schmalseite eines Sarkophags aus Sidamara, 3. Jh. n.Chr.,
Marmor, Istanbul, Archäologisches Museum (Ausschnitt)
Satz: Weserdruckerei Rolf Oesselmann GmbH, Stolzenau
Druck und Bindung: Westermann Druck Zwickau GmbH
Gedruckt auf chlorfrei gebleichtem Werkdruckpapier
Printed in Germany

Inhalt

Körper – Heilung – Auferstehung

Evangelium, Gemeinde und Konflikte

Klagen und Visionen – Sprachformen der Bibel

Vorwort

Die Beiträge dieses Buches ermöglichen Einblicke in das Alltagsleben von Menschen in biblischer Zeit: in ihre Arbeitswelt und in ihren täglichen Kampf um das Überleben. Sie berichten von politischer und ökonomischer Ungerechtigkeit, von Krankheit und Gewalt, aber auch von gelungener Gemeinschaft, Widerstand und konkreten Erfahrungen von Heilung und Auferstehung. Die jeweils sehr kurz gehaltenen Auslegungen laden ein, einen Gedanken zu verfolgen, dem Thema einer Perikope nachzugehen. Sie bieten nicht nur Materialien für das Verfassen einer Predigt, sondern eröffnen durch vielfältige Aktualisierungen ein eigenes Verständnis für die theologische Bedeutung des Textes. Die Auslegungen des Buches bauen Brücken zwischen dem Alltag in biblischer Zeit und Fragen der Gegenwart. Hauptsächlich beschäftigen sie sich mit der frühchristlichen Zeit, ergänzt ist diese Textauswahl durch einige Texte aus der Hebräischen Bibel.

In ihrer Zusammenstellung bilden die Beiträge ein Ganzes. Sie beschreiben das Leben der Menschen in den jüdischen und frühchristlichen Gemeinden im 1. Jahrhundert in vielen verschiedenen Facetten. Die Realität ihres Alltags innerhalb des Römischen Reiches scheint durch die Texte hindurch: politische Unterdrückung, Verarmung weiter Bevölkerungsschichten, der Verlust von religiöser und politischer Souveränität, allgegenwärtiger Tod und Gewalt in vielen Erscheinungsformen. Die Menschen, die die biblischen Texte verfaßt haben, stellen dieser Realität eine andere gegenüber. Aus ihren religiösen Traditionen schöpfen sie das Widerstandspotential, das sie am Leben erhält. Das bringen sie auf immer wieder neue Weise zum Ausdruck: Ein Leben nach der Tora ermöglicht ihnen Freiheit – Freiheit den todbringenden Strukturen gegenüber, Freiheit, die Menschenwürde und Selbstbewußtsein schafft.

Die Kraft zum Überleben, die aus den Texten spricht, kann auch heute begeistern und bewegen. In ihnen klingen die Stimmen von Menschen, die sie verfaßt haben, die darin ihre eigenen Erfahrungen verarbeitet haben – Stimmen von Menschen im Aufbruch, voller Visionen und Hoffnungen, aber auch die der gequälten Menschen, der Kranken und Erniedrigten. Ihnen wird die Nähe des Reiches Gottes, die Verwandlung aller ungerechten Verhältnisse zugesprochen. Die neutestamentlichen Texte sind von den Auferstehungserfahrungen und -hoffnungen getragen, die im Alltag der Gemeinden gelebt wurden und sich konkret manifestierten: im Zusammenleben von Menschen verschiedener sozialer und ethnischer Herkunft und im Miteinander von Frauen und Männern. In ihren Gemeinschaften haben sie Gegenstrukturen entwickelt und das, was sie hatten, miteinander geteilt: ihre materiellen Ressourcen und ihren Glauben. Teilen schafft Überfluß – davon berichten nicht nur die Speisungswunder, sondern auch viele andere Texte, die die Fülle des anbrechenden Reiches Gottes ausmalen und Erfahrungen von Heilung und Sattwerden zum Ausdruck bringen.

Den Methoden sozialgeschichtlicher Bibelauslegung verpflichtet, fragen die AutorInnen in ihren Auslegungen dieser Texte nach Strukturen der Unterdrückung und Möglichkeiten befreiender Glaubenspraxis – dem »Gottesdienst« von Menschen in historischen und aktuellen Kontexten. Dazu gehört der positive Bezug auf den christlich-jüdischen Dialog und die feministische Exegese, mit der Perspektive, zur Entwicklung von Befreiungstheologie im deutschen Kontext beizutragen. Die gesellschaftliche Realität heute wie damals zur Sprache zu bringen, erfordert eine klare und differenzierte Analyse der Situation, die Frage nach den Beteiligten, ihren je weiligen Interessen und den konkreten Bedingungen, die Veränderungen ermöglichen können. Sich diesen Fragen stellen zu können, nicht in Ohnmacht und Resignation zu verfallen, erfordert daneben aber auch Quellen der Ermutigung, die immer wieder neu darin bestärken, daß das Eintreten für Gerechtigkeit und Solidarität notwendig und sinnvoll ist – auch und besonders in einer Zeit, in der diese Begriffe veraltet wirken angesichts von schier undurchschaubaren weltweiten Verflechtungen, von Globalisierung und ökonomischen Zwängen. Die Beiträge dieses Bandes zeigen, daß die biblischen Texte in ihrem Kontext zu Quellen der Kraft und der Ermutigung werden konnten, weil ihre Themen aus der Lebensrealität der Menschen stammen, Probleme und Nöte beim Namen nennen und Visionen ›von unten‹ entwickeln, die Veränderungen erst möglich machen. Sie stammen aus dem Erfahrungsschatz der Frauen und Männer, die von ihrer alltäglichen Arbeit und ihrer Arbeit für das Leben erzählen.

So werden in den Gleichnissen die Lebenszusammenhänge von Menschen im Römischen Reich zu »Fenstern zum Reich Gottes«, zu Orten, an denen Gottes Nähe erlebt werden kann (Teil 1). Ihre bilderreiche Sprache ermöglicht uns Einblicke in Ökonomie und Arbeitswelt in neutestamentlicher Zeit. Viele Gleichnisse sind im Bereich der Landwirtschaft angesiedelt, sie zeigen HirtInnen bei der Arbeit auf den Weiden, Bauern und Bäuerinnen beim Bestellen ihrer Felder. Die Habgier eines Großbauern wird zum Beispiel für den ungerechten Umgang mit Gütern, dem die Suche einer Frau nach einer Drachme, dem Geld, das sie zum Überleben benötigt, gegenübersteht.

Heilung und Auferstehung sind zentrale Themen in den Erzählungen über Begegnungen zwischen Jesus und Frauen, Männern und Kindern (Teil II). In ihren Körpern wird Gottes Kraft, seine *dynamis*, wirksam. Die biblischen Texte zeugen trotz der androzentrischen (d.h. männerzentrierten) Sprache von einer deutlichen Parteinahme für die Situation von Frauen und sprechen ihnen Wert und Würde zu. Ihre Stärke liegt darin, daß sie Auferstehungs- und Heilungserfahrungen als spürbare Verwandlung der Gegenwart begreifen, die so transparent wird für die Hoffnung auf messianische Zeiten.

Vom Ringen um Strukturen des Zusammenlebens in schwierigen Zeiten handelt der dritte Teil des Buches. Konflikte um die gleichberechtigte Teilung von Verkündigungs- und Versorgungsarbeit waren ebenso an der Tagesordnung wie Diskussionen darum, wie ökonomische Solidarität konkret aussehen kann. Insbesondere die paulinischen Texte geben davon Kunde, auch wenn es uns aufgrund unserer Tradition häufig schwerfällt, den Lebensbezug der Texte herauszulesen, die bisher in erster Linie dogmatisch interpretiert wurden. Paulus steht neben vielen anderen Frauen und Männern, sie verbindet ihr gemeinsamer Alltag, ihr Glaube und der Widerstand gegen die Macht des Römischen Reiches.

Wie ein roter Faden durchzieht die Bibel der Hunger nach Leben, nach Freiheit und Gerechtigkeit (Teil IV). Dabei liegen die Sprache der Klage über Gewalt und die der Visionen eng beieinander: Sie zielen auf Veränderung der Gegenwart. Scharfsichtig prangern ProphetInnen die Ungerechtigkeit in ihrem Umfeld an, sehend geworden nicht zuletzt durch die Klagelieder der Einzelnen und der Gemeinschaft, in der sie leben. Die leidenschaftliche Sprache der Psalmen und der prophetischen Rede findet sich in der Hebräischen Bibel ebenso wie im Neuen Testament.

Die meisten der in diesem Buch gesammelten Auslegungen sind zuerst in der *Jungen Kirche* in der Rubrik »Sozialgeschichtliche Bibelauslegung« veröffentlicht worden. Diese ist seit 1989 fester Bestandteil der Zeitschrift und wird auf Initiative von Dagmar Henze seit Ende 1996 von Mitarbeiterinnen des Forschungsschwerpunkts Feministische Befreiungstheologie an der Universität Gesamthochschule Kassel betreut. Den RedakteurInnen Ulrike Plautz und Frank Kürschner-Pelkmann danken wir an dieser Stelle für die langjährige gute Zusammenarbeit. Die Grundlagen und Kriterien sozialgeschichtlicher Exegese, die Luise und Willy Schottroff 1993 hier in ihrem Aufsatz »Gegen die Beliebigkeit« dargelegt haben, sind auch maßgebend für die Auslegungen dieses Bandes und stehen deshalb ganz am Anfang.

Ferner danken wir den AutorInnen, die ihre Auslegungen für dieses Buch zum Teil überarbeitet haben, für ihr Interesse und ihre Bereitschaft zur

Mitarbeit. Die Bibeltexte wurden – wenn nicht anders vermerkt – von den jeweiligen AutorInnen übersetzt. Besonders erwähnen möchten wir an dieser Stelle auch die Mitarbeiterinnen des Feministisch-Befreiungstheologischen Archivs, die engagiert an der Erstellung des Druckmanuskripts mitgewirkt haben: Ute Ochtendung, Annemarie Oesterle, Stefanie Kurzenknabe, Christiane Lecke und Julia Annette Reitz.

Ulrike Eichler hat dieses Buchprojekt als Lektorin betreut. Ihr danken wir für die konstruktive und gute Zusammenarbeit von der Planung bis zur Drucklegung.

Unser besonderer Dank geht an Luise Schottroff, die den Entstehungsprozeß dieses Buches von der ersten Konzeption an begleitet und tatkräftig unterstützt hat.

Kassel, im Mai 1999 Claudia Janssen, Beate Wehn

Gegen die Beliebigkeit

Luise und Willy Schottroff

Unter sozialgeschichtlicher Bibelauslegung ist für uns »eine Exegese zu verstehen, die zwei gesellschaftliche Kontexte bei der Interpretation beachtet: den gesellschaftlichen Kontext zur Zeit der Entstehung des biblischen Textes und den gesellschaftlichen Kontext der BibelleserInnen heute. Die Bibelauslegung fragt so konkret wie möglich nach den Lebensbedingungen der Klassen, der Rassen und der Geschlechter und der Bedeutung des Glaubens im Alltag der Menschen. Die sozialgeschichtliche Bibelauslegung reflektiert dabei immer auch die Praxis des Glaubens. Sie bezieht sich positiv auf den christlich-jüdischen Dialog und auf Feministische Theologie. Sie versteht sich als Beitrag zur Entwicklung einer Befreiungstheologie im europäischen Kontext.«[1] Diese kurze Definition soll hier als Grundlage für einige Erläuterungen dienen.

Die Entstehung von Befreiungstheologie im europäischen Kontext ist für uns mit den Auseinandersetzungen um das Antirassismusprogramm des Ökumenischen Rates der Kirchen (ÖRK) verbunden. Dessen Exekutivausschuß hatte im Rahmen des Programms zur Bekämpfung des Rassismus 1970 einen Sonderfonds für Zuwendungen an Befreiungsbewegungen (200.000 US-Dollar an 19 Organisationen) für humanitäre Zwecke beschlossen.[2] Im Blick der Öffentlichkeit war dabei besonders Südafrika mit seiner Unterdrückung der schwarzen Bevölkerung. Die Gegenargumente in der Kirche und von Theologieprofessoren, hier würden Kommunisten und Mörder unterstützt, waren unwahrhaftig und demagogisch. Der Beschluß des Exekutivausschusses ging an den Nerv des Problems und sprach von »Umverteilung der Macht« – und damit gewann die vergleichsweise geringe Geldsumme eine grundsätzliche Bedeutung. Wie ist der Umgang der Reichen mit den Armen im Sinne des christlichen Evangeliums zu gestalten: als Almosenspende – oder als Umverteilung der Macht?

Für viele ChristInnen in Deutschland (West und Ost) bedeuteten diese Auseinandersetzungen, daß sie sich selbst als Reiche erkannten, die von der Ausbeutung der sogenannten Dritten Welt profitieren. Die Konsequenz konnte nur sein, sich an der Dritte-Welt-Solidaritätsarbeit und der Friedensbe-

1. Zitat aus dem Einleitungsschreiben von Willy Schottroff zu sozialgeschichtlichen Bibelauslegungen in der *Jungen Kirche* 1989. Sozialgeschichtliche Bibelauslegungen erscheinen in der *Jungen Kirche* ab Heft 11/1989.
2. Zur Geschichte des Antirassismusprogramms s. besonders die Dokumentation »Anti-Rassissmus-Programm der Ökumene« = epd Dokumentation Bd. 5, 1971.

wegung zu beteiligen. Die Bibel war im Zusammenhang solcher Arbeit in selbstorganisierten Gruppen (meist am Rande von Kirchengemeinden) eine Quelle der Inspiration und Kraft. Vor allem die Bibelauslegungen der Bauern von Solentiname[3] waren eine Schule, in der wir lernten, die Bibel neu zu lesen. »Selig sind die Armen« (Lk 6,20) konnte und kann nicht mehr heißen, sich in unserem Kontext mit Spenden zufriedenzugeben, es bedeutete und bedeutet, wirtschaftliche Verflechtungen zu analysieren und öffentlich die Gewalttaten des Kapitalismus und die eigene Mittäterschaft beim Namen zu nennen und für Veränderungen zu arbeiten. Die sozialgeschichtliche Bibelauslegung, wie wir und unsere WeggefährtInnen[4] sie verstehen, ist diesem Zusammenhang zuzuordnen – ebenso wie die materialistische Bibelauslegung, die jedoch methodisch mit einem etwas anderen Konzept arbeitet, da hier auch die Wissenschaftstradition des französischen Strukturalismus aufgenommen wird (vgl. Belo 1980; Füssel 1987).

Befreiungstheologie im westeuropäischen Kontext wird von denen getragen, die weiter in der Friedensbewegung arbeiten, auch wenn sie heute in der Öffentlichkeit zu wenig wahrgenommen wird. Die Frauenbewegung, soweit sie sich positiv auf christliche Traditionen bezieht, und entsprechend die Ökologiebewegung sind ebenfalls Trägerinnen einer Befreiungstheologie im europäischen Kontext und benutzen heute auch meist diesen Begriff zur Selbstbezeichnung. Auch in der Frauenbewegung spielt die Bibel eine große Rolle: als Quelle der Ermutigung, als Dokument der Kämpfe der Vorschwestern – und als Dokument patriarchaler Unterdrückungsversuche (s. nur 1 Tim 2,11-15; vgl. grundlegend dazu Schüssler Fiorenza 1988).

Sozialgeschichtlich heißt nicht *liebespatriarchal*

Das Wort *sozialgeschichtlich* wurde zunächst von uns benutzt, um ein grundlegendes methodisches Defizit der deutschen (bzw. westlichen) Bibelwissenschaft zu benennen und aufzuheben: Die herrschende Bibelwissenschaft fragt ideengeschichtlich und blendet die soziale Realität, die hinter den biblischen Texten steht, ebenso aus wie die soziale Realität der InterpretInnen der Bibel. Die Behauptung, wissenschaftlich *objektiv*, *neutral* und eben *seriös wissen-*

3. Der erste Band erschien 1976, der zweite 1978. Sie erlebten schnell viele Auflagen und sind zu Recht immer noch viel gebrauchte Bücher.
4. Damit ist die Gruppe des »Heidelberger Arbeitskreises« gemeint, die seit 1977 zusammenarbeitet und ihre Arbeiten fortlaufend in Veröffentlichungen vor allem im Kaiser Verlag München dokumentiert hat. Vgl. die Literaturhinweise am Ende des Beitrags.

schaftlich die Bibel auszulegen, kennzeichnet auch heute das Selbstverständnis der Bibelwissenschaftler an deutschen Universitäten. Die Benennung und Offenlegung der eigenen Interessen und Parteilichkeit ist demgegenüber die grundlegende methodische Forderung kontextueller Theologien. Sie bestreiten zu Recht, daß die herrschende Bibelwissenschaft objektiv sei: Sie ist nicht neutral, sie legt nur ihre Interessen nicht offen.

Das Wort *sozialgeschichtlich* bedarf aber noch einer weiteren Verdeutlichung, da es auch für einen anderen bibelwissenschaftlichen Ansatz verwendet wird, der in den USA, aber zunehmend auch in der deutschen Bibelwissenschaft eine Rolle spielt. *Sozialgeschichte* und *Social History* wird hier mit einem auf Ernst Troeltsch zurückgehenden Ansatz betrieben. Für diesen Ansatz ist die Unterscheidung von Sekte und Kirche als Institution grundlegend. Die Jesusbewegung wird als Bewegung Wanderradikaler[5] (Männer) verstanden, die ein elitäres Ethos leben, das seßhaften und in Familien lebenden Menschen nicht zugänglich und auch für sie gar nicht gedacht ist. Diese leben als Kirche, *liebespatriarchal* organisiert. Unter Liebespatriarchalismus wird dabei eine gesellschaftliche und kirchliche Organisation verstanden, in der die Macht der Reichen, der Männer und der Herrschenden nicht angetastet wird. Sie werden nur angehalten, ihre Herrschaft liebevoll auszuüben. Den Frauen, Armen, Kindern und SklavInnen wird Gehorsam abverlangt. Das Wort *Liebespatriarchalismus* offenbart selbst seinen Charakter als Instrument der Verschleierung von Unrecht, indem in ihm Liebe mit Unterdrükkung verbunden wird. Dieses soziologische Erklärungsmuster breitet sich zunehmend in den westlich orientierten Bibelwissenschaften, aber auch in allgemeinverständlichen Bibelauslegungen aus. Es entschärft vor allem die prophetische Tradition und die Jesusevangelien. Die Bergpredigt z. B. hat danach keine Verbindlichkeit für ›normale‹ ChristInnen.

Die sozialgeschichtliche Bibelauslegung, wie wir sie verstehen, kritisiert dieses soziologische Deutungsmodell grundsätzlich und arbeitet mit einem anderen Fragenkatalog. Wir fragen nach Befreiungspraxis, nach Formen und Legitimationen von Unterdrückung. Was unter Befreiung inhaltlich zu verstehen sei, lehrt die Eschatologie des Neuen Testaments oder lehren andere jüdische Texte: die Erwartung des Gottesreiches in der Gemeinschaft der Heiligen mit ihren Konsequenzen für heute. Die Vielfalt der historischen Formen von Befreiungspraxis und Befreiungsbewegungen (wie

5. Hier wird eine Formulierung von Gerd Theißen (1979) aufgenommen, die aber für den »neuen Konsens« (Meeks) in der westlichen Sozialgeschichte der Bibel stehen kann. Zur Kritik an diesem Ansatz s. Schüssler Fiorenza 1988 und L. Schottroff 1990, 247-256.

von Unterdrückung) nötigt jeweils zu neuen konkreten Analysen der eigenen Gegenwart wie der biblischen Texte in ihrem sozialen Umfeld. Ein soziologisches Modell gibt es für diese Fragestellungen noch nicht, obwohl bei Karl Marx Wichtiges zu lernen bleibt. Als soziologische Terminologie hat sich die biblische Terminologie selbst bewährt, die auf konkrete Lebenswirklichkeiten bezogen ist. Die soziologische Terminologie der Bibel, die im Magnificat der Maria (Lk 1,46-55) vorbildlich und sensibel konzentriert zusammengefaßt ist, gibt ein methodisches Instrumentarium vor, mit dem Befreiung und Unterdrückung konkret erkennbar werden.

Mehr am Rande sei notiert, daß sozialgeschichtliche Bibelauslegung in diesem Sinne selbstverständlich an die Wissenschaftstradition der sogenannten *Historischen Kritik* anknüpft, sie aber fundamental kritisiert. Diese Kritik betrifft nicht die Auffassung biblischer Texte als historische Dokumente, die (kirchen-)kritisch gelesen werden müssen, sondern die nicht offengelegten Interessen in der *Historischen Kritik*. Eine kritische Analyse dieser Interessen kann zeigen, daß in der *Historischen Kritik* versucht wird, die biblischen Traditionen einer *liebespatriarchalen* Kirche und Gesellschaft anzupassen, und bekämpft wird, daß das Evangelium der Armen im Bereich der Nutznießer des Kapitalismus wirksam wird.

Feministisch – nicht nur als höflicher Schnörkel

Der positive Bezug auf Feministische Theologie ist heute von Männern und Frauen, die auf das Gottesreich hoffen, zu erwarten. Ein solcher positiver Bezug auf Feministische Theologie darf nicht zum höflichen Schnörkel verkommen, da Unterdrückung wegen des Geschlechts eine Grundlage aller heutigen Gesellschaften ist. Wird sie nicht berücksichtigt, kann Wahrheit nicht erkannt werden. Das Evangelium der Armen gehört zuerst denen, die unten sind, den »Letzten«, von denen die Evangelien sprechen (Mt 20,16 u.ö.). Das sind heute (und waren damals) die Frauen und Kinder, die für das Leben und Überleben in Hunger, ökologischen Wüsten und Kriegen die härtesten Kämpfe zu führen haben. Die Fragen und methodischen Forderungen, die in der christlich-feministischen Bewegung seit den siebziger Jahren gewachsen sind, sind eine reiche Quelle für Befreiungstheologien, auf die nicht mehr verzichtet werden kann. Die Versuche, diese Arbeit zu vernichten, sind brutal – wie z. B. die rechtsevangelikale Kampagne gegen das neugegründete Frauenstudien- und Bildungszentrum der Evangelischen Kirche in Deutschland (EKD) gezeigt hat. Die Unterdrückung von Frauen, die Festschreibung der patriarchalen Ehe und Familie als gottgewollt, wird immer wieder zur genuinen Sache des Christentums erlärt, auch wenn exegetische Purzelbäume geschlagen werden müssen, um die Jesustradition in diesem Sinne zu vereinnahmen. Aus der Frauenbewegung und aus den Befreiungstheologien in verschiedenen Kontexten kommt zugleich tiefgreifende und essentielle Kritik an biblischen Traditionen, ohne die ein verantwortlicher Umgang mit der Bibel nicht mehr denkbar ist. 1 Kor 11,3 ist ein fataler, frauenunterdrückender Text. Kritik an biblischen Traditionen ist notwendig – und doch bleibt Paulus ein wichtiger Zeuge einer Befreiungspraxis (wenn er auch blind war für Frauenunterdrückung – wie im übrigen auch viele Theologen heute).

Bibelauslegung im Schatten des Antijudaismus

Bibelauslegung, zumal im Kontext Deutschland, kann nur im Rahmen einer Theologie nach Auschwitz – im positiven Bezug auf den jüdisch-christlichen Dialog geschehen. Das mindeste, was zu geschehen hat, ist das Verlernen des christlichen Antijudaismus und die Neuentwicklung einer Theologie, die das Judentum nicht mehr disqualifiziert. Die Grundinhalte, die es zu erkennen gilt, sind folgende: Die Tora ist nicht *Gesetz* im Unterschied zum Evangelium, die jüdische Religion ist nicht *gesetzlich* – und: Das Neue Testament ist – wie das von ChristInnen so genannte Alte Testament – ein jüdisches Buch. Eine Christologie, die Jesus zum alleinigen Herrn erklärt, der das Heil bringt, das anderen Religionen, dem Judentum zuerst, verschlossen ist, ist Ausdruck eines christlichen Imperialismus. Daß Christus für uns Leben und Hoffnung bedeutet, darf nicht mehr dazu führen, andere Religionen zu disqualifizieren. Die kritische Aufarbeitung des christlichen Antijudaismus, der einen entscheidenden Beitrag zur fabrikmäßigen Ermordung von Millionen Jüdinnen und Juden durch Deutsche geleistet hat, geht an die Substanz christlich-theologischer Traditionen. Ohne das kritische Bewußtsein gegenüber einer fast 2000jährigen christlichen Judenfeindschaft und immer wiederkehrenden Judenermordung wird uns der Zugang zu der Kraft der Bibel verborgen bleiben.

Die historische Suche danach, ab wann in neutestamentlicher Zeit das Christentum vom Judentum getrennt zu sehen ist, ist ein vergeblicher Versuch, sich der Erkenntnis zu entziehen, daß auch das Neue Testament ein jüdisches Buch ist, mit dem wir und unsere christlichen Mütter und Väter eine christliche Geschichte haben (im Guten und im Bösen).

Der Ort sozialgeschichtlicher Bibelauslegung ist die Jesusbewegung heute, die Bibellektüre der Menschen, die nicht resignieren wollen angesichts von

Kriegen, Militarismus, Rassismus, Frauenunterdrückung, Verwüstung der Schöpfung und Ermordung von Menschen durch Armut. Die Informationen über den sozialen Kontext der biblischen Texte bzw. der Menschen, die in ihnen zu Wort kommen, sind den biblischen Texten selbst zu entnehmen und können aus außerbiblischen Quellen ergänzt werden. Es genügt zu fragen, was ich hier erfahre über das Leben einer Frau (z. B. in Lk 18,1-8), um die Kontextanalyse zu beginnen und die weiterführenden sozialgeschichtlichen Fragen für damals und heute zu entwickeln. Von den Befreiungstheologien und den feministischen Theologien ist dabei zu lernen, daß die Erfahrung der BibelleserInnen, ihre faktische gesellschaftliche Praxis, der Ausgangspunkt der Theologie ist. Mit Erfahrung sind dabei nicht beliebige Erlebnisse gemeint, sondern strukturelle Erfahrungen, die sich in der Bündelung und Analyse von Erfahrungen der Einzelpersonen und der Geschwister erkennen lassen. Für den Prozeß der Erkenntnis und Ermutigung zum Handeln verweisen wir auf einen grundlegenden Text von Dorothee Sölle (1993, 607f.).

Verschiedene Zugänge – aber bitte nicht ohne Reflexion

»Verschiedene Zugänge zur Bibel« sind ein beliebtes Tagungsthema. Tiefenpsychologische, sozialgeschichtliche, feministische, historisch-kritische, bibliodramatische Zugänge werden nebeneinandergestellt. In allen diesen Zugängen werden exegetische und theologische Entscheidungen getroffen. Oft werden die exegetischen Entscheidungen dabei aus der herrschenden Bibelwissenschaft der westlichen Welt übernommen, der damit unreflektiert zugestanden wird, die *richtige* historische Auslegung zu bieten. Damit werden dann auch theologische Inhalte unkritisiert akzeptiert (oder unkritisch als biblisch und unannehmbar abgelehnt), die den Interessen der weißen, wohlhabenden, herrschaftsorientierten Männer entsprechen. Es ist also notwendig, genauer hinzusehen, auf welchen verschiedenen Ebenen sich diese Zugänge bewegen. Es ist möglich, zum Beispiel eine bibliodramatische Auslegung auf der Grundlage einer Exegese im Sinne der hier vorgestellten sozialgeschichtlichen Bibelauslegung zu erarbeiten oder auf der Grundlage der oben skizzierten westlichen herrschaftsorientierten Auslegungstraditionen. Entscheidungen über die historische Methode und die theologische Perspektive müssen reflektiert und getroffen werden. Dieses Beispiel mag genügen, um zu zeigen, daß die »verschiedenen Zugänge« nicht in Beliebigkeit addierbar sind, sondern daß sich für jeden dieser Zugänge die Frage stellt, was das Evangelium der Armen, die Option für die

Frauen und der Antirassismus konkret bedeuten. Jeder Satz über die Bibel ist ein Baustein für Befreiung, für Gerechtigkeit, Frieden und Bewahrung der Schöpfung – oder dagegen. Die hier notwendige Entscheidung ist auch eine Frage der historischen Methode.

Literatur

Fernando Belo, Das Markus-Evangelium materialistisch gelesen, Stuttgart 1980.

Ernesto Cardenal, Das Evangelium der Bauern von Solentiname. 2 Bde., Wuppertal 1976 (Bd. 1), 1978 (Bd. 2).

Kuno Füssel, Drei Tage mit Jesus im Tempel. Einführung in die materialistische Lektüre der Bibel, Münster 1987.

Luise Schottroff, Befreiungserfahrungen. Studien zur Sozialgeschichte des Neuen Testaments, München 1990.

Elisabeth Schüssler Fiorenza, Zu ihrem Gedächtnis ... Eine feministisch-theologische Rekonstruktion der christlichen Ursprünge, München 1988.

Dorothee Sölle, Wie können wir befreiungstheologisch arbeiten?, in: JK 11 (1993) 607f.

Gerd Theißen, Studien zur Soziologie des Urchristentums, Tübingen 1979.

Veröffentlichungen im Kontext des Heidelberger Arbeitskreises

Willy Schottroff; Wolfgang Stegemann (Hg.), Der Gott der kleinen Leute. Sozialgeschichtliche Auslegungen, 2 Bde. (Bd. 1: AT; Bd. 2: NT), München/Gelnhausen 1979.

Willy Schottroff; Wolfgang Stegemann (Hg.), Traditionen der Befreiung, 2 Bde. (Bd. 1: Methodische Zugänge; Bd. 2: Frauen in der Bibel), München/Gelnhausen 1980.

Luise und Willy Schottroff (Hg.), Mitarbeiter der Schöpfung. Bibel und Arbeitswelt, München 1983.

Luise und Willy Schottroff (Hg.), Wer ist unser Gott? Beiträge zu einer Befreiungstheologie im Kontext der »ersten« Welt, München 1986.

Marlene Crüsemann; Willy Schottroff (Hg.), Schuld und Schulden. Biblische Traditionen in gegenwärtigen Konflikten, München 1992.

Gleichnisse
Fenster zum Reich Gottes

Grundzüge sozialgeschichtlicher Gleichnistheorie

Luise Schottroff

Für den methodischen Ansatz einer feministischen Sozialgeschichte des frühen Christentums sind die Gleichnisse Jesu in den Evangelien von großer Bedeutung. Ihre Bilder bewegen sich mit unschätzbaren Informationen in der Lebenswelt von Frauen und Männern, und ihre Botschaft ist die Offenbarung Gottes. Die Theorie, mit der ich die Gleichnisse lese, ist von entscheidender Bedeutung für ihr Verstehen. Ich möchte hier eine feministisch-sozialgeschichtlich reflektierte Gleichnistheorie vorstellen und sie in Auseinandersetzung mit der Gleichnistheorie Rudolf Bultmanns (die im wesentlichen die Adolf Jülichers war) erläutern. Neuere Theorien, die das Gleichnis als Metapher verstehen, ordne ich jeweils dem Konzept Bultmannns zu. Die entscheidende Frage der Gleichnistheorie lautet für mich: Wie wird das Gleichnis›bild‹ in einer Gleichnistheorie theologisch gewertet? Es geht in den Gleichnissen um das Verhältnis von Gott und Welt, genauer: um das Verhältnis von Gott und Gottes Schöpfung.

Rudolf Bultmann wertete die »Bilder« der Gleichnisse als neutralen Sachverhalt: »Am klarsten formuliert man m. E. das Wesen des Gleichnisses und der Parabel im Unterschied von der Allegorie so, daß sie die Übertragung eines (an neutralem Stoff gewonnenen) Urteils auf ein anderes, zur Diskussion stehendes Gebiet fordern.« (Bultmann 1958, 214) Die Erzählungen aus dem typischen Alltag (Gleichnisse im engeren Sinne) und die Erzählungen von interessierenden Einzelfällen (vgl. Bultmann 1958, 188) in der Welt von Menschen und Pflanzen (Parabel) wollen nach Bultmann nichts über den Alltag und die Welt sagen, sondern ein Urteil über das Gottesreich herbeiführen. Die Bilder der Gleichnisse sind also allenfalls von historischem Interesse, theologisch sind sie neutrales Gebiet. Die Welt einer brotbackenden Frau ist also Deutungshilfe für das Gottesreich. Über brotbackende Frauen wird dabei theologisch nichts gesagt. Gott und Lebenswelt stehen beziehungslos nebeneinander.

Die neueren Gleichnistheorien, die das Gleichnis als Metapher im Sinne Paul Ricoeurs (1974) verstehen, unterscheiden in den Gleichnisbildern zwischen Alltäglichem und dem, was diesen Alltag sprengt, auf den Kopf stellt usw. Daß ein Arbeitgeber den Tageslohn auch an Tagelöhner auszahlt, die nur eine Stunde gearbeitet haben, sprengt den Alltag (Mt 20,1-16). So komme das Gottesreich zur Sprache. »Die skandalöse Störung des Gewohnten« (Harnisch 1985, 188; vgl. Weder 1978, 226; Funk 1971) will nach dieser Deutung nicht das Gottesreich illustrieren, vielmehr soll die Erzählung als ein Sprachgeschehen gewürdigt werden, das performativen Charakter besitzt. Obwohl hier versucht wird, den Dualismus von Bild und Sache in der Theorie Bultmanns/Jülichers zu überwinden und das ›Bild‹ als Offenbarungsrede zu verstehen, bleibt diese Gleichnistheorie der Welt der brotbackenden Frauen und schreienden Kinder fern. Wiederum wird der Alltag als Nebensache angesehen und nur die skandalöse Störung des Gewohnten zum Ort der Offenbarung. Insofern bleibt – aus feministisch-sozialgeschichtlicher Perspektive – der alte Dualismus von Menschenwelt und Gottesreich erhalten. Vom Ansatz her ist in dieser Gleichnistheorie eigentlich eine sozialgeschichtliche Frage enthalten: Was ist die Störung des Gewohnten – also muß ich darüber forschen, was das »Gewohnte« ist. Doch wird das »Gewohnte« oder werden »unsere Verhältnisse« (Weder 1978, 226), die von der Offenbarung des Reiches Gottes erschüttert werden, nicht als die gesellschaftliche Realität (z. B. Mt 20,1-7) bestimmt. Das Gewohnte wird als religiöse *Vorstellung*, die von der gesellschaftlichen Realität abgehoben ist, definiert, z. B. als jüdisches (vgl. Weder 1978, 225) bzw. allgemein-menschliches Leistungsdenken (vgl. Weder 1978, 226; Harnisch 1985, 196).

Eine feministisch-befreiungstheologische (oder in diesem Sinne sozialgeschichtliche) Gleichnistheorie muß zunächst einmal die Füße wieder auf den Boden der Realität stellen. Die Gleichnisse reden von der gesellschaftlichen Realität – auch die sogenannten Naturgleichnisse: Die Pflanzen werden aus der Perspektive von Menschen wahrgenommen, die sie zu ihrer Ernährung brauchen (vgl. z. B. die Metaphorik von Fruchtbarkeit und Unfruchtbarkeit: Saaten Mk 4,3-8par; Feigenbäume Lk 13,1-9). In den Gleichnissen wird die Welt von TagelöhnerInnen, PächterInnen, SklavInnen, Großbauern und Großgrundbesitzern beschrieben und auf den Kopf gestellt. Es ist also notwendig, von der sozialgeschichtlichen Erforschung dieser Welt auszugehen. Was ist eine Drachme wert? Und was bedeutet es, daß eine Frau, die zehn Drachmen hat, nicht aufhört, nach der verlorenen Drachme zu suchen? Um zu wissen, wo das Gottesreich im Gleichnis »das Gewohnte«, das ich als die gesellschaftliche Realität bestimme, auf den Kopf stellt, muß ich sozialgeschichtliche Forschung betreiben, sonst passieren regelrechte Kunstfehler. Diese Forschungen können durch Bibellektüre erarbeitet werden – ohne weitere Hilfsmittel von außen. Die Erforschung der gesellschaftlichen Realität in den Gleichnissen muß auch von Männern mit einem patriarchatskritischen feministischen Ansatz betrieben werden, sonst bleibt nicht nur die Hälfte der Menschheit im androzentrischen Dunkel, sondern es entsteht eine illusionäre Scheinwelt, in der ein Tagelöhner von einem Denar Frau und Kinder miternährt. In Wirklichkeit aber muß seine Frau neben der unbezahlten Hausarbeit schlecht bezahlte Lohnarbeit tun, damit sie und die Kinder leben können.

Es ist nicht angemessen, in Gleichnissen zwischen »Bild« und »Sache« zu unterscheiden, allenfalls als Erläuterungshilfen in Gänsefüßchen sind diese Worte geeignet. Die Gleichnisse selbst drücken deutlich aus, daß in ihnen gleichzeitig auf zwei Ebenen geredet wird: vom Gottesreich und von Menschen (bzw. Pflanzen usw.). Es ist also zu fragen, wie in den Gleichnissen oder auch im frühen Christentum und gleichzeitigen Judentum das Verhältnis von Menschenwelt (bzw. Schöpfung) und Gottesreich zueinander bestimmt wird. Die Gleichnisse machen deutlich, daß die Schöpfung Ort göttlicher Gegenwart und göttlichen Handelns ist (vgl. neben den Naturgleichnissen auch Mt 6,25-34par; 10,28-31par; Mt 5,45par; 1 Kor 3,6). Göttliches Handeln wird dabei als Güte oder Zorn beschrieben. Die Erfahrung eines Gastes, der im Königspalast an Händen und Füßen gefesselt und nach draußen geworfen wird, ist die Erfahrung einer zerstörten Welt, einer zerstörten Schöpfung, eine Erfahrung des Zornes Gottes (Mt 22,11-13). Und die Lohnauszahlung an die Kurzarbeiter durch den gütigen Arbeitsherrn (Mt 20,1-16) stellt die soziale Realität auf den Kopf, in der die Kurzarbeiter kein Geld zu erwarten haben. Sie sagt etwas über das Gottesreich und kritisiert die soziale Realität der Arbeitswelt und ihre Brutalität. Die zwei Ebenen der Gleichnisse – die Menschenwelt bzw. die Schöpfung und das Gottesreich – sind beide Ebenen des Handelns Gottes. Die Menschenwelt und die Schöpfung insgesamt werden in den Gleichnissen transparent für Gottes Handeln in der Schöpfung – in Zorn und Barmherzigkeit. Die Schöpfung wird in dem Gleichnis zum Fenster, durch das Gottes Handeln gesehen werden kann, und zum Ort, in dem es erfahren werden kann.

In der Deutungstradition der Gleichnisse spielt die ekklesiologische Deutung eine große Rolle. Damit meine ich Deutungen, in denen die Gäste im Festsaal in irgendeiner Weise zum Abbild der Kirche werden und die Gäste, die nicht erschienen, die Nichtkirche sind, die »draußen«, vor allem immer wieder »das Judentum«, jüdische Frauen und Männer. Ich verstehe die Gleichnisse, die von einem drinnen und draußen sprechen, eschatologisch. Sie meinen mit dem »Draußen« den Tod vor Gott und mit dem »Drinnen« das Leben vor Gott. Über Draußensein und Drinnensein entscheidet allein Gott im eschatologischen Gericht. Die Gleichnisse zeigen mir Wegbeschreibungen zu Gottes Gericht. Sie sagen nicht: Diese Menschen da sind vor Gott verurteilt. Sie sagen: Du stehst jetzt vor der Aufgabe, die Einladung Gottes anzunehmen. Was sie in der konkreten Lebenssituation ist, war damals durch Jesu und seiner AnhängerInnen Praxis klar und ist heute nach einer Analyse auch klar.

Daß zum Verständnis der Gleichnisse die Untersuchung ihrer Metaphern in ihrem historischen Kontext notwendig ist, darüber bin ich mit der Mehrheit der traditionellen Forschung einig. Ich muß erforschen, was die Gegenüberstellung von fruchtbaren und unfruchtbaren Bäumen im Ersten Testament und im nachbiblischen Judentum bedeutet, um die entsprechenden neutestamentlichen Gleichnisse zu verstehen. Allerdings besteht bei dieser Arbeit am geschichtlichen Zusammenhang das Problem, daß oft rein motivgeschichtlich gefragt wird und so ein Sammelsurium von Bildelementen entsteht. Es ist notwendig zu berücksichtigen, daß die einzelnen Elemente des »Bildes« jeweils in ihrem Zusammenhang schon eine bestimmte bildliche und inhaltliche Zuspitzung erhalten. So ist es z. B. für das Sämannsgleichnis (Mk 4,3-9par) nebensächlich, daß Wurzelausreißen als Bild für das Gottesreich vorkommt (Sir 10,15 u.ö.), da es im Sämannsgleichnis auf Wurzellosigkeit und Unfruchtbarkeit ankommt.

Die Autorinnen der folgenden Gleichnisauslegungen betrachten die Lebensrealität von Klein- und Großbauern, von Weinbergbesitzern, HirtInnen im Tagelohn und armen Frauen als Fenster zum Reich Gottes. Sie zeigen die visionäre Kraft, die die Gleichnisse entfalten, wenn sie auch als kritische Auseinandersetzung mit dem Alltag, mit Arbeitswelt, Ökonomie und Schöpfung wahrgenommen werden.

Literatur

Rudolf Bultmann, Die Geschichte der synoptischen Tradition (FRLANT 29), 4. Aufl. Göttingen 1958.

Wolfgang Harnisch, Die Gleichniserzählungen Jesu, Göttingen 1985.

Paul Ricoeur, Stellung und Funktion der Metapher in der biblischen Sprache, in: ders.; E. Jüngel, Metapher. Zur Hermeneutik religiöser Sprache, in: Evangelische Theologie, Sonderheft 1974, 45-70.

Hans Weder, Die Gleichnisse Jesu als Metaphern (FRLANT 120), Göttingen 1978.

Kämpferisch geduldig sein

Brief des Jakobus 5,7+8

Irene Dannemann

7 Liebe Geschwister, seid geduldig, bis der Herr kommt! Sieh doch, wie der Bauer auf die kostbare Frucht der Erde wartet, indem er Geduld mit ihr hat, bis sie den frühen und den späten Regen empfängt. 8 So seid auch ihr geduldig und stärkt eure Herzen, denn das Kommen des Herrn ist nahe!

Der Bauer wartet geduldig auf die Früchte der Erde. Er ist die Person – es könnte auch eine Bäuerin sein –, die mit ihrer Familie, mit Tagelöhnern, eventuell auch Sklavinnen und Sklaven die Arbeit auf dem Acker erledigt. Möglicherweise hat die Familie das Land von einem Großgrundbesitzer gepachtet, ähnlich wie die Pächter des Weinbergs in Mt 21,33ff., die mit demselben griechischen Wort bezeichnet werden. Die Bauersleute sind abhängig von dem Ertrag, den sie jedes Jahr erwirtschaften. Eine Fehlernte kann für sie eine lebensbedrohliche Katastrophe bedeuten, weil sie dadurch das Land, die Grundlage ihrer Existenz, nicht weiter pachten können oder eine Schuldpflicht auf dieses Land aufnehmen müssen, die sie nur in den seltensten Fällen zurückzahlen können.

Die Geduld, von der Jak 5,7f. spricht, wird so in ein spezielles Licht gerückt: Die Bauersleute lehnen sich während ihres Wartens nicht entspannt zurück und tun nichts, sondern sie sind die ganze Zeit über aktiv: Sie bereiten das Land vor, pflegen die Pflanzen beim Wachsen, und sie ernten. Selbstverständlich geben sie ihr Bestes und strengen sich an, damit die Erträge möglichst hoch ausfallen. Bei all der Arbeit wissen sie, daß die gute Ernte nicht ausschließlich von ihrem Zutun abhängt. Das Wetter muß mitspielen – der Text erwähnt den frühen und späten Regen, den traditionellen Herbst- und Frühjahrsregen in Palästina. Hier klingt Dtn 11,14 an, die Verheißung, daß Gott im gelobten Land im Herbst und im Frühjahr Regen schicken wird und so den Menschen die Ernte gewährt (so auch Jer 5,24). Vielleicht hat der Jakobusbrief seine offene Formulierung gewählt, um verschiedene Interpretationen zu eröffnen: den Regen am Abend und am Morgen oder die nächtliche Abkühlung und den daraus resultierenden morgendlichen Tau. Ausreichend Regen war für die Ernte unbedingt nötig, denn in Palästina wie überhaupt im gesamten östlichen Teil des Römischen Reiches (außer in Ägypten) konnten die Felder nicht künstlich bewässert werden. Wenn der Regen ausblieb, wuchsen die Pflanzen nicht weiter oder verdorrten gänzlich. Dann fiel die Ernte gering aus oder schlug fehl.

Indem hier Dtn 11,14 anklingt, wird in Erinnerung gerufen: Der Regen und damit das Wachstum der Pflanzen sind von Gott abhängig. Daß Pflanzen gedeihen, blühen und Frucht bringen, ist und bleibt ein Wunder. Es ist ein Geschenk Gottes, daß aus dem Samenkorn in der Erde Pflanzen sprießen, die Früchte tragen und von denen die Tiere und die Menschen essen können. Das Warten der Bauersleute ist ein Abbild für das Eingebundensein der Menschen in Gottes Schöpfung: Wir sind Teil der Natur, der Naturkreisläufe. Es liegt nicht alles in der Hand von uns Menschen. Und wir sind eingebunden in die Gnade Gottes, die durch die Welt hindurchströmt.

Die lateinamerikanische Theologin und in Costa Rica lehrende Professorin Elsa Tamez nennt die Geduld, von der der Jakobusbrief spricht, eine militante oder »kämpferische Geduld«, die mitten im Leben steht: Menschen sollen nicht lethargisch, teilnahmslos und passiv werden. Und doch sollen sie die Weisheit annehmen, nicht alles ändern zu können, und im Vertrauen auf Gott auch schweres Leid ertragen (Jak 1,5f.). Jak 5,10f. führt als Vergleichsbild das Leiden und die Geduld der Propheten und Hiobs an: Sie sind beharrlich geblieben, haben sich von Gott nicht abgewandt, und Gott hat sich ihnen voller Mitleid und Erbarmen zugewandt. Die kämpferische Geduld bedeutet nicht, abgestumpft alles Unrecht hinzunehmen oder zu resignieren. Es ist eine Geduld, die auf den richtigen Moment wartet, um wieder in Aktivität überzugehen. Eine Zeit, um innezuhalten und sich auf die Wurzeln des Lebens zu besinnen, eine Zeit, die in Gottes Gnade für die ganze Welt und jeden einzelnen Menschen liegt, um daraus neue Kraft zu schöpfen.

Warten ist in unserer kapitalistischen Welt unmodern geworden. Ein Erfolg, der den Gewinn eines Unternehmens maximiert, ist das einzige, was zählt – und er soll sich sofort einstellen. Es gerät aus dem Blick, mit anderen Menschen geduldig umzugehen, z. B. in der Schule mit pubertierenden Kindern oder in den Betrieben mit BerufsanfängerInnen. Ihnen Zeit zu lassen, damit sie ihre Stärken entdecken und entfalten können, solche Geduld und solch ein Freiraum ist im herrschenden Wirtschaftssystem nicht mehr vorgesehen. Darüber hinaus müssen wir uns selbstkritisch fragen, ob die ausschließliche Orientierung an Erfolg und Verwertbarkeit sich nicht auch in unsere persönlichen Beziehungen, sogar in unsere Gottesbeziehung einschleicht: Bewerten wir diese vielleicht zu oft danach, ob sie uns »etwas bringen«, und brechen sie ab, sobald wir diese Frage negativ beantworten?

Jak 5,7f. verweist uns auf die Perspektive, in die das Tun und Geduldigsein der Bauersleute eingebunden ist, das Kommen Jesu. Die Vorstellung von Gottes Gericht steht für die Aussicht: Wir haben zu verantworten, wie wir mit Gottes Schöpfung, dem Land und seinen Früchten, umgehen – wir haben es vor Gott zu verantworten. Von der Lebensrealität ausgehend, daß nicht alles gelingt, was Personen sich vornehmen, blickt die Eschatologie des Jakobusbriefs auf das Mühen der Menschen. Die Früchte der Erde, an denen die Bauersleute arbeiten, stehen für die Früchte, die wir Menschen in unserem Leben hervorbringen. Der Jakobusbrief fordert uns auf, unser Engagement nicht aufzugeben, auch wenn es fehlschlägt. Denn wir machen ja die enttäuschende Erfahrung, daß das Bemühen, möglichst gerecht zu leben und in Städten und Staaten für gerechte Verhältnisse zu sorgen, keineswegs immer von Erfolg gekrönt ist. Doch deshalb ist das gesamte Anliegen noch lange nicht gescheitert oder obsolet geworden. Die Berechtigung, auf Frieden und Gerechtigkeit zu hoffen und sich dafür einzusetzen, liegt nicht in unseren Erfolgen begründet, sondern im Willen Gottes. Deshalb können wir auch getrost in Gottes Hände legen, was wir nicht zu Ende führen können.

ChristInnen sollen mit der Haltung einer militanten Geduld leben: Wie das Land Bestellende sollen sie auf die köstliche Frucht der Erde und auf den Regen warten. Sie sollen weiter säen, nicht verzweifeln und sich nicht miteinander in Klagen verlieren (Jak 5,9). Gottes Gericht wird für sie zur vollkommenen Ernte werden. Die Befreiungstheologie betont, daß Gottes Gericht aus der Perspektive der Unterdrückten keine Drohung, sondern der lang ersehnte Zuspruch von Gerechtigkeit ist, die den ungerecht Behandelten im Leben verweigert und vorenthalten wird. Die Hoffnung, daß Gerechtigkeit sich einmal durchsetzen wird, gibt den Verzweifelten den Mut, in schweren Lebenssituationen nicht aufzugeben, sondern von dieser Vision her getröstet zu leben. Nach Jak 1,9-12; 2,5 werden Menschen für eine geduldige und gerechte Lebensweise die Krone des Lebens gewinnen. Diese Belohnung hat präsentische Realität: Ein gutes, lang andauerndes Leben wird nicht nur für ein Jenseits versprochen, sondern kann nach Jak 2,5.8 schon heute beginnen: im Tun der Gerechtigkeit, wenn Menschen die Nächstenliebe zur Grundlage ihrer Existenz machen.

In unserem Kontext wäre die positive Seite der Vorstellung vom Gericht Gottes neu zu entdecken – nicht als mittelalterliches, Höllenqualen androhendes Schreckbild, sondern als Gewißheit, in der wir leben können: daß Hunger und Krankheit, soziales Elend und Gewalt ein Ende finden werden und Gerechtigkeit und Friede sich durchsetzen. Diese Perspektive hat Gültigkeit, auch wenn wir immer wieder die Erfahrung machen, wie menschliche Bemühungen um Freiheit, Frieden und Gerechtigkeit fehlschlagen. Die UnterdrückerInnen und AusbeuterInnen werden in diesem Gericht zurechtgewiesen werden, für sie bedeutet es Einsicht, Buße und Umkehr.

Neben einer möglichen Neu-Diskussion der Vorstellung vom Gericht Gottes scheint mir der Text aus dem Jakobusbrief am stärksten zu wirken, wenn er als Aufruf gelesen, besprochen und gepredigt wird, daß wir uns neu mit dem Verhältnis von Geduld und Abwarten, Aktivsein und dem Einlegen von Pausen beschäftigen. Das eine hängt mit dem anderen eng zusammen: Permanentes Agieren läuft sich tot und laugt die »AktivistInnen« aus. Zwischendurch sind immer wieder Phasen von Geduld, Warten und Innehalten notwendig, in denen Menschen neue Kraft schöpfen können. In ihnen finden wir die Zeit, um einmal tief durchzuatmen und uns zu entspannen, um zu reflektieren, was gewesen ist, ob der eingeschlagene Weg richtig und angemessen ist und wie es weitergehen soll. Der Anschluß Jak 5,9 zeigt die Grenze dieser Geduld deutlich auf: Sie darf nicht zur permanenten Nabelschau werden, auch nicht zu einem dauerhaften Stöhnen. Diese Geduld muß zu neuer Aktivität, zu neuem Mut führen. Wie die Bauersleute die Felder jedes Jahr neu bestellen und beackern, so haben auch wir keine andere Wahl, als aus unserem Leben immer neue Früchte herauszuholen. Dabei müssen wir von dem linearen Fortschrittsdenken abkommen und uns in den Kreislauf des Lebens einfügen, der Redundanzen nicht ausschließt, sondern uns offen werden läßt für die Veränderungen, die bei der Wiederholung des nur scheinbar völlig Gleichen da sind – z. B. beim erneuten Durchnehmen einer Unterrichtseinheit im nächsten Schuljahr, wenn wir andere Kinder vor uns haben und wenn wir uns selbst verändert haben. Es ist eine Lebenskunst, die Balance zwischen Tun und Warten, Aktivsein und Pausieren zu finden.

Die Geduld ist kämpferisch und nicht resignativ. Sie nimmt nicht alles widerspruchslos hin und fügt sich nicht klaglos in jeden Schicksalsschlag. Der Jakobusbrief enthält nicht nur soziale Mahnungen und prophetische Anklagen gegen geschehendes Unrecht, sondern auch die (Selbst-)Erinnerung an diese Geduld, die in der Gnade Gottes gegründet ist, in der wir leben und arbeiten.

Literatur

Willy Schottroff, Das Gleichnis von den bösen Weingärtnern (Mk 12,1-9par). Ein Beitrag zur Geschichte der Bodenpacht in Palästina, in: Zeitschrift des Deutschen Palästina-Vereins 112/1 (1996) 18-48.

Elsa Tamez, Elemente der Bibel, die den Weg der christlichen Gemeinde erhellen. Eine hermeneutische Übung anhand des Jakobusbriefes, in: Evangelische Theologie 51 (1991) 92-100.

Dies., James, in: E. Schüssler Fiorenza (ed.), Searching the Scriptures. A Feminist Commentary, Vol. II, New York 1994, 381-391.

Der Habgier nicht ausgeliefert

Evangelium nach Lukas 12,15-21

Marlene Crüsemann

15 Er sprach zu ihnen: Seht zu und hütet euch vor aller Habgier; denn nie-
mand lebt durch überreichlichen Besitz. 16 Er erzählte ihnen aber ein Gleich-
nis und sagte: Das Land eines reichen Menschen trug viel Frucht, 17 und er
überlegte und sagte sich: Was soll ich machen, da ich nichts habe, worin ich
meine Früchte sammeln kann? 18 Und er sprach: Das mache ich – ich reiße
meine Scheunen ab und baue größere, darin will ich mein ganzes Korn und
meine Güter sammeln 19 und werde zu meiner Seele sagen: (Liebe) Seele, du
hast viele Güter angelegt für viele Jahre. Ruhe dich aus, iß, trink, freue dich!
20 Aber Gott sprach zu ihm: Du Dummkopf! In dieser Nacht fordern sie dein
Leben von dir zurück. Wem gehört dann, was du bereitgehalten hast? 21 So
geht es dem, der für sich selbst Schätze anhäuft und nicht reich wird in Gott.

Die Ernte der Gärten und Felder gehört nach wie vor seit biblischen Zeiten zu den Vorgängen, die als eine glückliche Erfahrung des Ineinanders von göttlichem und menschlichem Handeln gelten können. Solange die Erde steht, haben Saat und Ernte nicht aufgehört. Moderne Düngemethoden, Pestizide und überproportionale Belastung der Böden mit Schadstoffen konnten bisher nicht den elementaren Eindruck eines daraus fließenden Segens aus der Welt schaffen. Bilder aus der Landwirtschaft verweisen nach wie vor auf die Konturen des Reiches Gottes und des Lebens in ihm.

Denn auch die etwas brutale Beispielerzählung vom »reichen Kornbauern« dient eigentlich der Ermutigung, ist Zuspruch für seinesgleichen und völlig andere, zugunsten der Erkundung des Reiches Gottes die alles bestimmende Frage der materiellen Existenzsicherung fahrenzulassen (12,31). Daß dabei jedoch keineswegs das irdische Leben diffamiert und spiritualisiert werden soll, zeigt gegen den ersten Blick auch diese Geschichte. Das Lukasevangelium hat sie aus seiner eigenen Quelle zwischen einen Erbstreit, den Jesus nicht schlichten möchte (V. 13-15), und die hier verwendeten »Sorget nicht«-Sprüche (V. 22-34) aus dem Zusammenhang von Bergpredigt und Feldrede gesetzt. Dadurch steht sie sozusagen zwischen Habgier und Überlebensangst.

Zwischen diesen beiden Polen pendelt das Leben vieler Menschen. Politische und wirtschaftliche Programme führen dazu, daß wir uns diese Haltungen aufzwingen lassen, bis sie ununterscheidbar sind. Die moderne Landwirtschaft beispielsweise ist seit Jahrzehnten bestimmt durch den Kampf fast aller um mehr »Flächen«: Nur wer viele Ackerflächen besitzt, erwirbt oder dazupachtet, hat mittelfristig die Chance, als Vollerwerbsbetrieb zu überleben. Bei sehr niedrigen Erzeugerpreisen – im Jahr 1996 für 50 kg Kartoffeln kaum 3 DM – können nur große Mengen helfen. Die ständige Bereitschaft, nach neuen Äckern Ausschau zu halten und die ersten Optionen zu ergattern, verwandelt zwar leider jeden mitfühlenden Blick auf das Unglück und wirtschaftliche Scheitern der anderen, scheint aber geradezu notwendig für die Zukunft des eigenen Hofes. Die Habgier findet wie stets noch gute Gründe.

Entsprechend beurteilen Auslegungen und Predigtmeditationen die Maßnahmen des Großbauern von Lk 12 häufig als durchaus vernünftig, rationell und unternehmerisch klug. Es wird nun gar nicht recht verständlich, warum Gott ihn am Schluß töricht nennt, warum ein so vorausschauender Unternehmer mit dem Urteil des plötzlichen Todes konfrontiert wird. Worin also besteht dessen Dummheit, die so offensichtlich sein muß, daß es keiner weiteren Erläuterung Jesu bedarf?

»Das Land eines reichen Menschen«: Vor dem Gesamtbild der Landwirtschaft im Land Israel zu neutestamentlicher Zeit (dazu W. Schottroff 1996) verstehen wir darunter eines der Großgüter, welche im Mittelmeerraum als Folge eines fortschreitenden Konzentrationsprozesses entstanden sind, der die größeren Teile der Landbevölkerung ohne jeden Grundbesitz zurückließ. Das Land trägt nun eine Rekordernte, ob durch gezielte Maßnahmen oder vollkommen unverhofft, bleibt offen. Die Überlegungen setzen ein beim Betrachten der reifenden Frucht, wahrscheinlich Getreide (V. 18). Dabei fällt nicht nur auf, daß alle Gedanken um ein vielfaches »Ich« und »Mein« kreisen, sondern das Selbstgespräch wird geführt – allein? – mit dem Ziel, später ein weiteres zu beginnen: »Dann werde ich sagen«. Im Aufbau ist bereits zu sehen, daß die Projekte sich bei diesem Menschen zu verdoppeln pflegen, die angestrebte Ruhe wohl ständiger Selbstbetrug bleiben, der Tod, wann auch immer, ein Leben treffen wird, das eigentlich für später plant.

»Was soll ich tun?« Dieses lebenslängliche, bewußte und besonders als solches notwendige Selbstgespräch ist die Voraussetzung richtiger Entscheidungen. Daß falsche und unnütze Entschlüsse gefaßt werden, liegt an unzureichender Bestandsaufnahme, Blindheit für entscheidende Tatsachen und verfehlter Zielsetzung. Die biblischen Bücher von der Tora bis zur Weisheit enthalten ein unendliches Gespräch darüber. Das Lernziel von Lk 12,13ff. ist in diesem Zusammenhang zu betrachten und lautet: Sorgt euch nicht um euer Leben (V. 22). Das führt zur Erkenntnis, welche Aktivitäten die eigentlich sinnlosen und verfehlten sind. Im negativen Beispiel des Reichen ist zudem die Analyse mangelhaft: »Ich habe keinen Platz« – wörtlich »nichts!« – für das Speichern der Früchte. Eine überaus erstaunliche Aussage, da im nächsten Satz von Scheunen die Rede ist, die er abzureißen gedenkt. Dabei spricht er im üblichen »kausativen Aktiv«, das heißt, er wird aufgrund seines Status nicht selbst arbeiten, sondern durch Sklaven und Lohnarbeitskräfte die Neubauten angehen. Scheunen wären also doch da. Und was nicht hineingeht, könnte für ährenraufende Passanten, die Vögel des Himmels, bedürftige Verwandte und andere Sozialfälle überaus wichtig sein? Nichts von dem, größere Scheunen müssen her, und es stehen wahrscheinlich etwas andere Absichten dahinter als Joseph in Ägypten sie hatte (Gen 41,42ff.). Es spricht einiges dafür, daß er durch das Zurückhalten der Ernte die Getreidepreise hochtreiben möchte, nicht gerade eine Hungersnot, aber doch eine Verteuerung selbst herbeiführen will, die ihm allein auf Kosten der Gemeinschaft ein noch größeres Vermögen einbringen soll. Sein Ausblick spielt auf die »angelegten« Güter (V. 19) als Grundlage der persönlichen endgültigen Zufriedenheit an. Der verwendete griechische Begriff *keimai* stammt aus dem antiken Bankgewerbe und bezeichnet unter anderem das Deponieren von Kapital, also ein Depositum, die gewinnbringende Anlage.

Nun enthüllt sich aber die Armut einer solchen Existenz in ihren traurig-grotesken Berechnungen über ständige und optimale Akkumulation. Der Gutsbesitzer will auf der Stelle in hektische Planungen ausbrechen angesichts einer Ernte, die noch »auf dem Halm« steht. KennerInnen der Materie wissen sofort, daß so etwas vermessen und risikoreich ist. Senator Buddenbrook läßt sich in Thomas Manns Roman von seiner Schwester Tony dazu überreden, endlich selbst einmal gewinnbringend zu spekulieren und den Ernteertrag vom Gut ihrer Freundin Armgard auf dem Halm zu kaufen. Dann kamen das Gewitter und der Hagel ...

Und diese Nacht: Die in Aussicht genommenen vielen Jahre schmelzen zusammen auf den verbleibenden Rest des heutigen Tages, der so entfernt war vom lebendigen Leben wie alle bisher.

Der Tod kommt zu einem, der schon zuvor wie viele das Abseits gewählt hat: »Sie gehen daher wie ein Schatten und machen sich viel vergebliche Unruhe; sie sammeln und wissen nicht, wer es einbringen wird« (Ps 39,7). Das Ende wird kurz vor seinem Eintreten angesagt als ein Wegnehmen der *psyche*, des Lebens in seiner psychosomatischen Einheit. Die wiederholte Verwendung von griechisch *psyche* verweist auf die ebenfalls für das hebräische *näfäsch* gegebene Bedeutungsbreite. Im Selbstgespräch des Reichen – »liebe Seele« – ist das »verehrte Ich«, das Selbst, das Bewußtsein und das innerste Leben gemeint, jedoch so, daß sein äußeres, materielles Leben einheitlich dazugehört: »Iß und trink« (V. 19; s. auch V. 22). Dieses wird nun zurückgefordert, und Gott bedient sich damit als Pointe wieder eines Ausdrucks aus der Welt der Geldgeschäfte (V. 20). »Zurückfordern«/*apaiteo* taucht im Lukasevangelium (6,30) für die dort abgelehnte Rückgabe des Geliehenen auf, wird sonst auch für Darlehen und Diebesgut gebraucht.

Leben ist Leihgabe, Darlehen oder vielleicht Beute zum Erwerb von Reichtum in Gott. Mit dieser Summe der Erzählung fragen wir selbst, was der Großbauer denn anders hätte tun können. Die Frage verhält sich spiegelbildlich zu den Überlebenssorgen derer, die alles verlassen haben, der Armen und arm Gewordenen, der »kleinen Herde« (V. 32). Zunächst ist es ihm jederzeit möglich gewesen, so zu leben, wie er es endlich, endlich als Ziel seines Großprojekts vorhatte, denn er war ja schon reich. Er hätte jederzeit mit Freuden essen, trinken, die große Ruhe haben können – vielleicht wenigstens beim Anblick der »gelbreifen« Felder: So wäre sein letzter Tag nicht ohne Frieden und Freude vergangen. Die vielen weisheitlichen Aussagen zu Freude und Lebensgenuß (s. nur Koh 2,24f.; 3,12; 5,17ff.; 8,15; 9,7ff.) werden durch das Scheitern hier sicher nicht negiert. Vor allem deshalb nicht, weil gerade auch die Jüngerinnen und Nachfolger all dieses Gute bekommen sollen. Sie werden leben, ernährt, fürstlich gekleidet und beruhigt (V. 29), denn Gott schenkt, nimmt und erhält das Leben. Sorgen ist menschlich und muß sein, es soll nun aber dem Reich Gottes gelten (V. 31). In ihm ereignen sich die merkwürdigsten Dinge zu einer einzigen Proklamation der Freude, dem Evangelium.

Hätte sodann der Bauer in seiner Freudlosigkeit nicht eher die Furcht vor Gericht und Rechenschaft zulassen können: »Nichts nützt Besitz am Tag des Zorns, aber Gerechtigkeitstun rettet vorm Tod« (Spr 11,4)? Das ist zu bezweifeln, denn Gerechtigkeitstaten erfordern einfühlsame Überlegungen für das Wohlergehen anderer.

Selbst einem Reichen sollte aber nicht ganz unbekannt sein, daß Gott das Land und seine Erträge gibt. Ihm wären die realutopischen Hilfen der Tora für die richtigen, wahren und schönen Festfreuden zu Bewußtsein gekommen, ihm selbst zugute: »Das Laubhüttenfest sollst du halten sieben Tage, wenn du eingesammelt hast von deiner Tenne und von deiner Kelter, und du sollst fröhlich sein an deinem Fest, du und dein Sohn, deine Tochter, dein Sklave, deine Sklavin, der Levit, der Fremdling, die Waise und die Witwe, die in deiner Stadt leben ..., denn JHWH, dein Gott, wird dich segnen in all deinem Ernteertrag und in allem Tun deiner Hände. Und du wirst nur noch fröhlich sein.« (Dtn 16,13ff.) Darauf aufbauend gibt das Lukasevangelium besondere Ratschläge für Reiche zur Seelenaufhellung und zu einem sorgloseren Leben in bezug auf sich selbst: Verkauf des Besitzes zugunsten der Armen (12,33; 18,22ff.). Der Anreiz zu einer psychischen Entlastung der übermäßig Besitzenden durch selbstbestimmtes Abgeben des Vermögens an wirklich Bedürftige scheint ein realistischer Faktor zu sein, der verstärkt werden mußte und muß. Ergänzend dazu wirkt das abschreckende Bild von habgierigen Erben, denen der sinnlos angehäufte Reichtum, der nun für die Verstorbenen verloren ist, nur für sinnlose Streitigkeiten dient. Da die Deutschen sich zur Zeit in ein Volk von Erben und Aktionärinnen verwandeln, verdienen diese frühen Erfahrungen des gerechten Besitzausgleichs einige Aufmerksamkeit.

Denn es handelt sich um gelebte Erfahrungen der eschatologischen Umkehrung, der Umkehr aus den zerstörenden Verhältnissen: »Die Hungrigen füllt er mit Gütern und läßt die Reichen leer ausgehen.« (Lk 1,53) So lernen wir, daß niemand mehr einem toten, todgeweihten, durch Habgier geprägten Leben ausgeliefert ist. Diejenigen aber, die heute noch und täglich um ihre gerade ausreichenden Lebensmittel bangen, sind dem lebendigen Leben unmittelbar näher, in dem Gott die Zusage der Kleider Salomos einlösen kann.

Literatur

Duncan M. Derrett, The Rich Fool: a Parable of Jesus concerning Inheritance, in: ders., Studies in the New Testament II, Leiden 1978, 99-120.

Luise Schottroff; Wolfgang Stegemann, Jesus von Nazareth – Hoffnung der Armen, Stuttgart 1978.

Willy Schottroff, Das Gleichnis von den bösen Weingärtnern (Mk 12,1-9 par). Ein Beitrag zur Geschichte der Bodenpacht in Palästina, in: ZDPV 112 (1996) 16-48.

Franz Segbers, »Ich will größere Scheunen bauen« (Lk 12,18). Genug durch Gerechtigkeit und die Sorge um Gerechtigkeit, in: K. Füssel; F. Segbers (Hg.), »... so lernen die Völker des Erdkreises Gerechtigkeit«. Ein Arbeitsbuch zu Bibel und Ökonomie, Salzburg/Luzern 1995, 105-114.

Gewalt von oben und Gottes Zorn
Evangelium nach Markus 12,1-12
Luise Schottroff

1 Und er begann zu ihnen in Gleichnissen zu reden: Ein Mensch pflanzte einen Weinberg, umgab ihn mit einem Zaun, grub eine Kelter, baute einen Turm und übergab ihn Landarbeitern und zog fort. 2 Zur entsprechenden Zeit schickte er einen Sklaven zu den Landarbeitern, damit er von ihnen einen Teil der Früchte des Weinbergs erhalte. 3 Und sie ergriffen ihn, prügelten ihn und schickten ihn mit leeren Händen weg. 4 Und wieder schickte er zu ihnen einen – anderen – Sklaven; und jenen schlugen sie auf den Kopf und verunglimpften ihn. 5 Und er schickte einen anderen; und jenen töteten sie – und viele andere, die einen prügelten sie, die anderen töteten sie. 6 Er hatte noch einen geliebten Sohn. Ihn schickte er als letzten zu ihnen, weil er sich sagte: Vor meinem Sohn werden sie sich scheuen. 7 Jene Landarbeiter sagten zueinander: Dieser ist der Erbe. Auf, laßt uns ihn töten, und das Erbe wird uns gehören. 8 Sie ergriffen ihn, töteten ihn und warfen ihn aus dem Weinberg heraus. 9 Was wird der Besitzer des Weinbergs tun? Er wird kommen und die Landarbeiter umbringen und den Weinberg anderen geben. 10 Kennt ihr das Schriftwort nicht: Der Stein, den die Bauleute verworfen haben, ist zum Eckstein geworden. 11 Durch Gott ist er dazu geworden, und er ist wunderbar in unseren Augen. 12 Und sie wollten ihn verhaften, fürchteten aber das Volk. Sie wußten nämlich, daß er gegen sie das Gleichnis gesprochen hatte. Und sie verließen ihn und gingen fort.

Die zahlreichen Versuche, aus Mk 12,1-12 durch literarkritische Versabtrennungen ein altes vorösterliches Jesusgleichnis herauszuarbeiten, haben kein brauchbares Ergebnis erbracht und werden dem Text durch ihre Willkür nicht gerecht. Der Text sollte – da wir seine Vorgeschichte nicht mehr aufklären können – in seiner vorliegenden Gestalt als literarische Einheit innerhalb des Zusammenhanges des Markusevangeliums gelesen werden. Das Gleichnis ist nicht in allen Einzelheiten allegorisch gemeint, enthält aber Metaphern, die durch den jüdischen Kontext verständlich sind, z. B. Weinberg: das erwählte Volk in seiner Gottesbeziehung (Jes 5,1ff.); das Kommen Gottes zum Gericht (V. 9 vgl. Strack/Billerbeck IV 1961, 1199ff.). Die Verse 2-8 steigern die Unrechtstaten der Pächter immer mehr. Ohne daß hier im Stile einer allegorischen Deutung jedes Detail aufgeschlüsselt werden kann, ist doch zu verstehen, daß der Vorwurf an Israels Führung, seine Propheten und Prophetinnen getötet zu haben, im Gleichnis aufgenommen wird und die Tötung Jesu als Steigerung dieser Unrechtstaten angesprochen wird. Der Text spricht aus der Perspektive christlicher Gemeinden nach Jesu Tod und Auferstehung (vgl. das »uns« in V. 11). Es sind

Gemeinden in der Zeit kurz nach dem jüdisch-römischen Krieg (66-70 n.Chr.), die unter großem römischen Verfolgungsdruck leben (vgl. nur Mk 4,13-20). Sie betrachten sich noch nicht als heidenchristliche Gemeinden, die sich von der jüdischen Religion distanzieren. Ihre TrägerInnen sind sehr wahrscheinlich Juden- und HeidenchristInnen, die sich aber noch als *innerhalb* des jüdischen Volkes lebend verstehen.

Das Elend des Volkes und die Erniedrigung der Mächtigen

Das Gleichnis richtet sich als Anklage im Stil prophetischer Gerichtsankündigung an die Mitglieder des Synhedriums in Jerusalem (11,27; 12,12), die durch diese Anklage ihre Absicht, Jesus zu verhaften und den Römern auszuliefern, für sich klar erkennen, aber wegen des Volkes noch zögern. Die angeklagte jüdische Führung ist im Text (12,12 vgl. 11,32) wie insgesamt im Markusevangelium durch ihren Gegensatz zur Volksmenge (*ochlos*) definiert.

Obwohl der Text die Volksmenge nur am Rande erwähnt, ist das Verhältnis Jesu zum Volk nach Markus für das Verständnis des Textes wichtig. Das Volk leidet an seiner schlechten politischen Führung: »wie Schafe, die keinen Hirten haben« (6,34). Das Volk leidet an Hunger und Krankheiten. Jesus teilt mit der Volksmenge und seinen JüngerInnen das Brot, und es reicht für alle (Mk 6,34-44; 8,1-9). Jesus und seine Jüngerinnen und Jünger heilen die Kranken. Das Volk drängt sich hungrig und krank um Jesus, so daß seine Kraft manchmal nicht mehr ausreicht und er sich zurückziehen muß (vgl. nur 1,32-38). Dieses leidende und nach Heil im umfassenden Sinn hungernde Volk ist Jesu Aufgabe. Es ist verführbar und schreit »kreuzige« (15,11.14), aber Jesu Botschaft, sein Leben und sein Handeln gilt *diesem* Volk. Seine Jüngerinnen und Jünger kommen aus dem Volk und predigen und handeln wie Jesus. Das Bild des Volkes, wie Markus es sieht, ist auch Grundlage der südkoreanischen Minjungtheologie: Es geht Jesus um die Befreiung des leidenden und verführbaren Volkes, der Schafe, die keinen Hirten haben.

Die politische Führung will die Macht über das Volk behalten (V. 12). Sie verhindert die Heilung und Befreiung des Volkes durch Mord an Prophetinnen und Propheten und durch die Auslieferung Jesu an die Römer. Dies sind die Fakten, die in V. 2-8 im Gleichnis vorausgesetzt werden. Ihnen wird deshalb von Jesus und seinen NachfolgerInnen zur Zeit des Markus das Gericht angekündigt: Wenn ihr nicht umkehrt, wird Gott euch die Macht nehmen und euch umbringen. Die politische Situation der führenden jüdischen Männer zur Zeit Jesu wie zur Zeit des Markusevangeliums ist schwierig: Das Volk leidet und lehnt sich auf, sehnt sich nach dem Ende der römischen Ausbeutung. Die Römer in Gestalt ihrer Statthalter in Cäsarea, deren Truppen überall im Land und ganz besonders in Jerusalem präsent sind, lassen der Führung wenig Handlungsspielraum. Joh 11,48 ist eine realistische Einschätzung dieser Situation aus der Perspektive eines Führungsmannes: »Wenn wir (Jesus) so gewähren lassen, dann werden die Römer kommen und uns diesen Ort (wohl den Tempel) und das Volk (d.h. die letzten Reste von Unabhängigkeit) wegnehmen«. Joh 11,48 erklärt, warum im Gleichnis die Pächter die Früchte nicht abliefern, dem Volk seine Hoffnung zerstören wollen, Jesus nicht gewähren lassen wollen.

Das Gleichnis nimmt sein Bild aus der Situation des Römischen Reiches. Überall, auch in Palästina, wachsen die riesigen Großgüter, deren Besitzer im Luxus Roms oder anderer Städte leben. Sie lassen das Land von Pächtern und Tagelöhnerinnen und Tagelöhnern, Sklavinnen und Sklaven bewirtschaften und erwarten reiche Abgaben: »Wer ... entfernte oder gar überseeische Ländereien kauft, der verzichtet zugunsten seiner Sklaven, als ob diese Erben wären, auf sein Vermögen, und zwar, was noch schwerer wiegt, schon zu Lebzeiten; denn wenn der Herr so weit entfernt ist, werden die Sklaven verdorben ... (und denken) mehr an Räubereien als an ihre Arbeiten« (Columella, de re rustica I 1,18-20; ein Lehrbuch für Großgrundbesitzer aus dem 1. Jahrhundert n. Chr.).

Die Bauern und Bäuerinnen, deren Eltern das Land vielleicht noch selbst gehört hatte, leben ärmlich mitten im fruchtbaren Land. Es gibt genug Berichte über Versuche von Pächtern, sich gegen ihre ausbeuterischen Großgrundbesitzer zur Wehr zu setzen. Mk 12,1-12 ist ein wertvolles historisches Dokument für diese Geschichte bäuerlichen Widerstandes.

Das Gleichnis redet die politischen Machthaber in Jerusalem an und stellt sie im Gleichnis an die Stelle aufrührerischer Bauern, denen der Großgrundbesitzer das Land und das Leben nehmen wird. Das Gleichnisbild nimmt die Perspektive der Großgrundbesitzer ein und mutet es Machthabern zu, sich in der verzweifelten Situation der Pächter gegenüber dem Großgrundbesitzer wiederzuerkennen. »Er stößt die Gewaltigen von ihren Thronen ...« (Lk 1,52) Das Gleichnis vollzieht als prophetische Ankündigung die Erniedrigung derer, die ihre Macht mißbraucht haben. Die Gewalt von oben wird in der Brutalität und dem Morden der Pächter dargestellt. Zugleich werden die Täter mit dem zornigen Gott konfrontiert.

Umkehr ist nötig – und (noch) möglich

Aus sozialistischer und aus feministischer Perspektive ist das Gleichnisbild problematisch. Bert Brecht hat gegen ein vergleichbares Gleichnis (von den anvertrauten Talenten Lk 19,12-27par) gesagt, daß es nicht mehr wiederholt werden dürfe, weil es die Besitzenden stärke und die kleinen Leute zu Schuldigen erkläre: »Und alle, ... die es wagen, so etwas (gemeint ist das Gleichnis von den Talenten) zu erzählen, die verurteile ich! zum Tode! Und dann gehe ich weiter: wer es sich erzählen läßt und es wagt, nicht dagegen sofort einzuschreiten, den verurteile ich ebenfalls!« (Brecht 1967, 1165) Aus feministischer Perspektive ist ein Gleichnis für den Zorn Gottes problematisch, das einen Gott zeichnet, der Unrecht mit Radikalmaßnahmen vergilt (V. 9); ein Bild, das Angst macht und keinen Spielraum zur Umkehr offen läßt, – obwohl ich davon ausgehe, daß auch hier implizit Umkehr gemeint ist, denn Gott *ist* ja noch nicht zum Gericht gekommen (V. 9). Am Rande sei hier vermerkt, daß aus feministischer Sicht der Text eine reine Männergesellschaft beschreibt, die die beteiligten Frauen also konsequent unsichtbar macht.

Das Gleichnis hat eine massive christlich-antijudaistische Deutungsgeschichte bis in die neuesten Kommentare. Es wird immer noch von Verwerfung Israels und vom Übergang des Weinbergs an die Kirche geredet. Obwohl der Text selbst sich innerhalb des jüdischen Volkes sieht, wird hier aus der Perspektive einer christlichen Kirche, die das Judentum für eine Religion hält, die kein Heilsweg mehr ist, geredet.

Die Schwierigkeit, die Mißverständlichkeit des Gleichnisbildes zu erklären und den Antijudaismus, der fest mit diesem Gleichnis verbunden ist, zu kritisieren, ist groß. Aber die christliche Mißbrauchsgeschichte der biblischen Traditionen kann und darf in den Predigten nicht verschwiegen werden. Umkehr ist auch hier notwendig!

Das Gleichnis endet mit einer Evangeliumsbotschaft: Das Gottesvolk lobt Gott mit den Worten aus Psalm 118,22f. (vgl. Apg 4,11; 1 Petr 2,4ff.) Es ist ein wunderschönes Bild für die Erhöhung der Niedrigen: Der weggeworfene Baustein wird zum Eckstein am Haus oder Schlußstein in einer Wölbung, jedenfalls zu einem wichtigen und sichtbaren Schmuckstück. Jesus ist auferstanden, das Gottesvolk lebt aus seiner Kraft und trägt seine Heilungskraft weiter. Das »wir« in diesem Text ist die christliche Gemeinde, die aber aus dem Volk (*ochlos*) kommt und mit dem Volk leidet und mit ihm an seiner Befreiung arbeitet. Das Bild für die Erhöhung der Erniedrigten, für die Erwählung des leidenden Volkes, sollte nicht exklusiv christologisch gedeutet werden. Jesu Auferstehung ist in der befreienden Praxis des Gottesvolkes gegenwärtig.

Literatur

Byung-Mu Ahn, Jesus und das Minjung im Markusevangelium, in: J. Moltmann (Hg.), Minjung. Theologie des Volkes Gottes in Südkorea, Neukirchen 1984, 110-132.

Bert Brecht, Das Pfund der Armen, Anhang zum Dreigroschenroman, in: Gesammelte Werke, Bd. 13, Frankfurt 1967.

Luise Schottroff, Das geschundene Volk und die Arbeit in der Ernte Gottes nach dem Matthäusevangelium, in: L. u. W. Schottroff (Hg.), Mitarbeiter der Schöpfung. Bibel und Arbeitswelt, München 1983, 149-206.

Hermann L. Strack; Paul Billerbeck, Kommentar zum Neuen Testament aus Talmud und Midrasch, Bd. IV, München 1961.

Suchen, was verlorenging
Evangelium nach Lukas 15,1-7
Sigrid Lampe-Densky

1 Es nahten ihm aber fortwährend alle Zöllner und Sünder, um ihn zu hören. 2 Und die Pharisäer und die Schriftgelehrten murrten und sagten: Dieser nimmt die Sünder an und ißt mit ihnen. 3 Da sagte er zu ihnen dieses Gleichnis: 4 Welcher Mensch unter euch, der hundert Schafe hat und eins von ihnen verliert, läßt nicht die neunundneunzig in der Wüste zurück und geht dem verlorenen nach, bis er es findet? 5 Und wenn er es gefunden hat, legt er es voll Freude auf seine Schultern; 6 und wenn er nach Hause kommt, ruft er seine Freunde und seine Nachbarn zusammen und sagt zu ihnen: Freuet euch mit mir! Denn ich habe mein Schaf gefunden, das verloren war. 7 Ich sage euch: So wird im Himmel mehr Freude sein über einen Sünder, der Buße tut, als über neunundneunzig Gerechte, die der Buße nicht bedürfen.
(Übersetzung: Zürcher Bibel)

Das Gleichnis vom verlorenen Schaf steht außer im Lukasevangelium noch in Matthäus 18,12-14. Vermutlich wurde es aus der Spruchquelle (Q) übernommen. Auf jeden Fall wurde es schon vor der Aufnahme in die Evangelien durch Männer und Frauen in den frühchristlichen Gemeinden überliefert. In Lk 15 steht das Gleichnis im Zusammenhang mit zwei anderen Gleichnissen vom Verlorenen: Eine Frau findet ihre verlorene Drachme (V. 8-10), und der verlorene Sohn kehrt in sein Elternhaus zurück (V. 11-32). Die Freude über das Wiederfinden des Verlorenen wird hier jeweils zum Bild für die Freude Gottes, wenn Menschen von falschen Wegen umkehren.

Arbeitswelt und Gottesprädikat

Das Gleichnis vom verlorenen Schaf beschreibt eine Alltagssituation, die den Menschen der Bibel täglich vor Augen stand. Außerdem wird mit der Hirtenmetapher eine Tradition aufgenommen, die bereits im Ersten Testament gut bezeugt ist (vgl. u.a. Ps 23 und Ez 34).

Diese beiden Pole im Gleichnis, die Alltagssituation und die metaphorische Tradition des Ersten Testaments, erzeugen eine eigenartige Spannung: Da ist einerseits die Rede von Menschen, die zu einer schlecht bezahlten und von Teilen der Bevölkerung verachteten Berufsgruppe gehören. Andererseits ist »Hirte« auch ein Königs- bzw. Gottestitel.

Zunächst ist es wichtig festzustellen, daß das Gleichnis eine alltägliche Arbeitssituation beschreibt. Der Blick auf die lange metaphorische Tradition hat uns zu Unrecht meistens vergessen lassen, daß immer auch die konkrete Arbeitssituation von HirtInnen angesprochen ist. Eine Trennung von Metapher und Wirklichkeit wird dem Gleichnis deshalb nicht gerecht. Die Rede ist von einem »Menschen«, der als Hirte arbeitet (15,4). Doch wie müssen wir uns diesen »Menschen« vorstellen? Die antike Skulptur, die einen bartlosen Jüngling darstellt, der sein Schaf auf den Schultern trägt, und der gute Hirte in Joh 10, dem als Antityp der unzuverlässige Tagelöhner an die Seite gestellt wurde, haben uns annehmen lassen, auch der Hirte in Lk 15 sei ein Mann und außerdem noch der Besitzer der Herde.

Das Lukasevangelium geht wohl auch davon aus, daß der Hirte ein Mann ist. Es geht aber nicht unbedingt davon aus, daß der Besitzer seine Herde selbst hütet. Naheliegender ist, daß der Hirte, der das verlorene Schaf sucht, ein Tagelöhner ist oder vielleicht auch ein Sklave, denn der Besitzer einer hundertköpfigen Herde kann sich bereits Personal leisten. Der Vergleich mit anderen antiken Quellen macht dies deutlich: Cato (234-149 v. Chr.) empfiehlt, auf einem Olivengut von 240 Morgen für 100 Schafe einen Hirten einzuplanen (Cato 10,1). In dem hellenistischen Hirtenroman »Daphnis und Chloe« (2. Jh. n. Chr.) hütet der Sklave Daphnis eine Herde von 50 Ziegen, deren Anzahl er im Laufe der Zeit durch gute Arbeit mehr als verdoppelt hat (Longos 3,29,2). Das Lukasevangelium (17,7) setzt selbst ähnliche Arbeitsverhältnisse voraus, auch dort arbeitet ein Sklave als Hirte. Und die HirtInnengruppe, die in der Weihnachtsgeschichte (2,8ff.) nachts bei der Herde ist, besteht wahrscheinlich aus TagelöhnerInnen.

Diese Deutung wirft dann aber auch ein ganz anderes Licht auf das Motiv des Hirten für die intensive Suche nach dem verlorenen Schaf. Es muß nicht emotionale Verbundenheit mit den Tieren und unerschütterliche Treue bis in den Tod sein wie in Joh 10. Wahrscheinlich ist es der Druck, unter den der Hirte beim Verlust eines Tieres gerät. Sklaven und Tagelöhner standen wegen der schlechten Versorgung durch ihre Herren immer in der Gefahr, Unrecht zu begehen, und galten für einige Teile der Bevölkerung als unehrenhafte, betrügerische Leute, denen man allemal zutraute, die Tiere auf fremdes Weideland zu führen oder vom Ertrag der Herde etwas zu unterschlagen. Tagelöhner-Hirten verdienten noch weniger als Tagelöhner in der Landwirtschaft, deren Verdienst zur Zeit des Neuen Testaments bei einem Denar lag (vgl. Mt 20,1ff.). Bei Verlust des Schafes muß der Hirte also davon ausgehen, daß der Besitzer Schadenersatz fordert (vgl. Gen 31,39 und Ex 22,10ff.). Er muß außerdem befürchten, seinen ehrlichen Namen zu verlieren und in Zukunft von niemandem mehr eingestellt zu werden. Seine intensive Suche und die Freude des Wiederfindens, die ja auch nicht selbstverständlich ist, wie die Mt-Version des Gleichnisses andeutet (18,13), sind also gut nachvollziehbar. Ob der Hirte den Rest der Herde von Kollegen beaufsichtigen läßt oder die Tiere in einem Pferch einsperrt, wird nicht gesagt. Wenn er sie jedoch ungeschützt zurückläßt, geht er das Risiko ein, weitere Verluste durch Räuber und wilde Tiere zu erleiden.

Der sozialgeschichtliche Hintergrund des Textes zeigt: Der Hirte ist risikobereit, weil er als Tagelöhner (oder Sklave) unter Druck steht. Er sucht deshalb auch intensiv und freut sich über alle Maßen, als er das verlorene Schaf wiederfindet. Auf diese Weise ist seine Existenz zunächst einmal gesichert. Die Bedeutung des Wiederfindens wird in der gemeinsamen Freude mit den Freunden und Nachbarn noch einmal betont. Dadurch wird deutlich, wieviel für den Hirten auf dem Spiel stand und wie erleichtert er ist, nachdem er das verlorene Schaf wiedergefunden hat.

Was mag die Suche des Hirten für das Schaf bedeutet haben? Das verlorene Schaf, vielleicht ein krankes oder junges Tier, wird nicht sich selbst überlassen, sondern zu seinen Artgenossen zurückgebracht. Es darf weiterleben und wird nicht einfach der »natürlichen Auslese« preisgegeben.

Die Selbstverständlichkeit, mit der der Hirte das verlorene Tier sucht, ist verblüffend: So handelt also ein Tagelöhner-Hirte, der auf der sozialen Leiter ganz unten steht; er wird dadurch zum Vorbild für richtiges Verhalten und zum Gleichnis für Gottes Handeln.

Die Erfahrungen von Frauen mit hineinlesen

Luise Schottroff (1994, 138) hat herausgearbeitet, daß das Gleichnis von der verlorenen Drachme (V. 8-10), das dem Gleichnis vom verlorenen Schaf (V. 4-7) unmittelbar folgt, als Frauengleichnis gleichberechtigt neben das Männergleichnis gestellt wurde. Ein ähnliches Beispiel bietet Lk 13, wo neben der Arbeit eines Sämannes (V. 18f.) die Arbeit einer brotbackenden Frau (V. 20f.) erwähnt wird. Für einen androzentrischen Text – und auch das Lukasevangelium unterscheidet sich hier nicht von anderen antiken Quellen – ist das mehr, als man erwarten würde: Die Lebens- und Arbeitswelt von Frauen wird an dieser Stelle nicht verschwiegen, sondern gleichberechtigt sichtbar gemacht. Wieweit in der Männer(arbeits)welt, die in dem Hirtengleichnis beschrieben ist, außerdem auch noch Frauenerfahrungen verborgen gehalten werden, ist eine spannende Frage. Zumal dies für das Verständnis des Gleichnisses wichtig sein könnte, wenn wir die in ihm beschriebene Lebenswelt auch theologisch ernst nehmen und sie nicht für neutrale, theologisch bedeutungslose »Bilder« halten wollen, wie es in der traditionellen Gleichnisauslegung sonst üblich ist. Welchen Anteil haben

Frauen mit ihren eigenen Lebenserfahrungen an dem im Gleichnis verwendeten ›Bild‹? Können sie sich mit ihrem Leben in die Welt des Gleichnisses hineinlesen?

Bereits das Erste Testament weiß davon, daß Frauen als Hirtinnen arbeiten. Rahel hütet die Schafe ihres Vaters Laban (Gen 29,9), und Zippora und ihre sechs Schwestern tragen ebenfalls durch ihre Hirtinnenarbeit zum Lebensunterhalt der Familie bei (Ex 2,16ff.).

Vergleichbare Lebensverhältnisse wurden jahrhundertelang bewahrt, denn auch Longos erwähnt Arbeit von HirtInnen: Während der Sklave Daphnis als Ziegenhirte arbeitet, ist seine Freundin, die Sklavin Chloe, als Schafhirtin tätig (1,7,2). Auch wenn es die romantisch verklärte Geschichte von jungen Liebenden ist, so sind die Aufgaben, die zu ihrem Beruf gehören und die sie gleichberechtigt wahrnehmen, nüchtern und informativ geschildert: Die Tiere werden auf die Weide und zur Tränke geführt (1,8,3), sie werden vor Raubtieren geschützt und bei Gefahr wieder eingesammelt (1,21,1ff.). Melken und Käse bereiten (1,23,3), Laub sammeln als Winterfutter (2,20,2), Arbeitsgeräte wie Melkeimer herstellen, im Winter die Tiere im Stall versorgen, Filz herstellen und Wolle spinnen gehören ebenfalls zu den genannten Aufgaben von HirtensklavInnen (3,3,3ff.). Daphnis und Chloe arbeiten außerordentlich vorbildlich (und das nicht nur, weil sie durch besondere Umstände zu den Tieren eine große emotionale Nähe empfinden); auch als Sklave und Sklavin sind sie fürsorglich, verantwortungsbewußt und erfolgreich: Die Tiere sind gut genährt, gesund und sehr gepflegt (4,4,2ff.).

Frauen, die das Gleichnis Lk 15,4ff. hören, können sich in dem erzählten Beispiel vom intensiv suchenden Hirten also durchaus wiedererkennen, auch wenn sie nicht ausdrücklich erwähnt werden. Bereits für die in Lk 15 vorausgesetzte HörerInnensituation können wir die Anwesenheit von Frauen mitdenken. Neben den direkt genannten ZöllnerInnen und SünderInnen (15,1), PharisäerInnen und Schriftgelehrten (15,2) müssen wir von einer großen Volksmenge (14,25) als ZuhörerInnen Jesu ausgehen. Auch die Anwesenheit von HirtInnen ist in diesem Zusammenhang gut vorstellbar. Eventuell sind sie bei den »SünderInnen« (15,1) mitgemeint (vgl. Schottroff/Stegemann 1981, 25). Diese hören dann, daß SklavInnen oder schlecht verdienende TagelöhnerInnen, die nur allzu oft aus Not kriminell werden, von Jesus zum Vorbild für fürsorgliches Handeln gemacht werden.

Damit kritisiert das Gleichnis auch die Diskriminierung derer, die einen von Teilen der Bevölkerung verachteten Beruf ausüben. Diese positive Darstellung von HirtInnenarbeit wiegt doppelt, weil ja bereits durch den metaphorischen Gebrauch des Hirtentitels als Gottes- und Königsprädikat im Ersten Testament das Alltagsbild eine unerwartete Aufwertung erfährt, die durchaus nicht als selbstverständlich empfunden wurde, wie ein späterer Midrasch zu Ps 23 zeigt (vgl. W. Schottroff 1980, 84). Auch im Lukas-Gleichnis ist diese Aufwertung enthalten, denn das Verhalten des Hirten/ der Hirtin, der/die im Tagelohn arbeitet, ist Bild für die Freude Gottes. Frauen müssen sich die Beziehung des Gleichnisses zu ihrer Lebenswirklichkeit durch »Übersetzungsarbeit« allerdings erst erschließen.

Auf der Suche nach den Verlorenen

Wenn wir zum Verständnis des Gleichnisses die in der Alltagswelt der HirtInnen verankerten Bilder und auch die metaphorische Tradition des Ersten Testaments ernstnehmen, wie kann dies auf die Botschaft Jesu und die seiner NachfolgerInnen bezogen werden? Der lukanische Kontext setzt folgenden Akzent: Jesus befindet sich auf dem Weg nach Jerusalem (9,51-19,27), als er das Gleichnis erzählt. »Welcher Mensch unter euch ...« (15,4) – Jesus setzt also voraus, daß die Menschen, die ihm zuhören, sich in der Alltagserfahrung des Hirten wiedererkennen, entweder, weil sie selbst als HirtInnen arbeiten oder weil sie vielleicht auf andere Art als HirtInnen zu bezeichnen wären, z.B. entsprechend dem Verständnis der metaphorischen Tradition des Ersten Testaments als Führungspersonen (vgl. Ez 34), die sich um das Wohl des Volkes kümmern sollen. Durch die Akzentsetzung des Gleichnisses wird den beiden HirtInnengruppen grundsätzlich gute Arbeit unterstellt: Sie werden auf ihre besten Möglichkeiten angesprochen, indem ganz selbstverständlich davon ausgegangen wird, daß sie das verlorene Schaf suchen. Es wird gar nicht in Erwägung gezogen, daß HirtInnen auch ganz anders handeln könnten. Und in V. 7 müssen die Zuhörenden dann erstaunt, aber auch nicht völlig unvorbereitet hören, daß Gott SünderInnen sucht, die umkehren, und sich über jeden Menschen freut, der nicht verloren geht.

In der Forschung wird meistens angenommen, daß das Gleichnis gegen die murrenden PharisäerInnen und Schriftgelehrten erzählt ist (15,2). Im Kontext des Evangeliums werden sie aber nicht grundsätzlich als GegnerInnen Jesu dargestellt: In Lk 13,31 sind einige PharisäerInnen besorgt um Jesu Leben, in 14,1 ist Jesus bei einem von ihnen zum Essen eingeladen, und in 17,20 spricht er ernsthaft mit ihnen über das Reich Gottes. In 12,1 werden die PharisäerInnen in ihrer Heuchelei aber auch recht negativ dargestellt und in 16,4 als geldgierig bezeichnet. Ihre Darstellung ist also nicht pauschal negativ, sondern situationsabhängig kritisch.

In 15,2 sind sie Beispiele für Menschen, die Umkehr verhindern wie der ältere Bruder im Gleichnis vom verlorenen Sohn (15,25ff.). Trotz allem sind sie Menschen, um die Jesus wirbt, die er ebenfalls für ein fürsorgliches »HirtInnenverhalten« gewinnen möchte.

Im Gleichnis bestimmt nicht die Orientierung an den Starken, den Gerechten, sondern der Blick auf die Verlorenen, die Suche nach den auf der Strecke Gebliebenen, den Verirrten, die Richtung. In Jesu Tischgemeinschaft mit den Ausgegrenzten (5,27-32; 19,1-10) ist dies exemplarisch dargestellt. In 19,1ff. wird die Umkehr des reichen und von der angesehenen Gesellschaft verachteten Oberzöllners Zachäus zu einem Beispiel für die Umkehr, die grundsätzlich alle Menschen nötig haben (vgl. 13,5). Das Gleichnis darf aber nicht christologisch verengt gelesen werden. Die Zuwendung Jesu, die die Umkehr des Zachäus erst ermöglicht, soll auch von der Gemeinde praktiziert werden.

In Mt 18,12-14 tritt die Verantwortung der Gemeinde sogar noch deutlicher in den Vordergrund, indem die Sorge für die »Kleinen« (hier sind ausdrücklich die sozial Schwachen gemeint) die Anwendung des Gleichnisses (18,14) bestimmt. An anderen Stellen im Matthäusevangelium ist von den »verlorenen Schafen des Hauses Israel« und der Fürsorge für diese die Rede (9,36; 10,6; 15,24). Das Lukasevangelium wirbt für eine ähnliche Praxis, die die Umkehr der SünderInnen ermöglicht, nicht als verbissene Forderung, sondern mit dem Hinweis auf die Freude, die diese Arbeit mit sich bringt. Der Blick auf die Freude bildet in der Lk-Version des Gleichnisses den Schwerpunkt, denn sie erscheint in dreifacher Form: Die spontane Freude über das wiedergefundene Schaf (V. 5) wird im Freudenfest mit den FreundInnen und NachbarInnen (V. 6) weitergeführt und schließlich in Beziehung gesetzt zur Freude Gottes (V. 7). Wenn nicht mehr der reiche Herdenbesitzer, sondern der unter Druck stehende arme Tagelöhner und dessen Freude zum Gleichnis wird für die Freude Gottes, verändert sich auch die Gottesvorstellung. Gott kann es sich eben nicht leisten, Menschen verloren zu geben; er/sie ist unendlich erleichtert und freut sich übermäßig, wenn auch nur ein einziger Mensch zur Umkehr bereit ist.

Das Einsammeln der Verlorenen (bei Lukas können auch Reiche zu den Verlorenen gehören), der Zerstreuten, wird als Beginn des Heils für alle verstanden, der neuen Gemeinschaft mit Gott, einer Gemeinschaft, über die Gott und die Menschen sich freuen können.

Die Erfahrungen der Gemeinde beziehen sich dabei vermutlich auch auf die konkrete Arbeit von HirtInnen. Wahrscheinlich gehören sie zu denen, die nicht nur Schafe einsammeln, sondern auch Menschen für das Reich Gottes finden. Ihre Freude wird in Beziehung gesetzt zur Freude Gottes, der/die sich über Menschen freut, die umkehren.

Die einzige konkrete Erwähnung von HirtInnen im Lukasevangelium (2,8ff.; Mk 5,14par: Schweinehirten) paßt zu dieser Einschätzung. Hier sind die HirtInnen nicht nur als AdressatInnen, sondern auch als TrägerInnen und VerkünderInnen der frohen Botschaft dargestellt. Außerdem sind sie die ersten, denen diese Botschaft gesagt wird, noch vor den FischerInnen (5,1ff.), die Jesus nachfolgen, um in Zukunft Menschen zu fischen. Das Lukasevangelium gestaltet dann im Verlauf der Gesamterzählung, was auch für die HirtInnen eine gute Nachricht sein könnte. Nachdem sie von dem Engel aus der Dunkelheit ins Licht geholt wurden und von der Geburt des Retters gehört haben, werden sie selbst zu BotInnen des Evangeliums, das auch ihr Leben in Zukunft verändern wird. Die »Kleinen« machen dabei die erstaunliche Erfahrung, daß sie nicht nur Objekte der Fürsorge anderer oder als JüngerInnen wie »Schafe unter die Wölfe« (10,3; vgl. auch 12,32) geschickt werden, sondern daß das Gottesreich, die Verwandlung der Schöpfung, bei und mit ihnen beginnt. Die Menschen der frühchristlichen Gemeinde erzählen diese Hoffnung aus der Perspektive konkreter eigener Erfahrungen. Sie wissen bereits, daß die Gemeinden Raum bieten für ein menschenwürdigeres Leben, an dem HirtInnen, FischerInnen, Prostituierte, ZöllnerInnen und - wenn sie wollen - auch PharisäerInnen mitarbeiten können.

Literatur

Marcus Porcius Cato, Vom Landbau, lat.-dt., hg. v. Otto Schönberger, Darmstadt 1980.

Longos, Hirtengeschichten von Daphnis und Chloe, griech. und dt. von Otto Schönberger, 2. Aufl. Berlin 1973.

Luise Schottroff, Das geschundene Volk und die Arbeit in der Ernte Gottes nach dem Matthäus-Evangelium, in: L. Schottroff; W. Schottroff (Hg.), Mitarbeiter der Schöpfung, München 1983, 149-206.

Luise Schottroff, Lydias ungeduldige Schwestern. Feministische Sozialgeschichte des frühen Christentums, Gütersloh 1994.

Luise Schottroff; Wolfgang Stegemann, Jesus von Nazareth - Hoffnung der Armen, 2. Aufl. Stuttgart/Berlin/Köln/Mainz 1981.

Willy Schottroff, Psalm 23, in: ders.; W. Stegemann (Hg.), Traditionen der Befreiung, Bd. 1, München 1980, 78-113.

Ein Licht ist angezündet

Evangelium nach Lukas 15,8-10

Regene Lamb

Ausgangspunkt: Der Kontext der Auslegung

Ausgangspunkt der feministisch-befreiungstheologischen Arbeit ist die Benennung des eigenen Kontextes oder die Beschreibung der Farben, die meine Sicht der Realität und das Lesen der Bibel tönen. Für mich stehen die Erfahrungen mit armen und entrechteten Frauen im Norden Brasiliens, mit denen ich fünf Jahre als Pfarrerin gearbeitet habe, im Vordergrund. Diese Frauen werden nicht als Bürgerinnen angesehen, weil sie kein Eigentum, sehr oft keinen Ausweis, keine bezahlte Arbeit, keinen Zugang zur Ausbildung haben und dazu noch der Gewalt ihrer eigenen Lebensgefährten ausgesetzt sind. Die Form des Überlebenskampfes, den diese Frauen führen, erhält nochmals zusätzliche Ausprägungen durch die unterschiedliche Hautfarbe der Frauen oder bei Indianerinnen durch die unterschiedliche Stammeszugehörigkeit und ihre Anpassung an die sogenannte Zivilisation.

Teil des Überlebenskampfs der Frauen ist die Hoffnung und der Glaube, daß es nicht so weitergehen kann. So setzen sie sich an verschiedenen Orten und mit unterschiedlichen Motivationen für eine bessere Gesundheitsversorgung ein, für Strom und Wasser, für eine aktive politische Beteiligung, für mehr Aufgabenteilung in den christlichen Gemeinden, für Frauenquoten in Gewerkschaften, politischen Parteien, kirchlichen Entscheidungsinstanzen, gegen Gewalt, für bessere Preise für die Produkte der Landwirtschaft, gegen alle Formen der Frauendiskriminierung und Ausbeutung.

Ich verstehe feministisch-befreiungstheologische Bibellektüre als eine Begleiterin auf den Wegen der Frauen, die für eine Veränderung der bestehenden Ungerechtigkeit und Ausbeutungsstrukturen kämpfen. Der Versuch, die Bibel als Wegbegleiterin im Befreiungskampf von Frauen zu verstehen und zu erfahren, ist nicht einfach und mit vielen Konflikten verbunden. Elsa Tamez, eine Theologin aus Costa Rica, beschreibt diese Schwierigkeiten so: »Wir wissen, daß die Bibel, androzentrisch und patriarchal interpretiert, Quelle der Legitimation zur Marginalisierung von Frauen in Kirche und Theologie gewesen ist. Aber wir stellen in der Praxis auch fest, wie die gleiche Bibel, gelesen aus der Perspektive der Unterdrückten und Marginalisierten, Quelle von Befreiung und Leben für viele geworden ist – auch für Frauen. Eine feministische Re-Lektüre der Bibel ist nicht einfach ... Die

Lektüre aus der Sicht der Armen ist einfacher als die aus der Sicht der armen Frauen. Für die Armen bietet die Bibel explizite Bezugspunkte der Solidarität Gottes im Kampf um Befreiung. Frauen, die die Bibel lesen, begegnen hingegen Texten, die sie explizit diskriminieren.

Bei einer befreienden biblischen Re-Lektüre müssen Frauen unterschiedliche Kämpfe eingehen: Sie müssen gegen die Auslegung streiten, die eine jahrhundertelange Tradition hat, die manchmal patriarchaler ist als die Texte selbst. Aber sie müssen auch gegen diejenigen Texte kämpfen, die sie explizit benachteiligen. Außerdem mündet dieser hermeneutische Kampf in die Notwendigkeit, die Prinzipien der biblischen Autorität neu zu umreißen und neu zu formulieren, was das Wort Gottes, das in den heiligen Schriften offenbart ist, bedeutet.« (Tamez 1995, 10)

In den letzten Jahren haben christliche Frauen in allen Teilen der Erde begonnen, sich kritisch mit ihrer Tradition auseinanderzusetzen. Auslegungsgeschichte und biblische Texte werden auf ihre patriarchatsstützenden und patriarchatskritischen oder befreienden Inhalte und Strukturen hin überprüft.

Meiner Ansicht nach ist die feministische Lektüre der Bibel in Lateinamerika durch zwei Merkmale gekennzeichnet. Das erste ist der Versuch, die drei Ebenen, in denen Theologie getrieben wird, zu verbinden. Diese Ebenen sind:

a) An der Basis: Die Mehrheit der Basisgemeinden wird von Frauen geleitet. Frauen sind Katechetinnen in Gemeinden und Anführerinnen in den Kämpfen für bessere Lebensbedingungen. Sie engagieren sich und erheben ihre Stimme an neuen Orten. Die gemeinsamen Reflexionen über ihre Realität und über biblische Texte erleben sie als Kraftquelle für ihre Arbeit. Sie erwarten von der pastoralen und akademischen Ebene theologische Unterstützung für die Fortsetzung ihrer Arbeit und ihres Kampfes.

b) Die Pastoralebene: Ordensfrauen der katholischen Kirche, Pfarrerinnen und Diakoninnen der protestantischen Kirche, die sich bewußt gegen die Unterdrückung von Frauen einsetzen, treffen sich und organisieren Seminare, um ihre Erfahrungen in der alltäglichen pastoralen Arbeit feministisch-befreiungstheologisch zu reflektieren. Es entstehen Materialien für die Arbeit in der Gemeinde.

c) Die akademische Ebene: Hier sind die Veröffentlichungen zu nennen, die Kriterien für die Entwicklung einer Hermeneutik aus der Perspektive von Frauen entwerfen, kritische Fragen an das traditionelle Gottesbild stellen und das Verständnis herkömmlicher Spiritualität hinterfragen. Die Mehrheit der Frauen, die sich mit diesen Fragen wissenschaftlich auseinandersetzt, sind an einer Universität tätig. Sie bemühen sich, den Befreiungskampf der lateinamerikanischen Frauen zu unterstützen und im ständigen Dialog mit den Frauen in den Basisgemeinden und den Frauen auf der Pastoralebene zu stehen, damit die alltägliche Lebens- und Glaubenserfahrung Ausgangspunkt ihrer Reflexion bleibt.

Die zweite Charakteristik lateinamerikanischer feministischer Bibelauslegung ist die Grundannahme, daß die Bibel, obwohl sie ein patriarchales Buch ist, heute noch richtungsweisend für uns sein kann. Dies möchte ich im folgenden am Gleichnis von der verlorenen Drachme darlegen.

Der Text: Lk 15,8-10

8 Oder welche Frau, die zehn Drachmen hat und eine davon verliert, zündet nicht ein Licht an, kehrt das Haus und sucht sorgfältig, bis sie sie findet? 9 Und wenn sie sie gefunden hat, ruft sie ihre Freundinnen und Nachbarinnen und sagt: Freut euch mit mir, ich habe die Drachme, die ich verloren hatte, gefunden. 10 So, sage ich euch, entsteht Freude vor den Engeln Gottes über eine einzige Sünderin oder einen einzigen Sünder, die/der umkehrt.

Der Text im Kontext des Lukas-Evangeliums

Dieses Gleichnis von der Frau, die nach einer verlorenen Drachme sucht, ist nur vom Evangelisten Lukas überliefert. Es steht zwischen zwei Gleichnissen, die sehr bekannt sind: Einerseits das Gleichnis vom verlorenen Schaf und andererseits das Gleichnis vom verlorenen Sohn. Besonders die Parallelität zwischen dem Gleichnis vom Hirten, der nach einem verlorenen Schaf sucht und dem von der Frau, die nach einer verlorenen Drachme sucht, ist nicht zu übersehen. Beide sind gleichartig erzählt. Luise Schottroff (1994, 138) meint hierzu, das Gleichnis von der verlorenen Drachme sei im Lukas-Evangelium als Frauengleichnis mit dem Männergleichnis vom verlorenen Schaf zu einem Gleichnispaar verbunden. In den meisten Kommentaren werden beide Gleichnisse zusammen analysiert. Dadurch steht das Bild des Hirten im Vordergrund, das Bild der Frau aber wird zu einer relativ bedeutungslosen Analogie. Bei näherer Betrachtung ist jedoch nicht zu übersehen, daß jeweils eigene Akzente gesetzt werden. Das Suchen der Frau wird stärker herausgearbeitet als das Suchen des Hirten, indem beschrieben wird, was die Frau alles unternimmt, als sie merkt, daß eine ihrer zehn Drachmen verloren gegangen ist.

Der Lebenskontext des Textes

Die Frau zündet ein Licht an, kehrt das Haus und sucht sorgfältig, sehr genau, bis sie die verlorene Drachme findet. Ein Licht zum Suchen anzünden zu müssen, setzt voraus, daß das Haus der Frau dunkel war, ohne oder mit sehr kleinen Fenstern. Ausgrabungen aus Kafarnaum beweisen, daß es solche Wohnungen im 1. Jahrhundert gab. »Es fanden sich mehrere Häuserblöcke, deren Wände ungleichmäßig aus Basaltsteinen errichtet worden waren, nicht stabil genug, um ein zweites Stockwerk zu tragen, Treppen führten zum Dach, das in der Regel flach war. Die unteren Räume waren sehr klein mit unzureichender Luftzufuhr und winzigen Fenstern ... Größere Räume waren höchstens sechs Meter breit. Fußböden wurden aus großen ungleichmäßigen Basaltstücken verlegt, die nicht fugenlos zusammenpaßten.« (Stambaugh/Balch 1992, 71) Die kleine und dunkle Wohnung ist ein Hinweis auf die Armut dieser Frau. Ein weiterer Hinweis ist, daß sie selbst den Besen nimmt und kehrt. Es sind also keine Sklavinnen im Haus, die die Dreckarbeit machen.

Um uns an den Grund des sorgfältigen Suchens anzunähern, ist die Frage nach der Bedeutung von Geld im Leben der Frau hilfreich. Das Geld, nach dem sie sucht, ist eine Drachme, das ist das griechische Äquivalent zum Denar. Nach Matthäus 20,1-16 ist ein Denar der Verdienst eines Tagelöhners in der Landwirtschaft. Daraus ergibt sich nach Ben-David (1974, 301f.) ein Jahresverdienst von 200 Denaren, was auf keinen Fall für die Ernährung einer Familie reichte. Nur durch eine Hilfswirtschaft konnte damals das Überleben gesichert werden. Wer diese Hilfswirtschaft betrieben hat, wird von Ben-David nicht benannt. Wenn aber die Quellen danach befragt werden, kommt die Arbeit von Frauen und Kindern ans Tageslicht. Sie arbeiteten als Lohnarbeiterinnen und machten Handarbeiten, die sie verkauften.

Das Gleichnis erzählt von 10 Drachmen. Eine davon geht verloren. Es ist für die Frau Überlebensgeld, auf das sie nicht verzichten kann. In Brasilien gehört diese Erfahrung zum Alltag sehr vieler armer Frauen und Männer. Es kommt auf jeden Pfennig an, um Brot oder genügend Bohnen zur Stillung des Hungers für sich und die Kinder kaufen zu können. Deshalb müssen keine großen exegetischen Umwege gemacht werden, um auf diese Vorstellung zu kommen.

Es ist sehr schwierig, genau zu rekonstruieren, wie groß der Lohn einer Frau in Palästina im 1. Jh. war. Im Vergleich zu einem Landarbeiter verdiente eine Weberin genau die Hälfte. Daß Frauen schlechter bezahlt werden, sogar wenn sie die gleiche Arbeit wie Männer machen, ist uns heute noch bekannt; viel weniger bekommen sie nochmals bei Arbeiten, die im patriarchalen Haushalt für sie vorgesehen sind.

Die kleine dunkle Wohnung, das Kehren der Frau und das sorgfältige Suchen nach dem Geld – das alles sind Hinweise darauf, daß die Frau auf das Überlebensgeld angewiesen ist (vgl. Schottroff 1991, 25-56).

Ein Blick in die Auslegungstradition

Auch in der Auslegungstradition ist gefragt worden, warum die Drachme so wichtig für die Frau sei. Joachim Jeremias, ein sehr bekannter und geschätzter Theologe, der als Kenner der Umwelt Jesu gilt, kommt zu dem Ergebnis, daß es sich sicherlich um einen Brautschatz, bei dem Münzen als Kopfschmuck dienen, handle. Aber er sagt auch selbst, daß 10 Drachmen kein Schatz seien, sondern allemal ein minimaler Notgroschen für das Überleben weniger Tage. Luise Schottroff kritisiert die Deutung als Brautschatz: »Diese Deutung als Brautschatz entsteht vielmehr durch die Bereitwilligkeit des patriarchalen Blickes, Frauen eher mit Schmuck als mit Überlebensgeld zu assoziieren, auch wenn die Deutung auf Schmuck gar nicht auf den Text paßt.« (ebd., 35) Die Frau selbst, ihre Arbeit, die Bedeutung des verlorenen Geldes für sie, ist von der Auslegungsgeschichte nur marginal wahrgenommen worden.

Für Frauen, die ausgehend von ihren Unterdrückungserfahrungen und von einer nach Veränderungen strebenden Praxis heute die Bibel lesen, ist die Annäherung an das Leben und Handeln dieser Frau ein wichtiger Beitrag zum Verständnis dieses Gleichnisses. So wird besonders die Freude, nicht irgendeine Freude, sondern die geteilte Freude mit Nachbarinnen und Freundinnen, auf die Lukas in seiner Auslegung den Akzent setzt, für die Auslegung der Frauen wichtig.

Frauen-Perspektiven

Frauennachbarschaft war zur damaligen Zeit im Alltag der Frauen wichtig. Es gibt Berichte von Frauen, die sich Geräte ausleihen, gemeinsam Teig bereiten und – wie der Text zeigt – teilten sie auch Freude und Sorgen miteinander.

Ich habe in den Kommentaren nichts über die Bedeutung von Frauenfreundschaften in einer patriarchalen Gesellschaft gefunden. Ausgehend von den heutigen Erfahrungen weiß ich aber, daß ohne diese zum Beispiel viel mehr Frauen wegen der Schläge und der Gewalt, die von den eigenen

Lebensgefährten ausgeübt wird, sterben würden, oder daß das Leben als alleinlebende Frau in der patriarchalen Gesellschaft viel schwieriger wäre.

Nachbarinnen und Freundinnen zu haben, bedeutet Solidarität, die zum Überleben notwendig ist. Ohne diese ist der nächste Schritt in Richtung einer gerechteren gesellschaftlichen Struktur nicht möglich. Eine versammelte Frauengruppe, die Freude und Probleme teilt, wird von Männern, die an der Erhaltung ihrer Privilegien im Patriarchat interessiert sind, schon als Bedrohung empfunden. Das Festhalten an Freundschaften unter Frauen gehört besonders zur Überlebensstrategie von armen Frauen.

Im Gleichnis ist diese geteilte Freude ein positives Bild für die Freude der Engel Gottes. Einige Kommentatoren deuten die Engel als Hofstaat Gottes und errichten so eine Hierarchie im Himmel – meiner Ansicht nach gegen den Text. Denn im Bild der Frauen, die zusammen feiern, gibt es keine Hierarchie. Die Freude einer Freundinnen- und Nachbarinnengruppe ist mit der Freude der Engel nicht identisch. »Aber, wenn es sie nicht gäbe, würden wir die Freude der Engel Gottes nicht verstehen können.« (Schottroff 1994, 151) Sich Zeit nehmen zum Feiern, Freude teilen ist keine Selbstverständlichkeit für Frauen, die viel arbeiten müssen. Die Kunst, sich die Freude des Lebens nicht nehmen zu lassen, ist gerade für Frauen, die zutiefst ausgebeutet werden, Widerstandspotential und wird damit eine Gegenkraft zu Resignation und Gleichgültigkeit.

Ich höre in einem Gedicht von Joaquina (zit. inMaria Wolf, Avante Mulher! Vorwärts Frauen, Junge Kirche 9/1994, S. 491), einer Frau, die in Piauí/Brasilien lebt und als Prostituierte arbeitet, ein Beispiel für dieses Festhalten am Recht auf Leben:

Ich bin Frau, möchte einzigartig sein und wertvoll
Auch brauche ich Liebe und Arbeit.
Manchmal bin ich klein, traurig, ein Kind.
Manchmal stark und voll von Träumen und Hoffnung.

Ich bin eine brasilianische Frau, gemacht von der Liebe,
fliehend vor Hunger, Polizei und Schmerzen,
ausgestoßen, gefangen, arbeitslos.
Ich bin schwarz und überflüssig – eine farbige Last.

Ich bin Prostituierte durch das System, das mich ausschließt.
Ich will arbeiten, träumen, produzieren
und meinen Teil beitragen zu einer Veränderung hier
und träumen von einer Zukunft, die mich einschließt.

Ich bin Frau, ich lasse mich nicht demütigen.
Der Kampf macht mich stark.
Die Leidenschaft macht mich schön.
Ich habe es eilig zu leben.

Die Lebenswirklichkeit, von der das Gleichnis von der Frau, die nach einer verlorenen Drachme sucht, erzählt, ähnelt der vieler Frauen in Brasilien heute. Dadurch wird es auch zum Bild, das nach verlorenen oder noch nie dagewesenen Sachen und Rechten im eigenen Leben fragt.

Nancy Pereira Cardoso, eine methodistische Theologin aus Brasilien, spricht mit Hilfe der Bilder dieses Gleichnisses über die Kämpfe der Frauen und der kleinen Leute: »Ausgehend von dem Bewußtsein, daß etwas fehlt, organisieren Frauen sich zum Suchen, was verloren war.« (1994, 16)

Die Frau zündet ein Licht an und sucht mit Gründlichkeit. In den Bewegungen der Suche nach der verlorenen Drachme können Dinge gefunden werden, an die gar nicht mehr gedacht wurde. Durch das Anzünden des Lichts werden Ecken beleuchtet, die normalerweise vergessen sind.

Die Frau sucht mit Genauigkeit, mit Methode, systematisch, mit Sorgfalt. Dieser Prozeß wird getragen durch einen konkreten Mangel und durch den Wunsch zu finden. Die Bedeutung vom Verlorenen und Gefundenen kann auch an der geteilten Freude nachvollzogen werden. Es ist ein Prozeß, der sich nicht im Privaten einschließt, sondern Solidarität stiftet und so wichtig ist, daß er als Bild für die Freude der Engel Gottes über einen Sünder oder eine Sünderin, der/die umkehrt, steht. Nach der lukanischen Deutung sucht Gott nach Menschen und freut sich mit jedem Menschen, der umkehrt. Ich verstehe diese Umkehr als die Bereitschaft, den Sinn des eigenen Lebens für die Sache Gottes einzusetzen und konkret mit den erniedrigten und leidenden Menschen dieser Erde Sorge und Freude zu tragen.

Für Frauen gehören viele Fragen, Antworten, Informationen zum Entstehungsprozeß und zur Auslegung der Bibel als Wort Gottes zu dem, was verloren wurde. Wir suchen nach dem Verlorenen, dem Geraubten, dem Zerstörten, was nicht mehr da ist, und vielleicht auch noch nie vorhanden war. Dabei entzünden wir kleine, meistens nicht sehr mächtige Lichter. Im deutschen Kontext wird der Schein dieser Lichter in der herrschenden Theologie – wie mir scheint – klein gehalten. Sehr viel Arbeit ist noch nötig. Der Befreiungskampf der Frauen und der Armen ist gerecht, legitim in sich. Die Bibel muß diesen Kampf nicht legitimieren, sie kann aber Licht und Kraft auf diesem Weg sein.

Literatur

Nancy Pereira Cardoso, À procura da moeda perdida, in: A palavra na vida 73 (1994).
Luise Schottroff, Frauen und Geld im Neuen Testament. Feministisch-theologische Beobachtungen, in: »Geld regiert die Welt«. Reader der Projektgruppenbeiträge zur feministisch-befreiungstheologischen Sommeruniversität, Kassel 1990, 25-56.
Dies., Lydias ungeduldige Schwestern. Feministische Sozialgeschichte des frühen Christentums, Gütersloh 1994.
John E. Stambaugh; David L. Balch, Das soziale Umfeld des Neuen Testaments, Göttingen 1992.
Elsa Tamez, Das Schweigen von Frauen und der Geist des Kanons, in: JK 1 (1995) 10-17.

Körper
Heilung
Auferstehung

Aufstehen und heil werden – Neutestamentliche Perspektiven

Ulrike Metternich

Manchmal stehen wir auf
Stehen wir zur Auferstehung auf
Mitten am Tage
Mit unserem lebendigen Haar
Mit unserer atmenden Haut.

Nur das Gewohnte ist um uns.
Keine Fata Morgana von Palmen
Mit weidenden Löwen
Und sanften Wölfen.

Die Weckuhren hören nicht auf zu ticken
Ihre Leuchtzeiger löschen nicht aus.

Und dennoch leicht
Und dennoch unverwundbar
Geordnet in geheimnisvolle Ordung
Vorweggenommen in ein Haus aus Licht.

Marie Luise Kaschnitz

(aus: Marie Luise Kaschnitz: Überall nie, Ausgewählte Gedichte 1928-1965, 1965 Claassen Verlag, jetzt München)

Mit poetischer Kraft fängt Marie Luise Kaschnitz (1979, 73f.) eine Erfahrung ein, die im Alltag gemacht werden kann und doch die Alltagswirklichkeit sprengt, ein Ahnung von Fülle, von Glück, von geheiltem Leben. Auferstehung bei lebendigem Leib? Ist die Auferstehung denn nicht ein singuläres Geschehen an Jesus? Oder die Hoffnung auf unsere je individuelle Weiterexistenz nach dem Tod? Gehört die Rede von der Auferstehung »mit der atmenden Haut« allein in die Sphäre der Dichtkunst, nicht aber in die Theologie? Ich denke nicht.

»Auferstehung« ist im Deutschen ein theologisches Kunstwort. Im griechischen Sprachgebrauch wird nicht unterschieden zwischen aufstehen und auf(er)stehen (*anhisthemi, egeiro*; vgl. Sutter Rehmann 93-101). Luzia Sutter Rehmann nennt die zwei Buchstaben, die »aufstehen« von »auferstehen«

unterscheiden, eine »Glaswand zwischen unserem alltäglichen Leben und dem Evangelium« (Sutter Rehmann 1997, 226). »Jesus ist auf(er)standen« (*egerthe*; Mt 28,6par Mk 16,6), so sind uns die Worte des Jünglings am leeren Grab im Ohr. Auf(er)standen vom Tod ins Leben, ist das eine Ausnahmeerfahrung eines Ausnahmemenschen?

Schauen wir genauer in die Evangelientexte, dann machen wir eine spannende Entdeckung. Nicht nur von Jesus wird berichtet, daß er auf(er)standen sei. Auf(er)standen, auf-ge-standen (*egerthe*), genau mit eben dieser Verbform wird vom Aufstehen von Männern und Frauen berichtet: z. B. von der Schwiegermutter des Petrus (Mt 8,15), vom Gichtbrüchigen (Mk 2,12), von der Tochter des Jairus (Mt 9,25). Hören wir auf, das »er« zwischen »auf« – und – »stehen« zu schieben, dann wird schlagartig das Auf(er)stehen von Menschen im gesamten NT sichtbar. Bei allen drei genannten Bibelstellen handelt es sich um Heilungsgeschichten. Auf(er)stehen bei lebendigem Leib?

Das Heilwerden und das Auf(er)stehen haben eine gemeinsame Quelle: Es ist das Angerührtwerden von der Kraft (*dynamis*) Gottes. Paulus sagt in 1 Kor 15,43: »... es wird auferstehen in Kraft (*en dynamei*)«. Eben diese Kraft (*dynamis*) wird auch in Heilungen erlebt. So spürt z. B. die Frau, die zwölf Jahre an Blutungen litt, die Kraft Gottes an ihrem Körper. Aber nicht nur in Heilungen wird die Kraft Gottes wirksam. Sie wird auch dort lebendig, wo Jesus, seine Jünger und Jüngerinnen lehren. Die Wirkkraft der *dynamis* ist nicht auf einen bestimmten Personenkreis oder auf einen Zeitabschnitt beschränkt. Allen Glaubenden verheißt der Auferstandene die »Kraft aus der Höhe« (Lk 24,49). Das bedeutet doch, daß die Wirksamkeit der *dynamis* auch heute uns erreichen kann. Wer von der *dynamis* Gottes angerührt wird, spürt so etwas wie ein »Vorweggenommensein in ein Haus aus Licht«. Das Leben wird verwandelt. In der Sprache der Evangelien ist diese neue Wirklichkeit, die inmitten der bestehenden Realitäten aufbricht, das Reich Gottes. So schreibt Paulus: »Das Reich Gottes kommt in Kraft« (*dynamis*; 1 Kor 4,20). Menschen richten sich auf, haben neuen Mut, fühlen sich wie neugeboren, sind geheilt, gerettet, befreit, werden zu Töchtern und Söhnen im Reich Gottes.

Vor diesem Hintergrund verstehe ich Heilungserzählungen nicht als »Normalisierungsgeschichten«[1], sondern als Transformationsgeschichten, als Geschichten vom Auf(er)stehen. Es geht nicht um die Wiederherstellung, sondern um Verwandlung.

Neutestamentliche Heilungsgeschichten sind mehrdimensional, facettenreich. Sie transportieren ihre Aussage auf mehreren Sinnebenen untrennbar

1. Der Begriff stammt von Dorothee Wilhelm (1998, 10). Zu Recht kritisiert sie mit diesem Begriff eine Auslegungstradition, die Gesundheit und Heil unbedacht in eins setzt und die Körpererfahrungen von Behinderten ausblendet.

gleichzeitig, das macht ihre Interpretation so schwierig. Sobald sie nur aus einer Perspektive gelesen werden, verlieren sie ihre Ausstrahlungskraft. Es bedarf deshalb einer differenzierten Hermeneutik, die mehrdimensionale Interpretationen zuläßt und eine Fixierung auf ein Entweder-Oder vermeidet. Ich werde im folgenden verschiedene Bedeutungsschichten, die eigentlich fest zusammengehören, hintereinander behandeln. Jede Sinnebene hat ihren eigenen Charakter und ihr eigenes theologisches Gewicht. Keine darf gegen die andere ausgespielt werden.

Geheilte Körper

Die Heilung geschieht am lebendigen Leib. Konkrete Menschen mit konkreten Krankheiten werden gesund. Die Heilung ist nicht nur Chiffre für ein neues Leben. Sie ist neues Leben. Wo ein Mensch geheilt wird, verändert sich die Wirklichkeit. Als z. B. der Sohn der Witwe vom Tod errettet wurde, bekamen Sohn und Mutter ihr Leben neu geschenkt (Lk 7,11-16): In den getrockneten Tränen einer namenlosen Witwe ist das Reich Gottes lebendig (vgl. Wehn 73-79). Die Heilungsgeschichten erzählen von Menschen, die gesund geworden sind und darin die Kraft Gottes erfahren haben.

Das heißt nun aber nicht, daß alle, die gesund werden, dies mit Gott oder Glauben in Verbindung bringen. So heilt Jesus zehn Männer vom Aussatz, aber nur einer von ihnen erkennt in der Heilung Gottes Wirken (Lk 17,11-19). Mit der Heilung verändert sich »seine Wahrnehmung der Wirklichkeit« (Kreisel-Liebermann 61-64). Auch ist es falsch zu behaupten, daß alle, die aus der Kraft Gottes leben, körperlich genesen. So klagt z. B. Paulus, daß er schon mehrere Male vergeblich um Heilung gebeten habe. Paulus erfährt Gott als einen, der sagt: »Laß dir an meiner Gnade genügen; denn meine Kraft (*dynamis*) ist in den Schwachen mächtig.« (2 Kor 12,9)

Die vorliegenden Aufsätze lesen Heilungsgeschichten als eine Option für den Körper. Das Reich Gottes beginnt im Körper eines aussätzigen Mannes, im Körper einer gekrümmten Frau (Lk 13,10-17). Gott sieht nicht am Körper vorbei oder mit anderen Worten: »Wer an seinem Körper vorbeisieht, sieht an Gott vorbei.« (Moltmann-Wendel 1989, 46) Es sind die »Körper, die nach Gerechtigkeit dürsten«, schreibt die lateinamerikanische feministische Theologin Ivone Gebara und meint damit insbesondere den Frauenkörper, der an Orten aufzuerstehen beginnt, »wo zu erscheinen ihm verboten war.« (zitiert nach Strahm 1997, 356)

Heilungsgeschichten bezeugen, daß es das gibt: Heilung und Auf(er)stehen mit der »atmenden Haut«, jetzt schon, mitten im Leben und nicht erst nach dem Tod.

Die Auferstehung des Volkes

Heilungsgeschichten sind Geschichten von einzelnen Männern, Frauen und Kindern, aber ihre Geschichten sind nicht individualistisch zu verstehen. Es geht um mehr als um ein privates Glück. Wir sind heutzutage gewohnt, den Menschen primär als Einzelperson zu sehen. Deshalb stoßen wir uns daran, daß wir oft den Namen einer geheilten Person nicht erfahren oder nichts über ihren weiteren Lebenslauf wissen. Ich denke, die mangelnde Angabe von »persönlichen Daten« hat damit zu tun, daß die biblischen Texte den Einzelnen/die Einzelne immer auch als Teil des gesamten Volkes sehen. Das Volk war zur Zeit Jesu die breite Schicht der armen und politisch unterdrückten Menschen, die wenig Hoffnung hatten, sich je aus ihrer Not befreien zu können. Und gerade sie werden von der Kraft des Auf(er)stehens ergriffen. Gott schaut nicht vorbei am Elend seines Volkes. Er kommt und macht dem Leiden ein Ende. Deshalb ist jede Heilung ein Grund zur Feier, ein Hoffnungszeichen, daß das Reich Gottes sich ausbreitet. Mit der Heilung eines Menschen beginnt der Heilungsprozeß für alle. So wird das Auf(er)stehen des Einzelnen/der Einzelnen transparent für die Nähe Gottes und ermutigt zur Mitarbeit für das Auf(er)stehen des gesamten Volkes. Die *dynamis* Gottes verwandelt die Wirklichkeit. Damit haben die Heilungsgeschichten eine präsentisch-eschatologische Dimension.

Erfüllte Hoffnung

Die Menschen, die Heilung erlebten und Heilungsgeschichten weitererzählten, glaubten ihre messianischen Hoffnungen erfüllt. Die Neugeburt der Zeit beginnt. Es kommt die Zeit, die die Propheten verhießen hatten, wie z. B. Jesaja: »Zu der Zeit werden die Tauben hören die Worte des Buches, und die Augen der Blinden werden aus Dunkel und Finsternis sehen; und die Elenden werden wieder Freude haben am Herrn, und die Ärmsten unter den Menschen werden fröhlich sein im Heiligen Israel. Denn es wird ein Ende haben mit den Tyrannen und mit den Spöttern aus sein, und es werden vertilgt werden alle, die darauf aus sind, Unheil anzurichten ...« (Jes 29,18-20). Dieser Text verdeutlicht, daß die Heilungen eingebunden sind in die Transformation der gesamten Wirklichkeit. Die große Hoffnungsvision ist, daß alles, was Menschen die Lebensfreude nimmt, verschwindet. Es kommt die Befreiung von Not, Elend und Unrecht, die Fülle des Lebens für alle. Die Evangelien bezeugen, daß die befreiende Kraft Gottes nicht erst am Ende der Geschichte wirksam wird, sondern schon jetzt, mitten im Alltag. Da wo die Kraft der Auf(er)stehung Menschen erreicht, gerät alles in Bewegung. Menschen richten sich auf und fangen ein neues Leben an. Nicht nur diejenigen, die körperlich genesen, werden von der Kraft des Auf(er)stehens berührt, sondern alle, die sich öffnen für das wunderbare und geheimnisvolle Wachsen des Reiches Gottes unter den Menschen. Sie werden zu Söhnen und Töchtern im Reich Gottes. So spricht Jesus nicht nur der gekrümmten Frau zu, daß sie eine »Tochter Abrahams« (Lk 13,16) sei, sondern ebenso nennt er den Oberzöllner Zachäus, der sich von einem Geldraffer in einen Geldverschenker verwandelt hat, »Abrahams Sohn« (Lk 19,9).

Auf(er)stehen und Heilwerden umfaßt alle Dimensionen des Lebens. Irene Dannemann schreibt: »Die Auferstehung bedeutet das Aufstehen gegen jedes Sich-Abfinden mit dem, was normal und selbstverständlich ist, mit den Grenzen unserer Gesellschaft, mit den Grenzen unseres Alltags. Jeder Ent-MUT-igung wird die Kraft entzogen.« (Dannemann 84-88) Mut, Befreiung, Hoffnung und Glaube haben diejenigen, die die Kraft Gottes am eigenen Leib, im eigenen Leben erfahren haben, in welcher Form auch immer.

»Manchmal stehen wir auf, stehen wir zur Auferstehung auf, mitten am Tage,« schreibt die Dichterin. Ich glaube, daß es das gibt: Erfahrungen von Heilsein, auch wenn sie uns nicht schützen vor Krankheit und Tod.

Literatur

Marie Luise Kaschnitz, Seid nicht so sicher. Geschichten, Gedichte, Gedanken, Gütersloh 1979.

Elisabeth Moltmann-Wendel, Wenn Gott und Körper sich begegnen. Feministische Perspektiven zur Leiblichkeit, Gütersloh 1989.

Ina Praetorius; Doris Strahm; Luzia Sutter Rehmann, »Manchmal stehen wir auf ...«, Gespräch über Auferstehung, in: EvTh 3 (1997) 225-241.

Doris Strahm, Vom Rand in die Mitte, Christologie aus der Sicht von Frauen in Asien, Afrika und Lateinamerika, Luzern 1997.

Dorothee Wilhelm, Wer heilt hier wen? Und vor allem: wovon? Über biblische Heilungsgeschichten und andere Ärgernisse, in: Schlangenbrut 62 (1998) 10-12.

Solidarisch sein kann nur, wer eigenes Leid nicht vergißt

Evangelium nach Lukas 17,11-19

Hanna Kreisel-Liebermann

*11 Und es begab sich, als Jesus nach Jerusalem wanderte, daß er durch Samarien und Galiläa hinzog. 12 Und als er in ein Dorf kam, begegneten ihm zehn aussätzige Männer; die standen von ferne 13 und erhoben ihre Stimme und sprachen: Jesus, *Meister, erbarme dich unser! 14 Und als er sie sah, sprach er zu ihnen: Geht hin und zeigt euch den Priestern! Und es geschah, als sie hingingen, da wurden sie rein. 15 Einer aber unter ihnen, als er sah, daß er gesund geworden war, kehrte er um und pries Gott mit lauter Stimme 16 und fiel nieder auf sein Angesicht zu Jesu Füßen und dankte ihm. Und das war ein Samariter. 17 Jesus aber antwortete und sprach: Sind nicht die zehn rein geworden? Wo sind aber die neun? 18 Hat sich sonst keiner gefunden, der wieder umkehrte, um Gott die Ehre zu geben, als nur dieser Fremde? 19 Und er sprach zu ihm: Steh auf, geh hin; dein Glaube hat dich *gerettet.*
(Revidierte Lutherübersetzung mit zwei *Änderungen)

Diese Wundergeschichte ist nur bei Lukas überliefert. Sie ist eingebettet in den sogenannten »Reisebericht« des Lukasevangeliums von Kapitel 9,51–19,27, dessen äußeren Rahmen die Wanderung Jesu durch Samarien und Galiläa über Jericho nach Jerusalem bildet. Das Wort *poreuesthai*/wandern beschreibt nicht die gezielte Reise, wenn auch Jerusalem als Ziel immer wieder eingeflochten wird, sondern charakterisiert sowohl Jesus von Nazareth als Wanderpropheten als auch die Jesusgruppe als Umherziehende. Wie Luise Schottroff deutlich macht, hängt dies einerseits mit dem Inhalt der Botschaft zusammen, andererseits damit, »daß die wirtschaftlichen Perspektiven der Dorfbewohner Galiläas in dieser Zeit sehr schlecht waren.« (Schottroff 1994, 25)

Weder ist das Dorf beschrieben, noch ist es genauer lokalisiert. In diesem Dorf begegnen Jesus zehn aussätzige Männer (*leproi andres*). Dies ist keine zufällige Begegnung, weil es das zentrale Anliegen der Jesusbewegung ist, die Not des Volkes zu lindern (vgl. Schottroff 1994, 25). In dieser einzigartigen Geschichte ist es nicht nur *ein* Mann, der vom Aussatz geheilt werden möchte, sondern eine Männergruppe (vgl. Mk 1,40par, aber Lk 7,22: Aussätzige werden rein). Nur *ein* Text in der Bibel erzählt von einer Frau, die an Aussatz erkrankt: Mirjam, die Schwester von Mose und Aaron, wird mit Aussatz geschlagen (Num 12,1-16).

Das hebräische Wort für Aussatz *zaraath* wird in der Septuaginta übersetzt mit *lepra*. Obgleich das griechische Wort *lepra* die Annahme nahelegt, daß es die uns als Lepra bekannte verstümmelnde und infektiöse Krankheit ist, ist sie den hippokratischen Ärzten unbekannt. Wahrscheinlich ist sie erst mit den Eroberungskämpfen Alexanders des Großen verbreitet worden. Sowohl bei Hippokrates (Lepra = Schuppenflechte) als auch in der Bibel muß man eher von einer Hautkrankheit ausgehen. Die Beschreibung »weiß wie Schnee« (Mirjam) trifft für die Schuppenflechte zu: Sie überzieht die Haut mit weißen, schuppigen Ekzemen (*lepis* = Schuppe). Es ist eine entstellende Erkrankung, die zu damaliger Zeit vor allem mit Bädern im Toten Meer und schwefelhaltigen Quellen behandelt wurde. Die Bäder bewirkten vor allem Linderung, manchmal auch die Heilung. Im Israel unserer Tage gibt es Kurkliniken am Toten Meer speziell für Menschen mit Hautkrankheiten. Ärztliche Behandlungen waren für die Armen damals nicht finanzierbar. Bis heute sind Hauterkrankungen oft schwer therapierbar, und häufig haben sie psychosomatische Ursachen. Den Aussatz zu heilen, galt als besonders schwer und kam zu Jesu Zeit einer Totenerweckung gleich.

Solidarität und Hoffnung der Ausgegrenzten

Die zehn aussätzigen Männer sind Ausgesetzte; darum rufen sie von ferne. Sie verhalten sich den Weisungen der Tora gemäß: »Wer nun aussätzig ist, soll zerrissene Kleider tragen und das Haar lose und den Bart verhüllt und soll rufen: Unrein, unrein! Und solange die Stelle an ihm ist, soll er unrein sein, allein wohnen, und seine Wohnung soll außerhalb des Lagers sein.« (Lev 13,45f.; Num 5,1f.)

Die Zehnzahl ist Symbol für Ganzheit. Die zehn Ausgesetzten bilden eine Gemeinschaft. Sie hätten einen jüdischen Gottesdienst feiern können, zu dem zehn über 13jährige Männer zusammenkommen mußten. Obwohl sie gesellschaftlich und kultisch ausgegrenzt sind, sind sie nicht vereinzelt. Sie haben Leidensgenossen gefunden. In ihrer Not rufen sie Jesus um Erbarmen an. Sie erheben ihre Stimmen, sie schreien laut und über die anderen hinweg. Sie nennen Jesus *epistata*/Meister, eine Anrede für Jesus, die nur im Lukasevangelium vorkommt. Abgesehen von dieser Stelle reden ausschließlich die Jüngerinnen und Jünger Jesus mit *epistata* an (vgl. Lk 5,5; 8,24.45; 9,33.49). Die zehn treten zu Jesus in eine enge Beziehung, indem sie ihn »Meister« nennen. Jesus nimmt sie wahr, offensichtlich hat er sie zunächst gehört und dann erst gesehen. Er legt ihnen aber nicht die Hand auf, wie in der Aussätzigenheilung in Lk 5, sondern fordert sie sogleich auf, zu den Priestern zu gehen und sich ihnen zu zeigen. Erst die Kontrolle der Priester, ob die Krankheit ausgeheilt ist, besiegelte die Heilung (vgl. Lev 13 und 14). Diese Weisung ist zu verstehen als genereller Schutz vor Ansteckung bei Krankheiten.

Während Jesus nach Lk 5 den Geheilten auch auffordert zu opfern, bleibt es hier dabei, daß sie »sich zeigen.« Die zehn machen sich auf den Weg nach Jerusalem zum Tempel. Unterwegs werden sie rein. Der Weg ist Teil der Heilung, es ist eine bewegte Wundergeschichte. Die priesterliche Prozedur währte acht Tage. Sieben Tage mußten sie sich außerhalb aufhalten, anschließend sich waschen, und der Priester brachte für sie ein Opfer dar. Waren sie arm, gab es besondere Weisungen (vgl. Lev 14).

Ob die zehn dann in ihre Heimatorte zurückgingen, bleibt offen. Einer jedoch kehrt um, er sucht die Jesusgruppe wieder auf. Er preist Gott mit lauter Stimme und fällt zu Jesu Füßen auf sein Angesicht nieder – eine Geste, mit der er sich erniedrigt. Er dankt Jesus. Und dieser eine ist ein Samariter, was zuvor nicht erwähnt wurde, da auch für den Samariter die jüdischen Kultweisungen (vgl. Num 19,10) gültig waren.

Wie in der Geschichte vom barmherigen Samariter zeichnet sich der Samariter durch sein Tun aus. In Lk 9,51-57 wird die jahrhundertealte Feindschaft zwischen Juden und Samaritern deutlich. Aber die Feindschaft soll ein Ende haben. Das Wirken Jesu von Nazareth hat in der Tradition der alttestamentlichen Propheten Grenzen gesprengt. So wurden auch die vorurteilsbelasteten Beziehungen zwischen Juden und Samaritanern in ein neues Licht gestellt. Fremdgewordene sollen wieder Schwestern und Brüder sein. Mit ihnen beginnt das Reich Gottes. Die, von denen man es am wenigsten erwartet, tun Gutes.

Der Geheilte hat sein Leid nicht vergessen

Diese Wundergeschichte ist die Geschichte einer Mission. Jesus ist zu den Kranken und Armen gesandt. Sie ist eine Glaubensgeschichte, in der die Aussätzigen aus ihrer inneren Kraft heraus die Beziehung zu Jesus suchen. Als der Samariter sich ihm zu Füßen wirft, fordert Jesus ihn auf: »Steh auf und geh hin, dein Glaube hat dich gerettet.« Er ermächtigt ihn, den Weg der Umkehr weiterzugehen, den er begonnen hat. Aber: Er soll nicht Jesus verehren und anbeten, sondern Gott.

»Hat sich sonst keiner gefunden, der umkehrt?«, fragt Jesus. Ihr Vertrauen und Festhalten an der heilenden Kraft Gottes hat die zehn gesunden lassen. Aber nun haben sie losgelassen, was sie aneinander gebunden hatte. Die Erfahrung des Leidens verändert nicht jede und jeden. Neun von den zehn Männern wollen die schmerzlichen Erfahrungen vergessen und hinter sich lassen. Sie wollen sich nicht umdrehen und nicht umkehren.

Sind es in der Erzählung vielleicht zehn Männer, damit Männer ermutigt werden, auf ihre innere Stimme zu hören und sich ihren Leiderfahrungen zu stellen? Jesus sagt zu dem Samariter den gleichen Satz, den er zu der salbenden Frau in Lk 7,50 sagt: »Dein Glaube hat dich gerettet.« Beide sind wichtige Vor-Bilder für die Konkretion dessen, was »umkehren« bedeutet.

In vielen bildreichen Varianten wird im Lukasevangelium entfaltet, wie und daß Verlorene gerettet werden (Lk 15). Der Samariter kehrt zurück, weil ihn die Erfahrung des Leidens und die Heilung verändert haben. Sein wiedergeschenktes Leben stellt er in den Dienst des barmherzigen Gottes, der ihm Heilung schenkte – verkörpert durch Jesus Christus und die Jesusbewegung. Aus der Heilungserfahrung, die er als Samariter *und* Aussätziger noch intensiver erleben mußte, folgt für ihn, daß er nicht in den Alltag zurückkehrt. Seine Wahrnehmung der Wirklichkeit ist verändert. Seine Erfahrungen mit Leiden kann er einbringen, um das Leid anderer zu mindern. Er ist dankbar für die wiedergewonnene Lebensqualität. Er sucht die neue Gemeinschaft, weil er sein Leid nicht vergessen hat.

In der Wundergeschichte hat die lukanische Gemeinde ihre Erfahrung verarbeitet, daß nicht alle Geheilten der Gemeinde treu blieben. Nicht die Enttäuschung über den ausbleibenden Dank steht im Vordergrund, sondern die Trauer darüber, daß nur wenige der Gemeinde und ihrer Zielsetzung treu blieben. Dem Modell der Quantität gegenüber wird das Modell des kleinen Anfangs aufgewertet: Aus einem Senfkorn wird ein großer Baum. Auch wenn nur einer umkehrt, ist die Freude groß.

Literatur

Luise Schottroff, Lydias ungeduldige Schwestern. Feministische Sozialgeschichte des frühen Christentums, Gütersloh 1994.

Ekkehard W. Stegemann; Wolfgang Stegemann, Urchristliche Sozialgeschichte. Die Anfänge im Judentum und die Christusgemeinden in der mediterranen Welt, Stuttgart/Berlin/Köln 1995.

... und sie richtete sich auf und pries Gott

Evangelium nach Lukas 13,10-17

Stefanie Müller

10 Es begab sich, daß er in einer der Synagogen am Sabbat lehrte. 11 Und siehe, eine Frau war da, die hatte seit 18 Jahren einen Geist der Krankheit und war gekrümmt und hatte nicht mehr die Kraft, sich vollständig aufzurichten (in den Himmel zu blicken). 12 Als Jesus sie sah, redete er sie an und sagte zu ihr: Frau, du bist von deiner Krankheit befreit (worden). 13 Und er legte seine Hände auf sie, und auf der Stelle richtete sie sich auf und pries Gott. 14 Da antwortete der Synagogenvorsteher, der ungehalten darüber war, daß Jesus am Sabbat heilte und sprach zu dem Volk: Es sind sechs Tage, an denen es nötig ist zu arbeiten; an denen nun kommt, um euch heilen zu lassen, aber nicht am Sabbattag. 15 Der Herr antwortete ihm und sagte: Ihr Ausleger! Löst nicht jeder von euch am Sabbat seinen Ochsen oder den Esel von der Krippe und führt ihn zur Tränke? 16 Diese aber ist eine Tochter Abrahams, die der Satan schon 18 Jahre gebunden hat; ist es nicht nötig, sie von dieser Fessel am Sabbattag zu lösen? 17 Und als er dieses gesagt hatte, schämten sich alle, die entgegengesetzter Meinung gewesen waren. Und das ganze Volk war erfreut über alle die herrlichen Taten, die durch ihn geschahen.

Der Text Lk 13,10-17 wurde häufig als Beleg für die Trennung von Judentum und Christentum gelesen, indem er in zwei Teile geteilt wurde: zum einen in die Heilung einer Frau zur Zeit Jesu (13,10-13), zum anderen in einen Konflikt um das wahre Sabbatverständnis (13,14-17). Die folgende Auslegung schließt sich dieser Deutung nicht an und versucht, den Text als Ganzes wahrzunehmen. Dahinter steht das Verständnis, daß sich die lukanischen Gemeinden noch zum Judentum zählten. Somit werden in diesen Texten *innerjüdische* Konflikte und theologische Auseinandersetzungen deutlich, die im Zusammenhang mit der Zerstörung des Tempels und der Unterdrückung durch die römischen Machthaber stehen: »Diese Erfahrung des Unheils hat existentielle Fragen nach der jüdischen Identität und der Gültigkeit messianischer Erwartungen aufgeworfen.« (Janssen/Lamb 1998, 517)

Daß Lk 13,10-17 auf dem Hintergrund dieser Erfahrungen zu lesen ist, verdeutlicht der literarische Zusammenhang. Die Sabbatheilung steht in einer Reihe von Texten zum Reich Gottes: Gleichnisse (Vom Feigenbaum, 13,6-9; Vom Senfkorn, 13,18-19; Vom Sauerteig, 13,20-21), eine Parabel (Von der engen Pforte und der verschlossenen Tür, 13,22-30), Aufrufe zur Umkehr (13,1-4), die Ankündigung von Jesu Ermordung (13,31-33) und ein Klagepsalm über den Untergang Jerusalems (13,34-35). In all diesen Texten können wir viel über das Leiden dieser Menschen, aber auch über ihre Hoffnung auf Veränderung, auf das Eingreifen Gottes, auf das Kommen des Reiches Gottes erfahren. Der vorliegende Text sollte im Ganzen als eine Lebensäußerung von Frauen und Männern und als Ausdruck dieser Situation verstanden werden.

Die Frau

Sie ist *seit 18 Jahren verkrümmt* und *hatte nicht mehr die Kraft, sich vollständig aufzurichten* (V. 11). Als Ursache werden ein *Geist der Krankheit* (V. 11) und die *Fessel des Satans* (V. 16) genannt – Erklärungsmodelle für eine Krankheit, die wir medizinisch ›aufgeklärten‹ Menschen belächeln. Jedoch gab es auch schon in der antiken Welt unterschiedliche Vorstellungen über die Ursachen von Krankheiten: Das Volk glaubte, daß die bösen Geister Menschen besetzten, so daß Gottes Geist nicht bei ihnen sein konnte. Die gebildeten Ärzte hingegen machten sich über diese Ansichten des Volkes lustig oder schimpften sogar über diesen Aberglauben. »Um die Krankheiten des Volkes haben sie sich wenig gekümmert«, denn ihr Geld konnten sie sich eher »in den luxuriösen Villen der Oberschicht« verdienen. »Menschen wie Jesus waren die Ärzte des Volkes.« (Schottroff 1991, 16) Zur Zeit Jesu erlebten die Menschen »ihre Welt als Tummelplatz von Dämonen ... Nicht nur Kranke wurden von bösen Geistern geschlagen, genauso auch Gesunde. Das Leben war ein Kampf mit den bösen Geistern.« (ebd.) Es sind Strukturen, die das Leben der Menschen erschweren. Viele im Römischen Reich erfuhren Unterdrückung, Hunger, Ausbeutung; nicht zu durchbrechende Strukturen fesselten sie. Ihnen blieb keine andere Wahl als sich in sie einzufügen, damit sie überleben konnten.

Gerade Kranke, insbesondere kranke Frauen, gehören zu den Schwächsten der Gesellschaft. Wieviel schwerer haben sie es, Arbeit zu finden, um sich versorgen zu können. Manchmal sind sie auf die Hilfe anderer angewiesen und müssen sich so in Abhängigkeit begeben. Sie sind den bestehenden Strukturen weitaus ohnmächtiger ausgeliefert als physisch gesunde Menschen. So wird deutlich: »Was wir heute ausbeuterische Machtstrukturen und entmenschlichende Machtsysteme nennen, nennt die apokalyptische Sprache böse Geister, Satan, Beelzebub, Dämonen.« (Schüssler Fiorenza 1993, 168)

Diese Lebenssituation ist der Frau schon äußerlich anzusehen: *Sie war verkrümmt.* Verkrümmungen können viele Ursachen haben. Diese Frau leidet seit 18 Jahren darunter. Es ist also eine Krankheit, die sie ein Leben lang begleitet hat und die vermutlich im Laufe der Jahre durch ständige Überlastung verursacht und immer weiter verstärkt wurde. Viele körperliche Arbeiten wurden damals von Frauen verrichtet, so z. B. das Wassertragen, bei dem Wasser für den alltäglichen Bedarf an einer Zisterne oder einem Brunnen, die meist außerhalb der Stadt lagen, geholt werden mußte. *Sie hatte nicht die Kraft, sich vollständig aufzurichten*, da ihre Kraft für anderes gebraucht und ihr jeden Tag von neuem entzogen wurde. Sie mußte für das Überleben sorgen: früh aufstehen und spät ins Bett gehen, Getreide mahlen, Teig kneten, Wäsche waschen, Holz tragen und auf dem Feld arbeiten, alles Arbeiten, die meist in gebückter Haltung verrichtet werden und den Rücken sehr beanspruchen. Vielleicht verdiente sie ihren Lebensunterhalt auch als Arbeiterin, z. B. als Wasserträgerin, Weberin oder Purpurfärberin. Sie konnte sich nicht schonen, sich nicht einfach der Arbeit und der sie unterdrückenden Strukturen entziehen, da sie wahrscheinlich nicht nur die Verantwortung für sich, sondern auch für eine Familie auf ihrem Kreuz trug.

Der *Dämon* ist also nicht verursacht durch ein persönliches Übel, in dem Sinn: ›An deiner Krankheit hast du selbst Schuld! Du hättest mehr auf dich und deine Gesundheit achten sollen!‹ Diese Aussagen entsprechen unserem heutigen Gesundheitsdenken, bei dem das Gesundsein als non plus ultra hingestellt wird, so daß medizinisch nicht mehr heilbare Menschen als Nicht-Gesunde und somit ›nicht vollwertige‹ Menschen verstanden werden. Theologisch werden diese Aussagen noch verschärft, wenn wir die biblische Sprache ohne Erklärung übernehmen, Krankheit als Verstoß gegen die Schöpfungsabsichten Gottes darstellen und damit ausdrücken, daß Gott gesunde Menschen will. So werden kranke und behinderte Menschen zu »Menschen zweiter Wahl« degradiert: »Sie haben es nicht nur im Körperlichen schwerer, nein, sie nehmen auch in geistlicher Hinsicht die schlechtere Position ein (...) Und diese Vorstellungen setzen kranke und behinderte Menschen und ihre Angehörigen unter starken zusätzlichen Druck.« (Bach 1991, 40)

Ohne die Schwere der Last abschwächen zu wollen, möchte ich diese Frau nicht nur als unterdrückt – als »arme, verkrüppelte Frau«, wie sie gelegentlich von Exegeten herabwürdigend bezeichnet wird – darstellen, denn es ist von ihr noch anderes gesagt: *Sie ist anwesend in der Synagoge*. Sie hat den Glauben an JHWH trotz der großen Lasten noch nicht verloren. Deshalb sucht sie die Synagoge, das Gebets-, Lehr- und Versammlungshaus der jüdischen Gemeinde auf. Gerade zur Zeit der lukanischen Gemeinde hatte diese Stätte an religiöser Bedeutung gewonnen, da der Tempel zerstört war und somit das Zentrum religiösen Lebens fehlte. Die Frau befindet sich mitten in der Synagoge und nicht in einem abgetrennten Frauenbereich. Das oft angenommene Vorhandensein solcher

Frauenbereiche wird weder durch den vorliegenden Text noch durch andere jüdische und nicht-jüdische Texte oder archäologische Funde bestätigt. (vgl. Kraemer 1992, 107)

Die Macht in Beziehung

Jesus liest an diesem Tag die Tora und legt sie aus. Er steht vorne und kann alles überblicken. Da fällt ihm diese Frau auf, an deren Anwesenheit die anderen sich möglicherweise schon gewöhnt haben. Die Frau spricht zwar nicht, ist schweigsam wie so viele gebeugte Frauen, aber sie ist anwesend, ihr Körper spricht für sie. Sie geht nach vorne, nachdem Jesus sie angesprochen hat. Ohne ihre Zustimmung wäre die Heilung nicht denkbar. Sie glaubt an die Kraft dieser menschlichen Begegnung, hat keine Angst, sich im Zentrum mit einem Rabbi zu befinden. Beide setzen Vertrauen in die andere Person, beide geben und nehmen. Schon hier ist die Frau von den fesselnden Strukturen befreit worden. Ihr Glaube hat sie geheilt. »Glaube heißt für die Frau wie für Jesus, Anspruch auf *dynamis*, auf die Kraft in der Beziehung zu erheben.« (Heyward 1989, 95) Und so benennt Jesus nur noch, was schon längst durch die göttliche Macht geschehen ist: *Du bist befreit worden.* Doch was wäre eine Heilung ohne körperliche Begegnung: *Und er legte seine Hände auf sie.* Kraft kann fließen, die *dynamis* wird erfahrbar. »Berühren heißt, eine bereits existierende Beziehung deutlich zu machen. Es ist ein Ausdruck des Vertrauens in die *dynamis*, in die Kraft in der Beziehung.« (ebd., 94)

... und auf der Stelle richtete sie sich auf und pries Gott. Sie ist aufgerichtet zum Gotteslob, jetzt kann sie wieder *in den Himmel blicken.* Laut kann sie Gott preisen, die Erfahrung der Gegenwart und Quelle der Kraft. Als einzige der am Sabbat Geheilten (Mk 3,1-5; Lk 14,1-6; Joh 5,1-18) stimmt sie einen lauten Lobgesang an. Sie, eine Frau, agiert als Subjekt und ist nicht nur ein Objekt, wie es bei den anderen drei (Männern) zu sein scheint, die geheilt werden und sofort wieder verschwinden. In diesem Text steht die Befreiung im Mittelpunkt. Die Frau hat die wahre Bedeutung des Sabbats erfahren: »Es ist der Tag, an dem wir von unseren gewöhnlichen Tätigkeiten lassen und unseren echten Rang zurückgewinnen ...« (Heschel 1990, 26) Ob sie nun nach heutigem medizinischen Verständnis gesund war, sei dahingestellt. Das ist eine Frage von uns ›aufgeklärten‹ Menschen. Den lukanischen Gemeinden ging es darum, daß sie das Heil des Reiches Gottes erfahren hat, das »nicht auf die Seele beschränkt« ist, sondern »das Wohl-sein der ganzen Person in ihren sozialen Beziehungen bewirkt.« (Schüssler Fiorenza 1993, 168)

Der Synagogenvorsteher

Doch einer ist ungehalten über diese Vorgänge: der Synagogenvorsteher. Er, allein oder mit mehreren zusammen, trug die Verantwortung für die Synagoge (vgl. Kraemer 1992, 118). Dieser Mann hatte Jesus zur Auslegung der Tora eingeladen, und nun dieses. Für ihn – wie auch für Jesus (V. 15f.) – stellt die Heilung eine Arbeit dar und verstößt damit gegen seine Vorstellungen vom Sabbat. Damit so etwas nicht noch einmal passiert, verweist er das Volk auf das Sabbatgebot (Dtn 5,12ff.; Ex 20,8ff.). Doch warum war ihm die Einhaltung der Sabbatruhe so wichtig? Der Sabbat als allwöchentlicher Festtag war in der Zeit des Exils entstanden, ein Tag, der ebenso wie Gott zu heiligen war. *Heiligen* bedeutete, sich an diesem Tag bewußt zu JHWH als dem einzigen Gott hinzuwenden und von der Arbeit zu ruhen – und dies galt für alle Mitglieder der Gemeinschaft, auch für die SklavInnen, die Fremden, selbst für das Vieh. Jeder Sabbat erinnert(e) an den Exodus, die Befreiung von der Sklavenarbeit in Ägypten, und an die Vollendung der Weltschöpfung am siebten Tag durch das Ruhen Gottes (Gen 2,2f.). Weiterhin war er ein Zeichen des Bundes zwischen Gott und Israel, dessen Beachtung gerade in Zeiten, in denen das jüdische Volk unter der Unterdrückung anderer Völker zu leiden hatte, neben der Beschneidung zum herausragenden Zeichen der eigenen religiösen Identität und auch des Widerstandes gegen die Machthaber (Propheten-, Makkabäerzeit) geworden war. Jedoch war mit dem Sabbatgebot noch nicht geklärt, *wie* der Sabbat zu heiligen war beziehungsweise welche Tätigkeit als verbotene Arbeit galt. Deshalb widmet die rabbinische Literatur in der Mischna dem Sabbat ein eigenes Kapitel, in dem unterschiedliche Auffassungen darüber, wie der Sabbat zu begehen ist, niedergelegt sind. Von einem einstimmigen Bild der Sabbatpraxis und -lehre kann also zu keiner Zeit die Rede sein. Die Sabbatordnungen wurden stattdessen ständig überarbeitet, um die sich verändernde Lebenswelt und die Halacha in Einklang zu bringen, wie es in den Halacha-Diskussionen zwischen Toragelehrten sichtbar wird. Somit konnte auch Jesus nicht gegen *das* Sabbatverständnis verstoßen, sondern nur Lehrmeinungen kritisieren (vgl. Spier 1989, 24ff.).

Der Rabbiner Jesus

Abgesehen davon gab es auch Regelungen, in denen das Arbeitsverbot zu Gunsten anderer Gebote zurückgestellt wurde. Dazu gehörten die Beschneidung, der Tempeldienst und die Vorschriften über die Feste. In diesem Zusammenhang ist auch das Prinzip *Lebensgefahr hat Vorrang vor der Sabbatruhe* zu nennen. Hieran knüpft Jesus mit seinem Vergleich an, daß jeder den Ochsen oder Esel am Sabbat von der Krippe löse und zur Tränke führe. Die Tiere müssen getränkt werden, damit sie nicht verdursten (vgl. Spier 1989, 24.37). In unserem Zusammenhang stellt sich nur die Frage, ob die Heilung ebenso lebensnotwendig war. Hätte die Frau nicht auch noch einen Tag länger warten können, wenn sie schon achtzehn Jahre krank war? Der Text verneint das, indem er die Dringlichkeit herausstellt: Genau wie ein dürstendes Tier muß diese Frau von ihrer Fessel gelöst werden, und zwar an genau diesem Tag. Durch die Berührung wird ihre momentane Situation verbessert, ihr wird verlorenes Leben zurückgegeben. An diesem Tag wird sie von unterdrückenden Strukturen befreit und kann die Gemeinschaft genießen, für die sie sonst möglicherweise keine Zeit hat.

Denn wer weiß, ob sie überhaupt an einem anderen Tag als am Sabbat in die Synagoge kommen konnte, um geheilt zu werden? Und wie lange hätte sie den Druck noch ertragen sollen, diese Einengung, die die Gemeinschaft mit anderen gewiß erschwerte? Gemeinschaft konnte an diesem Tag so lange nicht wirklich erfahren werden, so lange es noch eine Frau gab, die *nicht in den Himmel blicken konnte*. Es konnte nicht von den Befreiungserfahrungen des Gottes Israels geredet werden, wenn ein Glied noch nicht voll in die Gemeinschaft eingeschlossen war. Es war Sabbat, die Gelegenheit, »zerrissenes Leben zu heilen, Zeit zu gewinnen, nicht aber zu vertreiben.« (Heschel 1990, 16)

Das stärkste Argument für die Heilung an diesem Tag aber ist, daß Jesus sie als *Tochter Abrahams* (16) bezeichnet; das einzige Mal im Neuen Testament, daß eine Frau so genannt wird. In jüdischen Quellen wird die Bezeichnung häufig für Personen benutzt, die Vorbilder für Frömmigkeit sind. Dazu gehört beispielsweise die gottesfürchtige Märtyrerin in der Makkabäerzeit, Mutter der sieben jungen Männer (4 Makk 15,28), die trotz aller Repressalien durch die Machthaber nicht ihren Glauben an Gott aufgibt. »Im Lukasevangelium ist Abraham der Träger der Verheißung, die Gott seinem Volk gegeben hat. Er wird seine Kinder befreien und ihnen ein Leben in Heiligkeit und Gerechtigkeit schaffen (Lk 1,55.72-75). Durch Jesu Handeln wird die Verheißung, die mit der Abrahamskindschaft den Menschen gegeben ist, erfüllt.« (Janssen/Lamb 1998, 524) Auch die gekrümmte Frau hat an Gottes Gegenwart in der jüdischen Gemeinschaft geglaubt, deshalb geht sie in die Synagoge; sie hat auf Gottes Macht in Beziehung gesetzt, ansonsten wäre sie nicht zu Jesus gegangen. Durch diesen Glauben wurde ihre Heilung möglich; an ihr hat sich die Verheißung erfüllt.

Und das ganze Volk war erfreut über alle die herrlichen Taten, die durch ihn geschahen. Gemeinsames Gotteslob ist jetzt möglich, und gerade das gehört doch zur Heiligung des Sabbats. »Die Rückbeziehung des Gebots aus 2. Mose 20,8-11 (sc. Sabbatgebot) auf die Schöpfungsgeschichte kann zum Grund werden, an diesem Tag in besonderer Weise das Lob des Schöpfers anzustimmen. Die Rückbeziehung des Feiertagsgebots auf den Exodus im 5. Mosebuch ... ist ein zentraler Grund, gerade an diesem Tag Dank und Klage vor den Gott der Befreiung zu bringen. Die gemeinsame Ruhe an diesem Tag gibt Anlaß, Gemeinschaft als Gemeinde zu realisieren.« (Ebach 1994, 125) Die Heilung vollzog sich nicht nur an der Frau, sondern auch an den anderen Anwesenden. Sie alle haben darin die Gegenwart Gottes erfahren. Die Freude über die Heilung einer einzelnen Frau ist als eschatologische zu verstehen. Sie gehört zu den Anzeichen für das Anbrechen des Reiches Gottes. »Daß die Frau in der Erzählung namenlos bleibt, kann einer frauendiskriminierenden Haltung der ErzählerInnen zugeschrieben werden, ... im Gesamtzusammenhang aber auch anders gedeutet werden: Sie steht mit ihrer Person für viele Frauen und Männer aus dem Volk, die wie sie unter den unterdrückenden Lebensverhältnissen leiden.« (Janssen/Lamb 1998, 524)

Was Auslegungen in der heutigen Zeit jedoch beachten müssen, ist folgendes: Die Heilungsgeschichten, die sich diese Menschen weitererzählt haben, waren Ausdruck ihrer Hoffnung auf Veränderung der von Leid geprägten Lebenssituation. Ihr Ziel war es nicht, ein Ideal von Gesundheit zu verkünden, wie es in der Auslegungsgeschichte mit Hilfe dieser Erzählungen häufig geschah: Die Heilungsgeschichten wurden aus Sicht der Gesunden gespalten gelesen, schienen »für die einen etwas anderes zu bedeuten als für die anderen: Im Blick auf die Kranken lautet die Frage: Kann Jesus das heute auch noch, oder sollen wir diese Personen aufs Jenseits vertrösten ...? Im Blick auf Gesunde wird anders gefragt (die schlüpfen dann rasch in die Rolle Jesu): Wie können wir denn heute den Kranken helfen? So große Wunder, wie Jesus sie getan hat, sind uns gewiß nicht möglich, aber Krankenhäuser bauen wir immerhin.« (Bach 1991, 93) Die Frau im Text wird geheilt – *heilen* im Zusammenhang des Ersten Testaments wird häufig im übertragenen Sinne gebraucht: »Verstreutes zusammenbringen, Wunden verbinden (die Wunde ist nicht einfach verschwunden, aber sie ist in das Übrige integriert; man kann jetzt mit ihr leben) und: das unzählig Namenlose, die puren Nullen, die Viel-zu-Vielen, alle, jeden Menschen ohne Ausnahme, ernstnehmen, ehren, ihm (ihr; S. M.) einen Namen geben.« (Bach 1990, 291f.) Geben wir dieser Frau einen Namen, indem wir ihre Geschichte weitererzählen.

Literatur

Ulrich Bach, Gottes Heil und unser Streben nach Heilung, in: W. Brinkel; H. Hilgendiek (Hg.), Gottes lebendiger Geist. Kirchentag 1991, München 1990, 290-306.

Ders., Getrenntes wird versöhnt. Wider den Sozialrassismus in Theologie und Kirche, Neukirchen-Vluyn 1991.

Jürgen Ebach, Die Welt der Arbeit in der Welt der Bibel, in: Arbeit, Arbeitslosigkeit, Menschenwürde. Ökonomisch-Theologische Perspektiven, Luzern 1994, 117-134.

Abraham J. Heschel, Der Sabbat. Seine Bedeutung für den heutigen Menschen, Neukirchen-Vluyn 1990.

Carter Heyward, Und sie rührte sein Kleid an. Eine feministische Theologie der Beziehung, 3. Aufl. Stuttgart 1989.

Claudia Janssen; Regene Lamb, Das Evangelium nach Lukas. Die Erniedrigten werden erhöht, in: L. Schottroff; M.-Th. Wacker (Hg.), Kompendium Feministische Bibelauslegung, Gütersloh 1998, 513-526.

Ross Shepard Kraemer, Her Share of the Blessings. Women's Religions among Pagans, Jews, and Christians in the Greco-Roman World, New York 1992.

Stefanie Müller, Ist der Sabbat für den Menschen geschaffen? Zum jüdischen Sabbatverständnis (Mk 2,23-28), in: D. Henze; C. Janssen; S. Müller; B. Wehn, Antijudaismus im Neuen Testament? Grundlagen für die Arbeit mit biblischen Texten, Gütersloh 1997, 114-125.

Luise Schottroff, Macht zu heilen (Mk 9,14-29), in: dies.; W. Schottroff, Die kostbare Liebe zum Leben. Biblische Inspirationen, München 1991, 13-28.

Elisabeth Schüssler Fiorenza, Zu ihrem Gedächtnis... Eine feministisch-theologische Rekonstruktion der christlichen Ursprünge, 2. Aufl. Gütersloh 1993.

Erich Spier, Der Sabbat, 2. erg. Aufl. Berlin 1992.

Getrocknete Tränen einer Witwe – Zeichen der Nähe Gottes

Evangelium nach Lukas 7,11-16

Beate Wehn

11 Und es begab sich danach, daß er (Jesus) in eine Stadt mit Namen Nain ging, und seine Jünger und eine große Volksmenge gingen mit ihm. 12 Als sie an das Stadttor kamen, siehe, da trug man einen Toten hinaus, der der einzige Sohn seiner Mutter war, und sie war eine Witwe. Und eine große Menge aus der Stadt ging mit ihr. 13 Und als der Herr (griech.: kyrios*) sie sah, erbarmte er sich ihrer und sagte zu ihr: Weine nicht. 14 Und er ging hinzu und berührte den Sarg, und die Träger blieben stehen, und er sprach: Junger Mann, ich sage dir, steh auf. 15 Und der Tote richtete sich auf und begann zu reden. Und er (Jesus) gab ihn seiner Mutter. 16 Und Furcht ergriff sie alle, und sie priesen Gott, indem sie sagten: Ein großer Prophet ist unter uns aufgestanden, und: Gott hat sein Volk besucht!*

Lk 7,11-16 wird in der revidierten Lutherübersetzung überschrieben »Der Jüngling zu Nain«. Diese Überschriften, die der griechische Text des NT nicht hat, sind sekundär in die Übersetzungen eingefügte Gliederungs- und damit gleichzeitig erste Deutungsversuche. Sie betonen einen bestimmten Aspekt eines Textes und beeinflussen so den Blick der LeserInnen – häufig zugunsten einer androzentrischen und christozentrischen Wahrnehmung, die den biblischen Texten nicht gerecht wird. Entsprechend wird in Auslegungen zur oben genannten Bibelstelle in der Regel die Auferweckung des verstorbenen jungen Mannes ins Zentrum gestellt. Lk 7,11-16 berichtet jedoch bei näherem Hinsehen relativ ausführlich über die um ihr Kind trauernde Mutter. Ich möchte im folgenden diese Beobachtung aufnehmen und die namenlose Witwe zu Nain ins Zentrum meiner Auslegung stellen.

... und sie war eine Witwe

Die Lebenssituation der Frau wird in Lk 7,12 mit wenigen Worten umrissen: Ihren Mann hatte sie bereits durch Tod verloren, und nun auch noch ihr einziges Kind, einen Sohn. Da der Text die beiden Todesfälle im nächsten familiären Umfeld der Frau betont, ist anzunehmen, daß sie nun ganz allein dasteht. Wie schon aus der Hebräischen Bibel zu ersehen ist (vgl. W. Schottroff 1992), waren Witwen in der Regel arm, hatten vielleicht einfache Häuser (1 Kön 17,8-24; 2 Kön 4,1-7), etwas Hausrat, ein Stück Vieh (Ijob 24,3) oder einen Acker (Spr 15,25). Blieben sie nach dem Tod des Mannes allein zurück, d.h. ohne die in ökonomischer und rechtlicher Hinsicht sichernden Strukturen einer Familie mit erwachsenen männlichen Verwandten, war ihr Überleben besonders schwierig. Zahlreiche Anklagen und die rechtlichen Bestimmungen zum Schutz von Witwen bestätigen dies. Da ist von Menschen die Rede, die »das Rind der Witwe zum Pfande« nehmen (Ijob 24,2), die Grenzfrevel an ihrem Acker begehen (Spr 15,25) und das Recht in einer Weise beugen, »daß die Witwen ihr Raub« werden (Jes 10f.). In allen diesen Fällen geht es darum, daß die (einzige) Lebensgrundlage einer Witwe (und evtl. ihrer Kinder) angetastet wird. Dies war vor allem dann möglich, wenn kein männlicher Verwandter, z. B. der Bruder oder Vater die Interessen der Witwe – auch vor Gericht – verteidigte. Nicht umsonst werden Witwen, Waise und Fremde in der Hebräischen Bibel häufig zusammen genannt: Diesen Personengruppen ist gemeinsam, daß ihnen grundlegende sichernde soziale Bindungen fehlten, die im Kontext der patriarchalen Gesellschaft vor allem für Frauen ein Mindestmaß an Schutz gegen Übergriffe bieten konnten.

Die Tora kennt eine Reihe von Bestimmungen zum Schutz und zur Linderung der ärgsten Not von Witwen, Waisen und Fremden: z. B. den Armenzehnt (Tob 1,6-8; vgl. Tilly 1997, 53) und die Nachlese bei der Ernte (Dtn 24,19-22; Lev 19,9f.; vgl. auch Rut 2), die vorsieht, daß das, was nach der Ernte noch auf den Feldern, an den Ölbäumen oder in den Weinbergen übriggeblieben ist, den Armen gehören soll. Diese Regelungen konnten nur das Überleben sichern, aber kein ausreichendes Auskommen. In diesem Sinne ist auch das Gebot an Gläubiger zu verstehen, dem Armen den zum Pfand genommenen (meist einzigen) Mantel noch vor Sonnenuntergang wiederzugeben, »denn sein Mantel ist seine einzige Decke für seinen Leib; worin sollte er sonst schlafen?« (Ex 20,25f.)

Eine ähnliche Lebenssituation, wie in der Hebräischen Bibel vorausgesetzt wird, kann auch für die Witwen in den Evangelien angenommen werden: Im Gleichnis von der hartnäckigen Witwe (Lk 18,1-8; vgl. L. Schottroff 1994) wird von einer Frau berichtet, die offenbar keinen Verwandten hat, der ihre Interessen vor Gericht vertreten könnte: Also muß sie selbst für ihr Recht kämpfen, das ihr ein Widersacher und ein ungerechter Richter vorenthalten wollen. Mk 12,41-44 erzählt von einer Witwe, deren gesamte Habe aus zwei Lepta besteht, einer Summe, die nicht einmal reichte, um ein Brot zu kaufen. Diese Witwe wird zu den bettelarmen Menschen gehört haben, die hungerten und infolgedessen krank und häufig arbeitsunfähig wurden.

Wegen der Betonung der sozialen Lebensumstände der Witwe in Lk 7,12 ist anzunehmen, daß Lk sie als nun allein dastehende, vielleicht nicht mehr ganz junge Frau in die Reihen derer stellt, die zu den Ärmsten der Gesellschaft im Römischen Reich gehörten.

... der einzige Sohn seiner Mutter

Eine Witwe traf es nach dem Tod des Ehemannes besonders hart, wenn sie keine Kinder hatte oder sie verlor – in sozialer und ökonomischer Hinsicht. War sie unfruchtbar oder schon älter, standen u.U. die Chancen für eine neue Heirat schlecht. Kinder mußten schon früh zum Lebensunterhalt der Familie beitragen. Auf ihnen ruhte die Verantwortung, für die Eltern zu sorgen, wenn diese einmal nicht mehr in der Lage waren, ihren Lebensunterhalt selbst zu erarbeiten. Ein erwachsener Sohn konnte außerdem im Falle des Todes des Vaters dessen Schutzfunktion für die Witwe einnehmen, insbesondere wenn es um Rechtsstreitigkeiten ging.

Neben der Möglichkeit, die Kinder durch Tod zu verlieren, nennt 2 Kön 4, 1-7 auch die Möglichkeit, sie aufgrund eines Schuldverhältnisses verkaufen zu müssen. Schon eine Dürrezeit mit Ernteausfällen genügte, um eine Witwe zu zwingen, ein Darlehen aufzunehmen, wollte sie mit ihren Kindern überleben. Konnte sie das geliehene Geld nicht zurückzahlen, konnte der Gläubiger ihren wenigen Besitz zum Pfand nehmen oder ihre unmündigen Kinder als SchuldsklavInnen mitnehmen. Sie fehlten dann der Witwe wiederum als Mitarbeitende für den Lebensunterhalt ... Vor diesem Hintergrund läßt sich ermessen, was es für die Witwe in Lk 7 bedeutet haben mußte, ihren Sohn durch Tod zu verlieren. Hier geht es um die Trauer über den schmerzlichen Verlust eines Kindes, um drohende Einsamkeit, möglicherweise vergrößerte wirtschaftliche Not und Zukunftsangst. Das Leben dieser Frau, deren Namen nicht genannt wird, ist gezeichnet von den Schatten des Todes – und vom immer schwieriger werdenden Kampf um das tägliche Überleben.

Die Trauer einer Frau und das mütterliche Erbarmen Gottes

In ihrer Trauer auf dem Weg zum Begräbnis ihres Sohnes begleiten die Witwe, die schon an ihrer Witwenkleidung erkennbar war (vgl. W. Schottroff 1992, 67), viele Menschen aus der Stadt. Dabei beklagen sie lauthals den Tod des jungen Mannes. Sie lassen die Witwe auf diesem schmerzlichen Weg nicht allein, wie auch viele Menschen Maria und Marta trösten wollen, als ihr Bruder Lazarus gestorben ist (Joh 11,19.31).

Jesus und die Menschen, die mit ihm unterwegs sind, begegnen dem Trauerzug vor den Toren Nains, einem Ort im südlichen Galiläa, in der Nähe von Schunem (vgl. auch 2 Kön 4,8ff.). Wie zuvor schon die Situation der Witwe betont wurde, lenkt auch Lk 7,13 den Blick auf die Mutter des verstorbenen Kindes: Jesus *sieht* sie und *erbarmt* sich ihrer – die Trauer der fremden Frau läßt ihn nicht kalt, sondern berührt ihn zutiefst: Das Verb *splanchnizomai* (sich erbarmen) »geht nach und neben einem anderen entsprechenden griechischen Verb ... auf das hebräische *rhm* und damit metaphorisch auf *raehaem* zurück, das ist der ›Mutterschoß‹ oder, modern ausgedrückt, die ›Gebärmutter‹ ...« (M.Crüsemann 1995, 165) Ein Organ des weiblichen Körpers wird zur Metapher, die das Erbarmen Gottes, das aus einem anteilnehmenden Blick erwächst, als mütterliches Gefühl charakterisiert: »Für Lk 7,11ff. ergibt sich daraus zwingend: Jesus vermittelt der Witwe das mütterliche Erbarmen Gottes, die verwaiste Mutter wird selbst bemuttert!« (ebd.) Das Verb *splanchnizomai* begegnet u.a. in Lk 10,33: Ein Samariter *sieht* den unter die Räuber gefallenen Menschen und *erbarmt sich* seiner: Er verbindet dessen Wunden und sorgt für seine Genesung. Von Jesus wird in Mk 6,34par – im Vorfeld der Speisung der Fünftausend – erzählt, daß er das Volk *sieht* und sich seiner *erbarmt*. Diese Beispiele mögen genügen, um die in *splanchnizomai* implizierte Bedeutung der rettenden Fürsorge für andere, die in einer akuten Notsituation sind, herauszustellen: Aus dem einfühlenden Blick resultiert ein Handeln, das die Not zu lindern sucht. Nur in diesem Zusammenhang hat die an die Witwe gerichtete Aufforderung, daß sie nicht länger weinen solle, ihre Berechtigung – ansonsten wäre sie zynisch gewesen.

Aufstehen und (weiter-)leben

Lk 7,14 berichtet, daß Jesus sich dem Sarg nähert und die Träger stehenbleiben. Jesus berührt den Sarg und spricht den Toten an. Er fordert ihn auf, aufzustehen (*egertheti*; vgl. Lk 7,16!). Und das Wunder geschieht (Lk 7,15): Der Tote richtet sich auf und beginnt zu reden. Diese Wundergeschichte über die Auferweckung eines Toten steht in der Tradition von 1 Kön 17,17-24 (der Sohn einer Witwe wird von Elia auferweckt), 2 Kön 4, (8-17.)18-37 (Elisa erweckt den Sohn der Schunemiterin) und auch den neutestamentlichen Berichten über die Auferweckung der Tochter des Jairus (Mk 5,21ff. par), der der Tabita durch Petrus (Apg 9,36ff.) und der Auferweckung des Eutychus durch Paulus (Apg 20,9ff.). Diese Wunder berichten von neugeschenktem Leben – nicht nur für die Verstorbenen, sondern vor allem auch für ihre Angehörigen: Die Witwen in Sarepta (1 Kön) und Nain (Lk 7,11ff.) können aufatmen; im Zusammenleben mit dem jeweils einzigen noch nicht erwachsenen Sohn müssen sie die Hoffnung auf eine bessere Zukunft nicht begraben. Im Leben ihres Kindes wird ihnen ein Stück des eigenen Lebens neu geschenkt. Eine sorgenfreie und abgesicherte Zukunft ist ihnen damit nicht garantiert, wohl aber realistische Unterstützung im täglichen Überlebenskampf. Und die Söhne? Sie waren noch nicht alt und ›lebenssatt‹, als der Tod kam. Nun kehren sie in ihre Lebensbezüge zurück und dürfen sich freuen über das wiedergeschenkte Leben. Der Zusammenhang zwischen den beiden Witwengeschichten wird auch betont durch den Satz »und er gab ihn seiner Mutter« (Lk 7,15), der ein wörtliches Zitat aus 1 Kön 17,23 (LXX) ist und sich dort auf Elia bezieht. Zwischen Jesus, der im folgenden als »großer Prophet« bezeichnet wird, und den Taten der ersten Propheten Israels wird hier auch ein sprachlicher Bezug hergestellt.

»Gott hat sein Volk besucht!«

Lautstark hatte die Menschenmenge zuvor mit der Witwe getrauert, nun teilt sie staunend deren Freude über das wiedergeschenkte Leben. Die Menschen loben Gott, dessen Nähe sie in dem spüren, was zwischen der Witwe, ihrem Sohn und Jesus passiert. Auch die Menge der Trauernden ist in das Geschehen hineingenommen: Alle sind beteiligt; im (Mit-)Trauern, das den Blick auf die Witwe lenkt, und im Sehen und Handeln, das die Not wendet. »Gott hat sein Volk besucht!« rufen die Menschen voller Freude. *Episkeptomai* heißt ›sehen nach‹, ›besuchen‹; es kann auch ›heimsuchen‹ bedeuten, wobei an eine »heilbringende göttliche Gnadenheimsuchung« (Bauer 1988, 604) gedacht ist. In diesen Bedeutungen schwingt immer der Aspekt einer verändernden und lebenschaffenden Fürsorge für andere mit (vgl. nur Mt 25,36.43). In Lk 1,68 begegnet *episkeptomai* im Lobgesang des Zacharias nach der Geburt des Johannes: »Gelobt sei der Herr, der Gott Israels! Denn er hat *besucht* und befreit sein Volk«. Im Kontext von Lk 1 ist es vor allem Elisabet, die Ehefrau des Zacharias, die die lebenschaffende Nähe Gottes erfährt: Sie ist eine kinderlose alte Frau (Lk 1,7). Aufgrund ihrer Unfruchtbarkeit erlebt sie – wie Hanna in 1 Sam 1 – Demütigungen seitens der Menschen um sie herum. Ihre unerwartete Schwangerschaft beschreibt Elisabet als befreiendes Handeln Gottes, der sie angesehen und den Demütigungen ein Ende gemacht hat: »Durch Gottes Heilshandeln an Elisabet werden Veränderungen möglich. Mit ihrer Geschichte wird die Befreiung vieler Frauen und anderer Erniedrigter im Volk Israel verheißen. In Elisabets knappen, komprimierten Worten wird die Aussage des Magnificats vorweggenommen: Gott ist auf der Seite der gedemütigten Frauen und steht ihnen in ihrer Not bei. Gott erhöht und rettet. Gegen alle menschlichen Maßstäbe ist auf die Verheißungen zu vertrauen. Die Erniedrigten werden erhöht, ihnen wird Gottes Erbarmen zuteil, die gesellschaftlichen Hierarchien haben keine Gültigkeit mehr.« (Janssen 1998, 137)

Ein Geflecht von Beziehungen und Bezügen

»Ein großer Prophet ist unter uns aufgestanden« (Lk 7,16) – so rufen die Menschen vor den Toren Nains aus. Aufstehen/*egeiro* – ein und dasselbe Wort bezeichnet das Lebendigwerden eines verstorbenen Menschen (V. 14) und das prophetische Handeln Jesu. Der Sohn der Witwe und Jesus stehen auf. Dadurch wird Zukunft möglich – für die Witwe und das jüdische Volk gleichermaßen, die spüren, wie nah Gott ist.

Die lukanische Tradition stellt inhaltlich und sprachlich Bezüge zwischen Elia, Johannes und Jesus her. Dabei ist Elia für Jüdinnen und Juden der Prophet, dessen Wiederkunft vor dem Kommen des Messias erwartet wird, »der die Herzen von ›Söhnen und Vätern‹ zusammenführt, ›ehe der große und schreckliche Tag des Herrn kommt‹ (Mal 3,23f.). Diese Tradition verknüpft das Lk-Evangelium mit dem Auftreten des Johannes (1,17), die Wunder mit dem prophetischen Handeln Jesu: in 4,24ff. werden Elias Speisewunder für die arme Witwe und die Heilung des aussätzigen Syrers durch Elisa zitiert.« (M. Crüsemann 1995, 163)

Das Beziehungsgeflecht zwischen Elia, Johannes und Jesus, zwischen Hebräischer Bibel und Neuem Testament und zwischen den Witwen aus Sarepta und Nain ist im Lukasevangelium komplex und vielschichtig. Es zeigt die Verwurzelung der lukanischen Tradition in der Tora und den Glauben an den Gott Israels, der am Bund mit seinem Volk festhält. Unangemessen ist es daher, Jesus aus diesem Beziehungsgeflecht herauszulösen, in das ihn das Lukasevangelium stellt: in die Tradition der Propheten Israels, zu denen Elia und Johannes gehören und in die Geschichte des jüdischen Volkes im 1. Jahrhundert n. Chr., das sich nach Befreiung von Fremdherrschaft, Armut und Unterdrückung sehnte und auf das Anbrechen messianischer Zeiten hoffte. Vor den Toren Nains, auf einer staubigen Straße, spiegelt sich diese Hoffnung in den Gesichtern der Menschen, die in den getrockneten Tränen einer Witwe spürbare Zeichen der Nähe Gottes erkennen.

Literatur

Walter Bauer, Griechisch-deutsches Wörterbuch zu den Schriften des Neuen Testaments und der frühchristlichen Literatur, 6., völlig neu bearbeitete Aufl., hrsg. v. K. u. B. Aland, Berlin/New York 1988.

Frank Crüsemann, Elia – die Entdeckung der Einheit Gottes. Eine Lektüre der Erzählungen über Elia und seine Zeit, Gütersloh 1997.

Marlene Crüsemann, 16. Sonntag nach Trinitatis – Lk 7,11-16, in: Calwer Predigthilfen Neue Folge V/2, hrsg. v. H. Barié u.a., Stuttgart 1995, 162-169.

Claudia Janssen, Elisabet und Hanna – zwei widerständige alte Frauen in neutestamentlicher Zeit. Eine sozialgeschichtliche Untersuchung, Mainz 1998.
Luise Schottroff, Lydias ungeduldige Schwestern. Feministische Sozialgeschichte des frühen Christentums, Gütersloh 1994.
Willy Schottroff, Die Armut der Witwen, in: M. Crüsemann; W. Schottroff (Hg.), Schuld und Schulden – Biblische Traditionen in gegenwärtigen Konflikten, München 1992, 54-89
Marie-Theres Wacker, 1. Könige 17,7-24 (Lk 4,16-30): Eine Frau findet den Gott der Armen, in: E. R. Schmidt, Feministisch gelesen Bd. 2, Stuttgart 1989, 127-137.

Gefäße der Ehre

Erster Brief an die Gemeinde in Thessalonich 4,1-8

Marlene Crüsemann

1 Im übrigen, ihr Brüder (und Schwestern), bitten und ermahnen wir euch in dem Herrn Jesus, da ihr von uns überliefert erhalten habt, wie ihr wandeln und Gott gefallen sollt - ihr wandelt ja auch so -, daß ihr dabei immer hervorragender werdet. 2 Denn ihr wißt, welche Befehle wir euch gaben durch den Herrn Jesus. 3 Dieses ist nämlich der Wille Gottes: eure Heiligung, daß ihr euch der Hurerei enthaltet, 4 indem jeder von euch sein eigenes Gefäß in Heiligung und Ehre besitzt/erwirbt, 5 nicht in leidenschaftlicher Begierde wie die Heiden/Völker, die Gott nicht kennen, 6 und daß niemand im Prozeß seinen Bruder übervorteilt und ausbeutet, weil der Herr Rächer aller dieser Dinge ist, wie wir euch schon früher gesagt und nachdrücklich bezeugt haben. 7 Denn Gott hat uns nicht zur Unreinheit berufen, sondern zur Heiligung. 8 Wer dies demnach ablehnt, lehnt nicht Menschen ab, sondern Gott, der euch seinen heiligen Geist gibt.

Seufzend müssen wir uns alle sechs Jahre diesem Text zuwenden, sofern wir uns an der derzeitigen evangelischen Perikopenordnung orientieren und darüber zu predigen haben. Seufzend deshalb, weil wir es mit einer der unerfreulichsten und vertracktesten neutestamentlichen Redewendungen zu tun bekommen: Was heißt »sein eigenes Gefäß besitzen« oder »erwerben« oder gar »gebrauchen« (*to heautou skeuos ktasthai*, V. 4)? Von ihrer Interpretation hängt die des ganzen Abschnitts ab. Und jede Übersetzung ist selbst schon eine entschiedene Interpretation, das können wir hier als an einem Paradebeispiel für viele andere biblische Texte lernen. Über Abwägungen von Wahrscheinlichkeit und Unwahrscheinlichkeit kann eigentlich niemand hinauskommen, da 1 Thess im Unterschied zu den langen ethischen Diskussionen anderer Paulusbriefe zu kurzen, sehr allgemeinen Mahnungen neigt. Und damit bleibt jede Deutungsvariante eine Hypothese, natürlich auch die hier vertretene.

Für nahezu alle gängigen Bibelübersetzungen und Kommentare hingegen liegt der Fall völlig klar: Hier geht es um Frauen, *skeuos*/Gefäß sei als ein ›Euphemismus‹ für die Ehefrau zu verstehen (so z. B. Holtz 1986) – über eine derartig merkwürdige Feststellung von Euphemismen mag frau gar nicht näher nachdenken ... Diese vorherrschende Auslegungsrichtung verdient jede feministische Kritik (vgl. Schottroff 1992). Durch den einflußreichen Artikel von Maurer im Theologischen Wörterbuch beherrscht eine spezielle Variante davon die Diskussion. Er sieht eine original paulinische Redewendung aufgrund eines angeblich rabbinischen Sprachgebrauchs: »eine Frau als Gefäß benutzen« im Sinne von ehelichem Verkehr und Zusammenleben. Doch die genannten spärlichen Stellen können meines Erachtens eine solche rabbinische Sprachgewohnheit nicht belegen und sind zudem jünger als das Neue Testament (s. a. Elgvin 1997; Jankowski/Veerkamp 1992). Auch in der griechischen Literatur ist unter *skeuos* nie »Frau« zu verstehen, so daß ausgerechnet die häufigste Übersetzung auf den schwächsten Füßen steht.

Von seiner Grundbedeutung »Gerät, Gefäß, Instrument« her, die auch für das hebräische Äquivalent gegeben ist, und mit der zusätzlichen Möglichkeit eines übertragenen Sinns kann der Begriff vielfältig verwendet werden. Nimmt man wie 1 Thess 4,4 das ebenfalls flexible Verb *ktaomai* (»erwerben, gewinnen«, aber auch »besitzen, haben, bewahren«) hinzu, ergeben sich wohl unendliche Kombinationen. Die angeführte Literatur repräsentiert das Spektrum ein wenig, ist aber nur ein kleiner Ausschnitt. So plädiert Elgvin für »beherrschen des männlichen Glieds (oder Körpers)«, und Jankowski/Veerkamp bieten die originelle Deutung »seine Sachen erwerben« (freilich könnte der Singular von *skeuos* doch eher in eine andere Richtung weisen). Luise Schottroff liest mit anderen »seine eigene Ehefrau erwerben«. Das ergibt eine bestechend geschlossene Interpretation, die zudem V. 6 einbezieht, womit dann bei der Eheschließung vor Habgier bezüglich der Mitgift gewarnt wird.

Doch aufgrund einer neuen eigenen Gesamtauslegung von 1 Thess glaube ich, daß solche Spezialitäten eher nicht zu erwarten sind. 1 Thess ist für sich betrachtet eine merkwürdige Schrift. Es müßten, wenn denn der vorliegende Text für die Auslegung maßgeblich ist, drei mutmaßliche Autoren den Brief verfaßt haben: Paulus, Silvanus und Timotheus. Im Präskript 1,1 sind sie gleichrangig aufgeführt, der Aposteltitel wird beiläufig allen dreien verliehen (2,7). Nur an drei Stellen (3,5; 5,27) gibt es Sätze in der 1. Person Singular, deren eine (2,18) sogar die Echtheit des sonst durchgängigen Plurals unterstreicht, da Paulus explizit von den Gefährten abgesetzt wird. Damit ergibt sich die überraschende Schlußfolgerung, daß herkömmliche Ausdrücke wie »Paulus schreibt, sagt, meint« usw. am Text des 1 Thess vorbeigehen und die beabsichtigte Dreizahl der Absender uns den Brief etwas fremder macht.

Seit der Alten Kirche gibt es nun neben »Frau« eine zweite Hauptlesart für *skeuos*, die aber heute sehr selten ein ausgeführtes Thema einer Auslegung ist. Diese meint den materiellen Aspekt des Selbst, die Geschöpflichkeit einer Person. Sie steht in einer Reihe mit dem Töpfergleichnis z. B. in Röm 9,19ff. (nach Jes 45,9) und auch 2 Kor 4,7, wo besonders der Körper in seiner Zerbrechlichkeit ins Bild kommt. Aus paulinischer Tradition stammt die wichtige Parallele von 1 Petr 3,7, die für den oberflächlichen Blick wieder in Richtung »Frau« zielt. Doch das Gegenteil ist der Fall. Da hier die Männer angewiesen werden, wie sie mit dem »schwächeren Gefäß« zusammenleben sollen, wird klar, daß die Menschen beider Geschlechter in ihrer Erscheinung *skeuos* genannt werden. Hinzuzunehmen für das Profil des 1 Thess ist die eigentümliche und mehr griechische Vorstellung in 5,23 von der Dreidimensionalität der Person: Geist/*pneuma*, Seele/*psyche* und Leib/*soma*. Kurz, in unserem Text wird vermutlich das Sorgen für den eigenen Körper anempfohlen. Daneben stehen ähnliche allgemeine Aussagen wie in dem kleinen Katalog der sogenannten Laster von Kol 3,5 mit jeweils denselben Worten »Unreinheit, Leidenschaft der Begierde« sowie auch der Andeutung von Habgier.

Dazu kommt das leitende Stichwort *porneia*/Hurerei, dem man einen sexuellen Sinn wohl nicht absprechen kann. Dies gehört sozialgeschichtlich in den gleichen Kontext wie 1 Kor 6,12ff., wo ebenfalls von der Sorge um den eigenen Leib die Rede ist. Paulus möchte die griechischen Christenmänner dazu bewegen, die Beziehungen zu Prostituierten zu unterlassen, um so das Eigentumsrecht Christi auf den eigenen Leib zur Geltung zu bringen (vgl. Kirchhoff 1994). Auch für Männer der Unterschicht war es nichts Ungewöhnliches, die in den griechisch-römischen Städten allgegenwärtige Prostitution in ihr Leben zu integrieren. Eine davon abweichende Ethik konnte offenbar nur unter engagierter Argumentation und stets wiederholten Mahnungen wirksam werden. In 1 Thess 4,3ff. wird nun so allgemein formuliert, daß dies auch inklusiv den Frauen gesagt sein könnte: den eigenen Körper zu bewahren inmitten einer gesellschaftlichen Sphäre, die für ihn gefährlich sein soll.

Eine Aufforderung zur Selbstbestimmung über den eigenen Körper kann aber eigentlich kaum von außen kommen, das ist in sich widersprüchlich. So wie von außen leicht Hurerei oder sexuelle Beliebigkeit genannt werden kann, was als Geschenk einer Liebe gedacht ist. Doch wäre in unserer Zeit überhaupt die Sexualität an erster Stelle zu nennen, wenn es um ein ›unheiliges‹ Verhältnis zum eigenen Körper geht? Ist nicht vielmehr eine umfassende »leidenschaftliche Begierde« darauf aus, ihn umzuformen, Aussehen und Sportlichkeit zu verbessern und ihn damit verwechselbarer zu machen? Der modische Zwang, den Körper in all seinen Konturen neu zu stylen nach den gängigen Schönheits- und Verhaltensidealen, nimmt erhebliche Normierung, Zurichtung und weitere Deformierung in Kauf. Das kann nun paradoxerweise auch durch das neue Ideal von ›Ganzheitlichkeit‹ passieren, wenn es in Form einer die anderen und sich selbst herabsetzenden Parole auftritt.

Die oft geforderte Ganzheitlichkeit ist zu simpel und fragwürdig, wenn damit plötzlich alle ganz einfach und heil werden sollen. Es bleibt doch, daß wir uns selbst immer gegenüber sind, schon innerhalb des Bewußtseins und Selbstbewußtseins, erst recht im Hinblick auf den eigenen Körper. Allein im Respektieren dieser Differenzerfahrung in der eigenen Person kann so etwas wie Ganzheitlichkeit überhaupt erkannt und angestrebt werden. Dann ist es auch möglich, so die Auffassung etwa von Moshé Feldenkrais, die Beziehung von Bewußtheit und Körper als eine prinzipiell umkehrbare zu erfahren und dabei fundamental neu zu lernen. Den eigenen Körper zu respektieren in seiner spezifischen Anfälligkeit und Stärke, sich selbst gegenübertreten zu können als Geschöpf wäre dann ein Schritt, ihn zu heiligen und in Ehren zu halten.

Gefäß – dieses Bild für das Selbst und den Körper kann sich unwillkürlich zu vielen Zeiten einstellen. In ihrem letzten Brief schrieb meine Jugendfreundin mir die rätselhaften Worte: »Ein schönes Gefäß – auf einmal sieht man darin überall Risse und Sprünge und weiß, es wird zerbrechen, man kann nichts dagegen tun«. Viel später habe ich verstanden, daß sie von sich selbst gesprochen hatte, um einen scheinbar unaufhaltsamen Prozeß beim Namen zu nennen. Und weitere Jahre danach bin ich doch auch froh darüber geworden, daß sie wenigstens dieses eine Mal sehen und sagen konnte, daß sie schön gewesen ist, in ihrer Art und überhaupt. Erst heute erscheint mir darin die Klage des Psalms, den damals keine von uns kannte: »Ich bin geworden wie ein zerbrochenes Gefäß« (31,13).

Angesichts vielfältiger Gefährdungen bietet die Theologie des 1 Thess ein Bestreben nach Bewahrung und Konservierung (3,13; 5,23), wenn nicht gar Abschottung nach außen (4,12) für die »Gefäße« und die »Übrigbleibenden« und für die Toten als Trost, daß sie bei der Ankunft des Herrn Vorrang haben (4,13ff.). Mein Herz aber hängt an einem Bild der kabbalistischen Mystik: Wenn der Messias kommt, wird er die Gefäße wieder zusammenfügen, die dem göttlichen Licht einst nicht standhielten. Und darüberhinaus, so bleibt zu hoffen, auch jene zerbrechenden Gefäße, die der Finsternis nichts entgegensetzen können.

Literatur

Torleif Elgvin, ›To master his own vessel‹. 1 Thess 4.4 in light of new Qumran evidence, in: NTS 43 (1997) 604-619.

Traugott Holtz, Der erste Brief an die Thessalonicher, EKK XIII, Zürich/Braunschweig/Neunkirchen-Vluyn 1986.

Gerhard Jankowski; Ton Veerkamp, Was ist sexistisch: der Text oder die Auslegungstradition? Notwendige Anmerkungen zur traditionellen Auslegung von 1 Thess 4, 1-8, in: Texte & Kontexte 56 (1992) 3-24.

Renate Kirchhoff, Die Sünde gegen den eigenen Leib. Studien zu *porne* und *porneia* in 1 Kor 6,12-20 und dem sozio-kulturellen Kontext der paulinischen Adressaten, Göttingen 1994.

Chr. Maurer, Art. *skeuos*, In: ThWNT VII, Stuttgart 1964, 359-368.

Luise Schottroff, Sozialgeschichtliche Bibelauslegung zu 1 Thess 4,1-8, in: JK 53 (1992) 500f.

Die Jüngerinnen an Jesu Grab

Evangelium nach Markus 16,1-8

Irene Dannemann

1 Als der Sabbat vorüber war, kauften Maria, die Magdalenerin, und Maria, die des Jakobus, und Salome wohlriechende Öle, um zum Grab hinzugehen und Jesus zu salben. 2 Sehr früh am ersten Tag der Woche gingen sie zum Grab, als die Sonne gerade aufging. 3 Und sie sagten zueinander: »Wer wird uns den Stein aus der Tür des Grabes wegwälzen?« 4 Und als sie aufschauten, sahen sie, daß der Stein weggewälzt war. Er war nämlich sehr groß. 5 Und als sie ins Grab hineingingen, sahen sie auf der rechten Seite einen Jüngling sitzen, der ein weißes Gewand trug. Da waren sie entsetzt. 6 Und der sagte zu ihnen: »Erschreckt nicht! Ihr sucht Jesus, den Nazarener, den Gekreuzigten. Er ist auferweckt worden, er ist nicht hier; siehe den Ort, wo sie ihn hingelegt hatten. 7 Nun aber geht hin, sagt seinen Jüngerinnen und Jüngern, auch Petrus, daß er euch nach Galiläa vorangeht; dort werdet ihr ihn sehen, wie er euch gesagt hat.« 8 Und sie gingen hinaus und flohen von dem Grab, denn Zittern und Entsetzen hatte sie ergriffen. Und sie sagten niemandem etwas, denn sie fürchteten sich.

Diese Geschichte im Markusevangelium muß mit Mk 15,40f.47 zusammen gelesen werden: Die Jüngerinnen Jesu sind ihm bis ans Kreuz nachgefolgt. Daß sie Jüngerinnen Jesu waren, ergibt sich aus Mk 15,41, weil den Frauen dort die Begriffe »nachfolgen« (*akolouthein*) und »dienen« (*diakonein*) zugeordnet werden: Nachfolgen und dienen sind zentrale, theologisch wichtige Themen im gesamten Markusevangelium: Nachfolge schließt nach Mk 8,34 die Bereitschaft mit ein, bei Jesus bis zu seinem Tod zu bleiben, sowie die Bereitschaft, für diese Nachfolge sogar wie Jesus getötet zu werden. Für NachfolgerInnen ist es angebracht, sich als SklavInnen aller zu sehen und sich nicht selbst zu erhöhen (Mk 10,43-45 und 9,35).

Nach Mk 15,40f. haben viele Jüngerinnen die Kreuzigung Jesu aus der Ferne beobachtet. Diese Beschreibung steht sozialgeschichtlich gesehen der historischen Möglichkeit näher als die Schilderungen in den anderen Evangelien: Trauer durfte angesichts einer Kreuzigung nicht gezeigt werden, denn wer Trauer zeigte, ging das Risiko ein, mitgekreuzigt zu werden – und dies galt für Frauen ebenso wie für Männer, wie Luise Schottroff überzeugend gezeigt hat.

Die Frauen wissen, wo das Grab zu finden ist, weil zwei von ihnen, nämlich Maria, die Magdalenerin, und die Maria des Joses zugeschaut haben, wie der Tote ins Grab gelegt worden ist (Mk 15,47).

In Mk 16,1 machen sich drei Nachfolgerinnen Jesu auf und gehen zu seinem Grab: Maria, die Magdalenerin, und Maria, die des Jakobus, und

Salome. Über die Magdalenerin hören wir nur hier und in Mk 15,40f.47 etwas; von Salome hören wir sonst nichts im Markusevangelium. In welchem Verhältnis die andere Maria zu Jakobus steht, bleibt undeutlich: Ist sie seine Mutter, seine Schwester oder seine Frau? Und welcher Jakobus ist hier gemeint?

Von der Lebensgeschichte dieser drei Nachfolgerinnen kennen wir nur diese Jerusalemer Bruchstücke, und auch hier ist die Gruppe von Frauen, die der Kreuzigung und Grablegung Jesu zusieht, und die Gruppe, die sich dann auf den Weg zum Grab macht, nicht kongruent. Nur Maria aus Magdala wird durchgängig erwähnt. Die Tradition der Frauen am Grab wird nur bruchstückhaft überliefert, und einzig Maria aus Magdala bleibt schon in frühchristlicher Zeit als Einzelperson in Erinnerung. Dies zeigen auch die Abänderungen in den anderen Evangelien: Mt 28,1 verändert die Namen der Frauen, Lk 24,1 läßt die Namen aus, und in Joh 20,1 geht nur die Magdalenerin zum Grab.

In Mk 16,1 machen sich die Frauen am frühen Morgen auf, um unbeobachtet zum Grab zu gelangen. Das Grab des als politischer Aufrührer hingerichteten Jesus war ein gefährlicher Ort: Die römischen Besatzungstruppen versuchten, hier weitere AnhängerInnen einer Unruhe stiftenden Gruppe aufzuspüren, um sie ebenfalls hinzurichten.

Die Frauen haben wertvolle, duftende Aroma-Öle gekauft und wollen den Toten ehren. Dafür sind sie bereit, sich in große Gefahr zu begeben und viel Geld auszugeben (vgl. den Streit der JüngerInnengruppe um das Geld für die Salbung des noch lebenden Jesus in Mk 14,3-9). Wir hören nicht, welchen Teil von Jesu Leichnam sie salben wollen. Es ist unerheblich, darüber zu spekulieren, in welchem Zustand sie den Leichnam vorzufinden hofften, nachdem dieser drei Tage lang den klimatischen Bedingungen Jerusalems ausgesetzt war. Die Jüngerinnen gehen auf jeden Fall mit der Absicht zum Grab, ihn zu salben. Vielleicht wollen sie damit die Salbung nachholen, die zur Bestattung gehört, aber von Jesu Grablegung nicht erzählt wird. Die drei werden im Grab entscheiden, welche Teile des Leichnams sie salben wollen und können. Den Kopf, die Füße oder Hände zu salben, reicht, um das auszudrücken, was sie wollten: ihre Verbundenheit mit Jesus auch über den Tod hinaus.

Die Einstellung, vor Ort zu entscheiden, durchzieht die ganze Erzählung: Die Frauen wissen ja vorher, daß ein großer Stein vor das Grab gerollt ist, aber der Text erwähnt es erst als Innehalten mitten auf dem Weg – wie ein Nachliefern dieser Information. Die Jüngerinnen handeln nicht unüberlegt, sondern haben keine andere Wahl: Sie können nur Schritt für Schritt tun, was ihnen richtig erscheint. Aufgrund der politischen Situation können sie keine Männer anheuern, die sie begleiten und ihnen den Stein wegrollen. Sie können sich nur trotz des Steins auf den Weg machen und darauf vertrauen, daß ihnen schon etwas einfallen wird, wie sie ihn zur Seite schaffen werden. Der Text erzählt, daß sie sich überraschenderweise darum nicht zu kümmern brauchen: Der Stein ist schon zur Seite gerollt. Er wird sie nicht mehr daran hindern, den Leichnam zu berühren. Die Frauen betreten mutig das Grab. Aber kein Toter liegt dort, sondern ein Jüngling sitzt da, ein Bote Gottes, ein Engel. Er spricht sie an und erzählt ihnen, daß Jesus auferweckt worden ist und ihnen nach Galiläa vorangeht. Das sollen die Frauen den anderen JüngerInnen und auch Petrus erzählen.

Petrus wird hier wohl extra erwähnt, weil er in Mk 14,66-72 so exponiert wie keine andere Person dem Bekenntnis zu Jesus ausgewichen ist, die Zugehörigkeit zu ihm sogar ausdrücklich bestritten hat. Zudem weist diese Nennung darauf hin, wie renitent Petrus sich weigert, den Worten der Maria aus Magdala Glauben zu schenken. So weist er sie im apokryphen »Evangelium der Maria« mit den Worten zurück: »Sprach der Erlöser denn mit einem Weibe heimlich vor uns und nicht offen? Sollen wir umkehren und alle auf sie hören? Hat er sie uns gegenüber bevorzugt?« Wie ungläubig die anderen – nicht nur Petrus – auf Marias Worte reagieren, erzählt Mk 16,9-11.

Wichtig ist das »euch« in V. 7: Gerade die drei Grabgängerinnen werden mit angesprochen. Sie sind Teil der Nachfolgegemeinschaft, nicht reine Überbringerinnen der Nachricht an die JüngerInnen. Auch ihnen ist Jesus vorangegangen, d.h. der Jüngling fordert gerade auch sie auf, Jesus nach Galiläa nachzufolgen.

Indem der Jüngling Jesus als Nazarener, als Gekreuzigten und als an diesem Ort Bestatteten bezeichnet, benennt er all das an Jesus, was die Frauen im Grab gesucht haben: den Mann, den sie gekannt haben, dem sie nachgefolgt sind, dessen Hinrichtung und Bestattung sie beobachtet haben. All das war ein Teil des Lebens Jesu – aber es war nicht sein ganzes Leben. Denn zu Jesu Leben gehörte auch die Botschaft, die er ihnen immer wieder vermittelt hat: die Verheißung des Reiches Gottes, die Widerstand leistet gegen jedes Sich-Abfinden mit den gegebenen Zuständen, die gegen alle Entmutigung durch Hunger und Armut, Desillusionierung und Resignation steht.

Die Frauen sind entsetzt. Sie fliehen aus dem Grab und sagen kein Wort – zu niemandem. Dieses Ende des Textes, der ja das ursprüngliche Ende des gesamten Markusevangeliums darstellt, ist ein offenes Ende. Es schreit nach einer Auflösung, die nur im Gespräch der Gemeinde gefunden werden kann: Wie ist dieses Schweigen zu verstehen? Wie konnten die Jüngerinnen es überwinden? Wie wandelte es sich in Begreifen, Sprechen und Verkündigen? Denn die markinische Gemeinde wußte, daß das nicht das Ende der Jesus-Geschichte war: Die Frauen haben ihren Schrecken überwunden, sonst wäre die Jesusgeschichte untergegangen und in der Versenkung verschwunden. Dieses Ende ist beabsichtigt als Herausforderung an alle HörerInnen und LeserInnen. So stellt nämlich das Markusevangelium das Nachfolgen aller JüngerInnen als mangelhaft dar: Immer wieder verstehen sie etwas nicht, immer wieder wenden sie sich von Jesus und seiner Botschaft ab, am Schluß verlassen ihn alle – auch die Frauen müssen hier am Grab einsehen, daß sie mit ihrem Anliegen, das für sie extrem gefährlich war und sie sich länger zu Jesus halten ließ als alle anderen, völlig danebengelegen haben: Sie haben den Toten gesucht, aber sie haben nicht begriffen, daß seine Botschaft sie zum Leben ermutigte und daß er deshalb nicht bei den Toten zu finden war.

Der Verweis auf Galiläa weist auf den Ort hin, an dem Jesus sein Wirken begonnen und entfaltet hat, und fordert die HörerInnen und LeserInnen auf, das Evangelium noch einmal von vorne zu hören oder zu lesen. So kann die Gemeinde aus den Fehlern der Nachfolgegemeinschaft lernen und wiederholt sie nicht. Oder sie weiß sich eben auch im Scheitern getröstet, denn den VorläuferInnen ist es ebenso gegangen. Die JüngerInnen sind keine makellosen HeldInnen, sondern machen Fehler. Ihre Nachfolge weist nicht nur kleine Schönheitsfehler auf, sondern zeigt Mißverständnisse und die Verweigerung, Jesus auch in extremen Krisensituationen zu begleiten und von seiner Hoffnung zu sprechen. Das Verständnis der Botschaft Jesu ist immer wieder ein Ringen – ein Ringen um Begreifen, Annahme und Integration in den eigenen Glauben, ins eigene Leben. Und das war angesichts lebensbedrohlicher Verfolgungssituationen viel schwieriger, als es das für uns heute ist. Aber wir müssen uns eben auch fragen, wo wir vor dem Auftrag, der uns gestellt ist, fliehen.

Das eindrücklichste Oster-Motiv in Mk 16,1-8 liegt darin, daß die Frauen sich auf den Weg machen – trotz der Lebensgefahr, in die sie sich begeben, trotz des augenscheinlichen Hindernisses, daß ein großer Stein das Grab verschließt, trotz der Unwahrscheinlichkeit, daß ihr Vorhaben gelingt. Die Auferstehung bedeutet das Aufstehen gegen jedes Sich-Abfinden mit dem, was normal und selbstverständlich ist, mit den Grenzen unserer Gesellschaft, mit den Grenzen unseres Lebens. Jeder Ent-MUT-igung wird die Kraft entzogen. Es geht darum, daß Frauen, Kinder und Männer immer wieder neuen Mut schöpfen – daß sie anfangen zu reden und wieder neu zu hoffen, so wie die drei Jüngerinnen am Grab es auch getan haben, denn ohne ihre Rede wäre die Botschaft von Jesu Auferweckung nicht weitergetragen worden.

Literatur

Maria Horstmann, Studien zur markinischen Christologie. Mk 8,27-9,13 als Zugang zum Christusbild des zweiten Evangeliums, Münster 1969.

Luise Schottroff, Maria Magdalena und die Frauen am Grabe Jesu, in: dies., Befreiungserfahrungen. Studien zur Sozialgeschichte des Neuen Testaments, München 1990, 134-159.

Dies., DienerInnen der Heiligen. Der Diakonat der Frauen im Neuen Testament, in: G. K. Schäfer; T. Strohm (Hg.), Diakonie - biblische Grundlagen und Orientierungen, Heidelberg 1990, 222-242.

Wilhelm Schneemelcher (Hg.), Neutestamentliche Apokryphen, Band 1, 6. Aufl. Tübingen 1990 (darin Auszüge aus dem Evangelium der Maria: 313-316).

Der Gott, der bei uns ist, ist der Gott, der uns verläßt

Evangelium nach Lukas 24,50-53

Renate Wind

»Wir können nicht redlich sein, ohne zu erkennen, daß wir in der Welt leben müssen – ›etsi deus non daretur‹. Und eben dies erkennen wir – vor Gott! Gott selbst zwingt uns zu dieser Erkenntnis. So führt unser Mündigwerden zu einer wahrhaftigen Erkenntnis unserer Lage vor Gott. Gott gibt uns zu wissen, daß wir leben müssen als solche, die mit dem Leben ohne Gott fertig werden. Der Gott, der bei uns ist, ist der Gott, der uns verläßt ...« (Bonhoeffer 1988, 177f.) Der Evangelist Lukas hat diese Erkenntnis in den Bildern und Vorstellungen seines theologischen und kulturgeschichtlichen Kontextes ausgedrückt:

> *»Er (Jesus) führte sie aber hinaus bis in die Nähe von Bethanien und erhob seine Hände und segnete sie. Und es begab sich, während er sie segnete, entschwand er ihnen und wurde in den Himmel emporgehoben. Und sie warfen sich anbetend vor ihm nieder und kehrten mit großer Freude nach Jerusalem zurück. Und sie waren allezeit im Tempel und priesen Gott.« (Lk 24,50-53)*

Mit diesen Worten endet das Evangelium nach Lukas. Doch der kurze Abschnitt über die »Himmelfahrt« Jesu ist eigentlich nur eine Überleitung zum zweiten Teil des lukanischen Doppelwerkes, und er erfährt zu Beginn der »Apostelgeschichte« eine aufschlußreiche Wiederholung und Ergänzung: »Und als er mit ihnen zusammen war, gebot er ihnen, nicht von Jerusalem zu weichen, sondern auf die Verheißung des Vaters zu warten, die ihr, sprach er, von mir gehört habt. Denn Johannes hat mit Wasser getauft, ihr aber werdet mit heiligem Geist getauft werden nicht lange nach diesen Tagen. Als sie nun zusammengekommen waren, fragten sie ihn: Herr, stellst du in dieser Zeit für Israel das Reich wieder her? Er sprach zu ihnen: Euch gebührt es nicht, Zeit oder Stunde zu wissen, die der Vater nach seiner eigenen Macht festgesetzt hat. Aber ihr werdet Kraft empfangen, wenn der heilige Geist über euch kommt, und werdet meine Zeugen sein in Jerusalem und ganz Judäa und Samarien und bis ans Ende der Erde. Und als er dies gesprochen hatte, wurde er vor ihren Augen emporgehoben, und eine Wolke nahm ihn auf, so daß er ihren Blicken entschwand. Und während sie zum Himmel aufschauten, während er dahinfuhr, siehe, da standen zwei Männer in weißen Kleidern bei ihnen, die sagten: Ihr Männer aus Galiläa, was steht ihr da und blickt zum Himmel auf? Dieser Jesus, der von euch weg in den Himmel emporgehoben worden ist, wird so kommen, wie ihr ihn habt in den Himmel fahren sehen. Da kehrten sie nach Jerusalem zurück ...« (Apg 1,4-12)

Soweit der lukanische Gesamtbericht von jenem »Ereignis«, das die »Zeit Jesu« und die »Zeit der Kirche«, die mit der Ausgießung des heiligen Geistes (Apg 2) beginnt, miteinander verbindet. Daß Lukas hier nicht an historischen Fakten interessiert ist, sondern die »ineinandergreifenden Ereignisse von Auferstehung, Himmelfahrt und Geistmitteilung heilsgeschichtlich entfaltet« (Dassmann 1991, 21), bedarf kaum einer Diskussion. Auch seine Intention, die darauf gerichtet ist, in der entstehenden christlichen Kirche die Überwindung der Naherwartung und die Praxis der Heidenmission theologisch zu verarbeiten, ist vielfach erkannt und gewürdigt worden. Der Bericht über die »Himmelfahrt« Jesu, der in Lk 24,44-49 eine ausführliche Belehrung der Jünger, ihre missionarische Beauftragung und die Verheißung der »Kraft aus der Höhe« vorausgeht, ist darüber hinaus auch die eigentliche Legitimation für die »Praxis der Apostel« – wie die Apostelgeschichte später vom Kirchenvater Irenäus genannt wird – und ein Hinweis darauf, daß erst in dieser Praxis die Auferstehung Jesu konkret wird. »Indem sich die Himmelfahrt vor den Augen der Apostel vollzieht, werden diese als Augenzeugen legitimiert, ein für die folgende Darstellung des Wirkens der Apostel entscheidender Akt. Die Himmelfahrt wahrt somit die Kontinuität zwischen der Zeit Jesu und der Zeit der Kirche, deren Träger die Apostel sind.« (Schnelle 1996, 296)

Die »Himmelfahrt« Jesu ist geradezu die Bedingung dafür, daß seine Jüngerinnen und Jünger sich seiner Sache, der Sache Gottes, annehmen. »Christus hat sein Leben auf dieser Erde noch nicht zuende gebracht. Er lebt es weiter im Leben seiner Nachfolger.« (Bonhoeffer 1988, 281)

Doch es geht in den lukanischen Berichten nicht nur um die theologische Reflexion von Gemeindeexistenz und Nachfolgepraxis. Wie so oft in den biblischen Texten verbirgt sich in ihnen noch eine grundsätzlichere Dimension, das Wissen um Menschheitserfahrungen, die in den Schriften des ersten und zweiten Testaments lediglich ihre spezielle theologische Deutung erfahren.

»Was starrt ihr in den Himmel?«, fragen die beiden Männer in weißen Kleidern, Boten Gottes, am Ende der Geschichte von der »Himmelfahrt« Jesu. Sie verweisen die Jünger Jesu ebenso wie die LeserInnen und HörerInnen des Textes vom Himmel auf die Erde. Sie verweisen sozusagen vor Gott auf die Erfahrung, daß wir in der Welt leben müssen, »als gäbe es Gott nicht«, und damit auf unser Mündigwerden vor Gott. Das ist zugleich der eigentliche Beginn der Kirche, in der Christus als Gemeinde existiert. Jesus, der Messias, hat den Herrschaftsanspruch Gottes angemeldet. An seinen Nachfolgern liegt es, diese zugleich geoffenbarte und noch verborgene Herrschaft Gottes in ihrem Leben und Wirken sichtbar zu machen – bis an die Enden der Erde, ausgestattet mit der »Kraft aus der Höhe«, inspiriert durch den heiligen Geist, der ihnen verheißen wird.

Zwei gegensätzliche Bewegungen durchziehen dieses Geschehen. Sie gehen von unten nach oben und von oben nach unten. Der Messias Jesus wird in den Himmel emporgehoben, und er wird wieder herabkommen. Doch wird dabei ja nicht vordergründig in räumlichen Kategorien gedacht. Das hintergründige Thema der Geschichte von der »Himmelfahrt« ist vielmehr die widersprüchliche Einheit von Utopie und Realität, von notwendiger geschichtlicher Konkretion und gleichzeitiger Unverfügbarkeit der messianischen Vision vom Reich Gottes. Dadurch, daß sich der Messias entzieht, bleibt seine Geschichte offen und unvollendet. Aber sie wird nicht in ein »besseres Jenseits« verlagert. »Anstatt sich verstummt zu verziehen in ein besseres Jenseits, brach er von neuem auf in das grausame Diesseits, zum langen Marsch durch die Viellabyrinthe der Völker, der Kirchen und unserer Unheilsgeschichte...« (Marti 1980, 46) Das Leben des Messias Jesus geht weiter in der »Praxis der Apostel«, die von den Boten Gottes auf ihren Platz auf der Erde verwiesen werden. »Und so erzählen wir weiter von ihm die Geschichten seiner rebellischen Liebe, die uns auferwecken vom täglichen Tod – und vor uns bleibt: was möglich wär' noch ...« (Marti 1980, 46)

Die Praxis der NachfolgerInnen Jesu darf dabei nicht rückwärtsgewandt, nicht restaurativ sein. Der Messias richtet nicht das alte »Reich Israel« auf, wie seine Jünger zunächst erwarten (vgl. Apg 1,4-12). Es hat einen Sinn, daß ihre Anfrage und Jesu Antwort der Entrückung des Messias vorangeht, und deshalb sollte sie nicht, wie es häufig geschieht, »historisch-kritisch« ausgeschieden werden. Denn sie ist geradezu der »Grund« für die »Himmelfahrt« des Messias. Er verschwindet, bevor seine Vision des Reiches Gottes in einem »real existierenden Israel« – oder einer Kirche, die sich für »das wahre Israel« hält – dingfest gemacht werden kann. Das messianische Reich Gottes ist eben nicht das Privileg der jeweils Auserwählten; in der Verkündigung und Praxis Jesu bedeutet die Herrschaft Gottes soziale, nationale und kultische Entgrenzung: »Das utopische Projekt Jesu ging weit über die Veränderungsvorstellungen aller Gruppierungen seiner Zeit hinaus und damit auch über die unmittelbaren Interessen des Volkes. Seine Reich-Gottes-Botschaft war eben nicht die Reorganisation irgendeines schon einmal dagewesenen Zustandes ...« (Füssel 1987, 85)

Die Bewegung nach oben bewahrt diese Utopie Jesu vor der Institutionalisierung. Die Bewegung nach unten bewahrt sie vor jedem Versuch der

Entweltlichung und Verinnerlichung. Sie soll wirksam bleiben in der ständigen Beunruhigung und Veränderung einer weiterhin unzulänglichen Realität.

So gesehen ist die Umkehrung der Bewegung in der Geschichte von der »Himmelfahrt« Jesu vor allem eine Umkehrung der Blickrichtung bei denen, die »in den Himmel starren«. Sie, die ihre Träume und Utopien in den Himmel verschwinden sehen und ihnen sehnsüchtig nachblicken, werden aufgefordert, mit ihren Hoffnungen und Visionen die Erde zu verändern.

Die Christinnen und Christen, für die Lukas diese Geschichte entwirft, können eine solche Aufforderung brauchen. Sie, die sich schlecht und recht in der Gesellschaft des Römischen Reiches eingerichtet haben und deren soziale und ideologische Widersprüche auch in ihrer eigenen Gemeindeexistenz erfahren, wissen bereits, was uns heute wie selbstverständlich erscheint: wie groß die Versuchung ist, in den Himmel zu starren, den Besitzstand zu wahren, in die innere Emigration zu gehen statt bis an die Enden der Erde. Doch wird uns wie den Jüngerinnen und Jüngern die Umkehr zur Erde gewiesen und zugleich verkündigt, daß hier und nirgends anders der Himmel beginnen wird. Um das glauben und leben zu können, brauchen wir den heiligen Geist – nichts weniger.

Literatur

Dietrich Bonhoeffer, Nachfolge, 17. Aufl. München 1988.
Ders., Widerstand und Ergebung, 12. Aufl. Gütersloh 1983.
Ernst Dassmann, Kirchengeschichte I, Stuttgart 1991.
Kuno Füssel, Drei Tage mit Jesus im Tempel. Einführung in die materialistische Lektüre der Bibel für Religionsunterricht, Theologiestudium und Pastoral, Münster 1987.
Kurt Marti, Abendland, Darmstadt 1980.
Udo Schnelle, Einleitung in das Neue Testament, Göttingen 1996.

Kämpfen und lebendig werden –
Apokalyptische Motive im ersten Brief an die Gemeinde in Korinth 15,51ff.

Luzia Sutter Rehmann

51 Siehe, ich sage euch ein Geheimnis:
Wir werden nicht alle entschlafen,
wir werden aber alle verwandelt werden,
52 im Nu, in einem Augenblick, bei der letzten Posaune –
denn die Posaune wird erschallen,
und die Toten werden auferweckt werden als ganze Menschen,
und wir werden verwandelt werden.

Was ist die Auferweckung der Toten?

Eigentlich will diese christliche und jüdische Vorstellung nicht mehr so recht in die moderne Welt passen. Ich kenne viele Menschen, die mit der Totenauferstehung Mühe haben. Einerseits wäre es zwar schön, die verstorbenen Lieben wiederzusehen – aber doch recht unrealistisch und auch etwas makaber oder furchterregend. Und erst all die Nicht-Lieben – die möchten wir doch gar nicht sehen, oder?

Ich möchte versuchen, anhand der sehr klaren Rede des Paulus an dieser heutzutage sehr unklar gewordenen Vorstellung zu arbeiten. Wir müssen dafür in die apokalyptische Bildersprache eintauchen und im Gegenzug ein paar überkommene, eher dogmatische Ideen loslassen. Vielleicht ist die Frage, wozu die Toten denn aufstehen werden, diejenige, die wir wirklich beantworten sollten?

Mir ist es wichtig, den Kontext von 1 Kor 15,51ff. deutlich zu machen. Paulus bettet seine Hoffnung auf die Verwandlung aller in die Apokalyptik ein. Gleichzeitig ist diese Rede als Brief an die Gemeinde in Korinth zu verstehen. Die im Brief erkennbaren Konflikte haben mit der apokalyptischen Rede von der Auferstehung der Toten zu tun. Oder umgekehrt: Paulus greift hier auf ein apokalyptisches Motiv zurück, um den Frauen und Männern Korinths etwas zu ihrer konfliktgeprägten Situation sagen zu können.

Wir können also nicht einfach die Worte über die Auferstehung der Toten geradewegs in unser Leben übertragen. Sonst müssen sie uns eigentlich unverständlich bleiben. Und »Glaube« meint nicht, etwas Unverständliches für wahr zu halten. Glauben zu haben, bedeutet an dieser Stelle vielmehr, Geduld zu haben, es mit Paulus zu versuchen, eine Bereitschaft, noch einmal ganz genau hinzusehen, und eine Art hoffnungsvolle Neugier, einen Zipfel vom Mantel Gottes zu entdecken. Denn schließlich wurden Paulus und die vielen Frauen und Männer, die miteinander den Aufbruch in den ersten Gemeinden gewagt haben, von einer großen *dynamis* (Kraft) bewegt. Und weil mich diese Bewegungskraft interessiert, suche ich das Gespräch mit den bewegten Menschen.

Paulus sagt: Das Unmögliche ist möglich. Auch die Toten können noch verwandelt werden. Es gibt kein Zuspät. Darum ist es möglich, ein neuer Mensch zu werden (1 Kor 15,47) oder, wie Jesus im Johannesevangelium sagt, von oben her geboren zu werden (Joh 3,3). Wie dies heute verstanden werden kann, stellt Ivone Gebara am Beispiel der feministisch-befreiungstheologischen Bewegung dar: »Im Evangelium des Johannes sagt Jesus, daß es möglich ist, wieder geboren zu werden, daß es möglich ist, symbolisch gesprochen, wieder hineinzugehen in den Uterus der Erde, der Mutter, um zu entdecken, wer wir sind, und um zu versuchen, uns von der Entfremdung zu befreien.« (Gebara 1993b, 200; eigene Übersetzung)

Auferstehungshoffnung im Kontext der Gemeinde

Auch in der kleinen Gemeinde von Korinth war die Auferstehung der Toten angefochten. Es gab divergierende Ansichten und verschiedene Konsequenzen, die aus diesen Ansichten gezogen wurden. Darum entfaltet Paulus unermüdlich die Bedeutung der Auferstehungshoffnung. Diese hat etwas mit Fülle und Sinn zu tun, denn der Gegenbegriff dazu ist bei Paulus »leer«: Er predigt Christus als den Auferstandenen (15,4-8), und gäbe es keine Totenauferstehung, wäre seine Predigt »leer« und ebenso der gemeinsame Glaube (15,14-18). Das heißt, die Predigt würde nichts bewirken, und ohne ein gemeinsames Leben wäre der gemeinsame Glaube leer. »Leer« meint vergeblich, ohne Frucht, sinnlos, ausgehöhlt. Dieser Begriff führt durch das ganze Kapitel.

Gottes Gnade war nicht »leer«, sondern ließ die Arbeit des Paulus gedeihen (15,10). Die AdressatInnen des Briefes mußten sich versichern lassen, daß ihre Hoffnung nicht »leer« sei (15,14). Und noch einmal bekräftigt Paulus in 1 Kor 15,58:

Darum, meine lieben Geschwister, werdet fest, unerschütterlich, daß ihr stets mehr als genug habt an der Arbeit des Herrn, indem ihr wißt, daß eure Mühe nicht sinnlos (leer) ist im Herrn.

Was hat denn die gemeinsame Aufbruchstimmung unterhöhlt? Paulus erkennt in den Fragen, die er beantworten oder »lösen« soll, Konkurrenzkämpfe, die das gemeinsame Leben der jungen Gemeinde untergraben. Es geht um die Frage der Gemeindeorganisation, d.h. um das Gestalten einer gemeinsamen egalitären Praxis, die durch die Erwählung der Erniedrigten (1,26) theologisch gefordert ist. Die Spannungen verschiedener Ansichten und Gruppen drohen zu sozialen Zerreißproben zu werden.

Paulus vermeidet es, autoritär zu beurteilen, wer recht hat. Vielmehr webt er in 1 Kor 15,19-58 einen schillernden Text, der von gemeinsamen Hoffnungen der Gemeindegruppen spricht, von Zielen, die allen am Herzen liegen, von Visionen und Erfahrungen, die nachvollziehbar für viele, für alle sein könnten.

So meine ich in diesem Kapitel den integrativen Versuch des Paulus zu erkennen, die Auferstehung der Toten als Hoffnungskraft und -antrieb zum gemeinsamen Leben und Arbeiten zu zeichnen. Ich sage bewußt »zeichnen«, denn er braucht dazu eine motivreiche Sprache, so daß auch vor meinen Augen Bilder entstehen. In diesen Bildern gibt es Raum für unterschiedliche Ansichten und Interpretationen, denn sie sind nicht fix und eindeutig umrissen. Aber die zugrundeliegende Richtung, die tragende Vision, wird deutlich – und sie soll für die Gemeinde auch verbindend sein.

Diese Vision skizziert er mit den apokalyptischen Bildern des Kämpfens um Gerechtigkeit zwischen zwei feindlichen Mächten (15,20-28) sowie mit dem Bild der Leben hervorbringenden Erde (15,36-41). Er erfährt die Kraft der Vision im täglichen Leben (15,30-32) und weiß um das Geheimnis, das letztlich alle Worte übersteigt: Es gibt eine geheimnisvolle Kraft, die alles umfaßt und alle transformieren kann (15,51-53). Alle werden von dieser Kraft verwandelt – damit macht Paulus deutlich, worauf er hofft: Die Zerrissenheit der Gemeinde kann überwunden werden, die Kraft der Auferstehungshoffnung kann sich in der Verwandlung der Menschen zeigen. Alle können sich von dieser Kraft anstecken lassen, bewegen, begeistern – »alle«, betont Paulus – damit die gemeinsame Arbeit für die neue Welt Gottes nicht »leer« sei (15,58).

Apokalyptik – Sprache des Widerstands und der Hoffnung

Die Mehrheit der Auslegungsliteratur geht davon aus, daß in 1 Kor 15 apokalyptisches Material zugrunde liegt. Doch wird es meist als »jüdisch« etikettiert. Die Ein- und Abgrenzung der Apokalyptik als »jüdische Enderwartung« und »jüdische Apokalyptik« kommt Antijudaismus gleich, wenn das abgegrenzte Christliche positiv bewertet wird. Doch es gibt einen breiten Strom apokalyptischer Theologie, der auch im Ersten Testament und in apokryphen Schriften zu finden ist.

Apokalyptische Hoffnungsbilder wachsen aus der Wahrnehmung von Unrecht und Leiden (Jes 25; Mk 13). Sie verdichten die Sehnsucht nach der

Nähe Gottes und seiner Gerechtigkeit und sagen den Mächtigen das Ende ihrer Macht an. Wer viel zu verlieren hat, wird die Rede vom Ende der Zeiten als unnötige Panikmache, als politisches Agieren oder aber als mythologisch längst überholte Vorstellung abtun. Wer unter den gegenwärtigen Bedingungen leidet, sich als marginalisiert und unterdrückt wahrnimmt, wird sich ausstrecken nach dem Ende der Unrechtszeit, wird lachen beim Erschallen von posaunenähnlichen Klängen, die den lang ersehnten Wechsel der Zeiten ankündigen.

Auch im äthiopischen Henoch (1. Jh.) wird dieses Ende als Erlösung herbeigesehnt: »Die Gerechten und Auserwählten stehen aus der Erde auf und hören auf, den Blick zu senken. Sie werden mit den Gewändern der Herrlichkeit bekleidet, und dies sind die Kleider des Lebens vom Herrn der Geister. Eure Gewänder werden nicht veralten und eure Herrlichkeit nicht vergehen vor dem Herrn der Geister.« (ÄthHen 62,15.16)

So ist die apokalyptische Rede vom Gericht und vom Ende ein Hoffnungsbild für diejenigen, die die Gegenwart als Unrechtssituation erleben. Das Festhalten an der Gerechtigkeit Gottes über den individuellen Tod hinaus bringt das apokalyptische Bild der Auferstehung der Toten hervor. Die Gerechtigkeit darf nicht zeitlich begrenzt werden, sie ist in jeder Zeit einzulösen, für sie gibt es keine Verjährung. Deshalb entläßt der Schoß der Erde seine Toten, bewahrt sie sicher bis zum Erschallen der Posaune.

Apokalyptik ist eine Art Widerstandsliteratur, die gegen das Verjähren und Vergessen, gegen das Akzeptieren von Unrecht und gegen jegliche menschengemachte Herrschaft protestiert.

Das Bild der kämpfenden Mächte

Doch betrachten wir jetzt das bereits erwähnte Bild der kämpfenden Mächte, das wir in 15,23-28 erkennen. Das Kampfesbild wird skizziert durch Ausdrücke wie vernichten (2x, V. 24.26), unterwerfen (6x, V. 27.28), Feind (2x, V. 25.26), unter die Füße legen (V. 25), Ordnung (*tagma*, militärische Abteilung im Heer, V. 23), Anführer (*aparche*, V. 23), das Ende (*to telos*, Ziel, Ende, Entscheidung, V. 24). Auch die erschallenden Posaunen können noch in diesen Kontext einbezogen werden (V. 52).

Wir kennen auch aus anderen apokalyptischen Texten das Bild der sich bekämpfenden Mächte, so z. B. aus Offb 20,7-10. Kritik an der militärischen Sprache ist aus pazifistischer wie feministischer Sicht vorgebracht worden, denn die apokalyptische Endschlacht wurde allzu oft von politischen wie religiösen Machthabern zur Stützung ihrer Interessen heraufbeschworen.

Doch finde ich es trotz dieser zum Teil berechtigten Einwände interessant, Paulus genau zuzuhören. Es geht ihm hier nämlich um das Aufheben jeglicher Herrschaft, ja des Herrschens überhaupt. Am Ende gibt Christus sogar das Unterwerfen auf, nicht, damit Gott allein herrsche, sondern damit Gott alles in allen (3. pers. dat. Pl.; 1 Kor 15,28) sei. So ist die Absicht des Paulus eine herrschaftskritische. Er weiß, um Gerechtigkeit muß gerungen werden. Die Herrschenden geben ihre Macht nicht gerne und schon gar nicht freiwillig ab. Die Rede von einem Gott, der in allen Menschen wohnt, einer transformativen Kraft, die in allen Frucht bringt, ist eine horizontale Vision. Paulus stellt sie in den Kontext der Zersplitterung der Gemeinde, wo die Wohlhabenden sich von den Ärmeren distanzieren wollen und eine gemeinsame Lebenspraxis aufgrund der Tora einigen Bedenken zu machen scheint.

Die Auferstehung der Entschlafenen muß in diesem Kontext gesehen werden. Die Toten, denen Unrecht geschah, stehen auf, um Gerechtigkeit einzufordern. Denn die Welt kann nicht neu werden, solange das vergangene Unrecht wie das gegenwärtige nicht aufgearbeitet wird. Die Toten treten in dieser Vorstellung für die Gerechtigkeit ein: »Deine Toten werden leben, werden auferstehen; aufwachen und jubeln werden die BewohnerInnen des Staubes ... Dann wird die Erde ihr Blut aufdecken und ihre Erschlagenen nicht mehr verbergen.« (Jes 26,19.21)

Indem er das dramatische Ringen skizziert, betont Paulus die kollektive Bedeutung des Aufstehens[1] und macht gleichzeitig deutlich, daß um die Vision gekämpft werden muß. Sie fällt nicht einfach vom Himmel. Wenn Paulus Christus als Anführer (1 Kor 15,23) in diesem Kampf bezeichnet, können wir uns ausmalen, wer zu diesem »Heer« gehört: Es ist das Heer der Armen, die wie Christus selbst von den Mächtigen zum Schweigen gebracht werden sollen. Das Heer der Mächtigen, voll aufgerüstet, stark und gewaltig, sieht Paulus im Krieg gegen das Heer der Armen, der Zerlumpten und schon Totgeglaubten. Dieser Krieg wird nicht erst am Ende der Tage stattfinden. Von einer hinausgeschobenen Zeit spricht Paulus nicht. Die Vorstellung eines »Endkampfes am Ende der Zeiten« ist genauso irreführend wie

1. Im Griechischen werden »aufstehen« und »auferstehen« nicht unterschieden. Aufstand, aufständisch, aufstehen, aufrichten, aufwachen, aufwecken (*anhisthemi, egeiro*) sind Dimensionen des »Aufstehens«. Allen ist die Richtung gemeinsam: vom Liegen, Am-Boden-sein, vom Niedergeschlagensein, Bedrücktsein, vom Hinuntergedrücktwerden – hinauf, aufrecht, auf den eigenen Füßen stehen. Diese Aufwärtsbewegung gehört existenziell dazu. Ob das Verb im Aktiv oder im Passiv steht, ist eine Frage der Perspektive. Aber sicher enthält es eine körperlich erfahrbare Bewegung.

die Vorstellung der »Parusieverzögerung«. Solche Vorstellungen basieren auf der Linearität der Zeit und einer Perspektive der (Wohl-)Habenden: Keine Angst, Gott kommt noch nicht, wir können weitermachen wie bisher ... Das ist nicht die Perspektive der Menschen, die jetzt an Entbehrungen leiden. Paulus betont, daß dieser Kampf jetzt (*nyni*, V. 20) stattfindet – irgendwo auf den zahlreichen Kriegsschauplätzen der Erde und überall, wo die Ausbeutung der »Anderen« in Kauf genommen wird. Oder überall, wo sie nicht länger hingenommen wird?

Das Bild vom Mutterschoß der Erde

Nun möchte ich etwas zum zweiten apokalyptischen Motiv sagen, das viel weniger bekannt ist als das Kampfbild, von dem Paulus aber auch spricht. Grundlegend für den Wechsel der Zeiten ist der Mutterschoß der Erde. Im Innern (Kammern, Höhlen, Gräber, Uterusvorstellungen) liegt ein Geheimnis, denn aus dem Erdinnern kommt alles Grün, aus ihm kommt das Leben, immer wieder, jedes Jahr neu. Das Erdinnere birgt eine Umwandlungskraft. Darum ist der Leib der Erde in vielen apokalyptischen Texten wichtig. Der Tod und das Leben sind mit dem Leib der Erde verknüpft. In einem Midrasch zu Psalm 1 spricht die Erde von sich:

Ich bin die Geliebte,
in deren Schatten alle Toten
der Welt verborgen sind.
Und wenn der Heilige,
gelobt sei er,
sie von mir verlangt,
so gebe ich ihm sein mir anvertrautes Gut
zurück und erblühe wie eine Lilie ...

Auch die Auferstehung Jesu ist auf diesem Hintergrund zu verstehen: Das geöffnete Grab symbolisiert den offenen Schoß der Erde. Jesus ruhte in ihr, bis Gott sein ihr anvertrautes Gut zurückforderte. Die Kammer war offen – die Erde hat sich geöffnet – der Tote wurde erweckt, er ist auferstanden! Dieses Hoffnungsbild ist im äthiopischen Henoch sehr deutlich:

In jenen Tagen gibt die Erde ihr Anvertrautes zurück,
ebenso die Unterwelt das Empfangene und die Hölle ihre Schuld ...
In jenen Tagen springen die Berge wie Widder

und hüpfen die Hügel wie Lämmer, mit Milch gesättigt,
und der Engel Angesicht im Himmel wird leuchten vor Freude.
Denn in jenen Tagen erhebt sich der Auserwählte,
und die Erde freut sich,
und die Gerechten wohnen auf ihr,
und die Auserwählten wandeln auf ihr.
(ÄthHen 51,1.4.5)

Auch im 4. Esrabuch (1. Jh.) gebiert die Erde die Entschlafenen neu: »Es gibt die Erde wieder, die darin schlafen, der Staub, die stille in ihm ruhen, die Kammern jene ihnen anvertrauten Seelen.« (4 Esra 7,32) In der Erde gibt es – wie im Schoß der Frauen – eine Kraft, die bewahrt, sowie eine Kraft, die heraustreibt, verwandelt in neues Leben. Diese Kraft hat der antike Arzt Claudius Galenus (129-199) als zurückhaltende Kraft (*dynamis kathektike*) und als austreibende Kraft (*dynamis apokritike*) des Uterus beschrieben. Diese Kraft wird eine »Umwandlung« (ÄthHen 50,1) herbeiführen, die Toten werden aus den Gräbern herausgetrieben, damit das Unrecht sichtbar wird – denn das ist die Voraussetzung für das Gericht, für das Realisieren von Gerechtigkeit.

In 1 Kor 15,36-49 können wir anhand der Wortwahl den Bezug zur Erde als Hintergrund der Ausführungen des Paulus erkennen: Säen (7x, V. 36.37.42.43.44), Korn (V. 37), Weizen (V. 37), Leib (8x, V. 37.38.40.44), Samen (V. 38), Fleisch (4x, V. 39), Mensch (V. 39), Tiere (V. 39), Vögel (V. 39), Fische (V. 39), diejenigen vom Himmel (5x, V. 40.47.49), diejenigen von der Erde (2x, V. 40), Sonne (V. 41), Mond (V. 41), Sterne (3x, V. 41), Erde (V. 47), irden (5x, V. 47.48.49), Himmel (V. 47). Die Häufigkeit der Wörter zeigt die Verdichtung der Vorstellung, die vom Säen ausgeht und vom unspezifischen Leib, der seine Form, seinen eigenen Ausdruck, im Laufe der Verwandlung, des Lebendiggemachtwerdens, findet.

Paulus skizziert mit diesen Worten die Schöpfung in ihrer Schönheit und Vielfalt: Die Blickrichtung beginnt beim kleinen Korn und dehnt sich über die Lebewesen aus bis hin zu Sonne, Mond und Sternen, schließt Himmel und Erde mit ein, den ganzen Kosmos. Die transformative Kraft der Erde wird vor allem durch Verben beschrieben: Mit säen beginnt alles, es folgen sterben (V. 36), lebendigmachen (V. 36.45), schlafen (V. 51), auferwecken/aufstehen (V. 42.43.44.52), verwandeln (V. 51.52), anziehen (V. 53.54).

Auch im Babylonischen Talmud finden wir diese Auferstehungshoffnung, die auf der Wahrnehmung der Verwandlungskraft beruht, die in der Erde ist: »Wenn das Weizenkorn, welches nackt begraben wird, mit vielen Gewändern bekleidet hervorkommt, um wieviel mehr die Frommen, die in ihren Kleidern begraben werden.« (Sanhedrin 91a) Genauso spricht Paulus vom nackten Korn (*gymnos kokkos*, V. 37), das ausgesät wird, und vom Anziehen (V. 53.54). Angezogen wird etwas qualitativ völlig Neues, etwas Unverwüstliches. Auch dieses apokalyptische Motiv müssen wir im Kontext des Briefes interpretieren. Paulus spricht in 3,6 vom Pflanzen (und Begießen) und nennt sich Gottes Mitarbeiter (in 3,10 vom Bauen und nennt sich Baumeister). In 15,36f. ist Säen das Leitmotiv. Pflanzen, Bauen, Säen ist Arbeit an der neuen Welt, an einem neuen Himmel und einer neuen Erde, in der Gott Wohnung nehmen und alles in allen sein kann. Paulus versteht das Evangelium so, daß es die Erde zum Blühen bringen kann, Gerechtigkeit soll keimen und Lebensfülle für alle erwachsen.

Paulus geht es um die Lebenspraxis der kleinen Gemeinschaft. Die Vision, die er der Gemeinde skizziert, ist geprägt von Herrschaftsfreiheit und dem Eintreten für Gerechtigkeit wie von der Gewißheit, daß Verwandlung möglich ist. Diese Auferstehungs-Erfahrung hat für Paulus mit dem Geheimnis des Lebens zu tun. So wie der Sämann Anteil hat an dem, was er sät – in der Ernte der Früchte –, so haben diejenigen, die an der neuen Welt arbeiten, Anteil am neuen Leben (9,7-11).

Es wird auferweckt in Kraft (*dynamis*, 15,43) – wer aufsteht, hat Teil an dieser Kraft, Neues zu schaffen, die Erde zum Blühen zu bringen, sich für Gerechtigkeit einzusetzen. »Qualitativ Unverwüstliches anziehen« (vgl. 15,53) ist eine Metapher für das Erfahren dieser Kraft am eigenen Leib. Wir kämpfen dann nicht mehr nach »Menschenweise« (15,32), sagt Paulus, sondern aus dieser Kraft heraus – mit anderer Perspektive und Ausstrahlung.

Die Arbeit am Reich Gottes, die er und seine FreundInnen (vgl. Röm 16,1-15; 1 Kor 16,15-19) verrichten, ist nicht »leer« (V. 58). Das gemeinsame Säen, Pflanzen, Bauen führt zu einer neuen Schöpfung, das herrschaftsfreie Organisieren der Gemeinschaft wird Frucht tragen. Denn im Inneren der Erde gibt es diese Umwandlungskraft, die sogar aus Toten Lebendige macht.

Literatur

Jürgen Ebach, »Apokalypse – Zum Ursprung einer Stimmung«, in: Einwürfe 2 (1985) 5-61.

Claudius Galenus, Natural Faculties, lib. III 183-184, transl. by A. J. Brock, London 1952.

Ivone Gebara, The Face of Transcendence as a Challenge to the Reading of the Bible in Latin America, in: E. Schüssler Fiorenza (ed.), Searching the Scriptures, Vol. 1, New York 1993, 172-186 (= 1993a).

Dies., Women and the Mystery of Life, in: M. Reuver; F. Solms; G. Huizer (eds.), The Ecumenical Movement Tomorrow. Suggestions for Approaches and Alternatives, Genf/Kampen 1993, 191-202 (= 1993b).

Tina Pippin, The Revelation to John, in: E. Schüssler Fiorenza (ed.), Searching the Scriptures, Vol. II, New York 1994, 109-130.

Luise Schottroff, Der erste Brief an die Gemeinde in Korinth. Wie Befreiung entsteht, in: L. Schottroff; M.-Th. Wacker (Hg.), Kompendium Feministische Bibelauslegung, Gütersloh 1998, 574-592.

August Strobel, Der erste Brief an die Korinther, Zürich 1989.

Luzia Sutter Rehmann, Geh - frage die Gebärerin! Feministisch-befreiungstheologische Untersuchung des Gebärmotivs in der Apokalyptik, Gütersloh 1995.

Dies., Vom Mut, genau hinzusehen. Feministisch-befreiungstheologische Interpretationen zur Apokalyptik, Luzern 1998.

Dies., Das vierte Esrabuch. Vom Ringen um neues Leben, von der sich erfüllenden Zeit und der Verwandlung der Erde, in: L. Schottroff; M.-Th. Wacker (Hg.), Kompendium Feministische Bibelauslegung, Gütersloh 1998, 450-458.

Gott, spürst du unsere Sehnsucht?

Brief an die Gemeinde in Rom 8,18-25

Claudia Janssen

18 Ich meine, daß die Leiden der gegenwärtigen Zeit nicht aufgewogen werden können gegen die Herrlichkeit, die an uns offenbar werden wird. 19 Denn die sehnsüchtige, ungeduldige Erwartung der Schöpfung richtet sich auf das Sichtbarwerden der Kinder Gottes. 20 Die Schöpfung ist der Nichtigkeit unterworfen, nicht durch ihren Willen, sondern durch den des Unterwerfers, aber auf Hoffnung hin, 21 daß auch die Schöpfung selbst befreit werde von der Versklavung durch die Vergänglichkeit zur Freiheit der Herrlichkeit der Kinder Gottes. 22 Wir wissen nämlich, daß die ganze Schöpfung mit uns stöhnt und mit uns in Geburtswehen liegt bis jetzt. 23 Aber nicht nur das, sondern auch die, die die Erstlingsgabe des Geistes haben, wir stöhnen aus tiefstem Innern, weil wir die Kindschaft ersehnen, die Erlösung/Befreiung unseres Körpers. 24 Denn auf Hoffnung hin sind wir gerettet. Aber Hoffnung, die man sieht, ist keine Hoffnung, denn hoffst du auf das, was man sehen kann? 25 Wir hoffen auf das, was wir nicht sehen, mit Widerstandskraft ersehnen wir es.

Die ungeduldige Erwartung richtet sich darauf, daß wir als Kinder Gottes sichtbar werden, die ganze Schöpfung sehnt sich nach Erlösung, nach Befreiung – das sind Sätze, die mich ansprechen, die auch meine eigenen Sehnsüchte und Hoffnungen berühren. Sie verbinden mich mit den Menschen, auf die Paulus hier eingeht. Ihre Stimmen klingen in meinen Ohren: »Sieht Gott, wie verwundet wir sind? Spürt er unsere Sehnsucht nach einem menschenwürdigen Leben? Wie sollen wir Kraft finden zum Weiterleben in einer Welt voller Gewalt, der wir ohnmächtig ausgeliefert sind?« Ich sehe den Tagelöhner, der seit Tagen auf dem Marktplatz steht und keine Arbeit findet, die Bauernfamilie, deren Felder verwüstet sind und die ihre Abgaben nicht zahlen können, die Eltern, die ihre Tochter auf dem Sklavenmarkt verkaufen müssen, weil sie hoffnungslos verschuldet sind: »Gott, wie lange noch? Wann zeigst du der ganzen Welt, daß wir deine Kinder sind?« Ich höre das Stöhnen der Weberin, die sich nachts nach ihrer Arbeit prostituieren muß, weil sie ihre Kinder sonst nicht ernähren kann, die Schreie der Frau, die von römischen Soldaten vergewaltigt wird: »Gott, fühlst du meinen Schmerz?« Sie sehnen sich nach Erlösung, nach einem Ende der römischen Herrschaft, nach Freiheit und Heilung.

Was antwortet Paulus darauf? Anders als es uns viele Auslegungen glauben machen wollen, vertröstet er die Menschen nicht mit allgemeinen philosophischen Abhandlungen über die Vergänglichkeit des Daseins und die Nichtigkeit der Existenz, der er die kommende Herrlichkeit gegenüberstellt. Er steht nicht abseits vom Leiden, er will es nicht relativieren, sondern nimmt es wahr, es prägt auch sein eigenes Leben. V. 18 wird in den meisten Bibeln folgendermaßen wiedergegeben: »Ich meine, daß die Leiden der gegenwärtigen Welt nichts bedeuten/nicht ins Gewicht fallen/nichts wert sind im Vergleich zur Herrlichkeit ...« Mit Jürgen Ebach (1988, 78f.) übersetze ich *ouk axia* anders: Das Leiden kann nicht aufgewogen werden, es kann nicht ausgespielt werden gegen die kommende Herrlichkeit, denn beide gehören zusammen. Und nicht nur die Menschen leiden, die ganze Schöpfung sehnt sich nach Erlösung, sie schreit zu Gott, daß die Kinder Gottes sichtbar werden (V. 19). Hier ist an kein »ängstliches Harren« (Luther) gedacht, sondern vielmehr an ein kraftvolles Beben, an eine umwälzende Bewegung, mit der sich die neue Schöpfung ihren Weg bahnt. In der apokalyptischen Vorstellung seiner jüdischen Tradition, deren Sprache Paulus hier spricht, ist dies ein sicheres Zeichen dafür, daß das Ende, das Gericht Gottes, nahe bevorsteht. Dann wird Gerechtigkeit aufgerichtet und die Endlichkeit, die Nichtigkeit der menschlichen Herrschaft sichtbar. Danach sehnen sich nicht nur die bedrängten Menschen, sondern die ganze Schöpfung, die wie eine Gebärende (V. 22) in den letzten (Preß-)Wehen liegt und vor Schmerzen schreit. Unsere gegenwärtigen Leiden sind Teil dieses Geburtsprozesses, sagt Paulus. Sie sind damit nicht gerechtfertigt, sie sollen auch nicht passiv erlitten werden, sie sind die Zeugnisse der Ungerechtigkeit dieser Welt. Aber ihr Ende ist gekommen. Die ganze Schöpfung stöhnt zusammen mit den leidenden Menschen, in ihr erklingen deren ungehörte Schreie. Ihr Stöhnen, ihre Schreie kündigen die Geburt an, das Anbrechen des Reiches Gottes.

Die gegenwärtige Welt ist der Nichtigkeit unterworfen, der Gottesferne, wie Luzia Sutter Rehmann (1995, 117) *mataiotes* in V. 20 übersetzt, sie vergeht (V. 21). Darin steckt für die Menschen, an die sich Paulus wendet, die Hoffnung auf Veränderung. Hinter seinen Worten steht eine ermutigende Botschaft: Die Herrschenden dieser Welt erklären euch als wertlos, sie behandeln euch wie Vieh, sie meinen, euch zu besitzen, sie schlagen und mißbrauchen euch, aber ihr wißt, daß ihre Macht begrenzt ist, daß sie ›nichtig‹ ist. In ihrem Handeln wird sichtbar, daß sie Gott nicht kennen wollen, und damit sprechen sie sich selbst ihr Urteil. Ihr aber seid wertvoll, weil ihr Gottes Kinder seid. Diesen Wert tragt ihr in euch, er gilt schon jetzt, auch wenn der volle Glanz erst in der kommenden Herrlichkeit allen sichtbar wird.

Durch den Geist Gottes, seine spürbare Gegenwart, die Erstlingsgabe (V. 23), wird die Sehnsucht auf Erlösung geweckt, auf ein Ende der Versklavung, auf die Freiheit als Kinder Gottes. Durch den Geist ist Gott nahe, er gibt die Kraft, die Gegenwart mit seinen Augen zu sehen. Weil Gott ihnen den Geist geschenkt hat, können die Menschen in der Gewißheit leben, daß ihre Hoffnungen einen Grund haben, auch wenn ihre Erfüllung noch nicht sichtbar ist (V. 24). Diese Hoffnung gibt den Mut zum Widerstand: »Wenn Gott für uns ist, wer ist dann gegen uns?« (V. 31) *Hypomone* in V. 25 meint nicht Geduld, Demut oder gar passives Abwarten, sondern bezeichnet die Kraft, die nötig ist, der Gewalt zu widerstehen, sich nicht kleinmachen zu lassen und immer wieder den Mut zu schöpfen, sich mit ihr nicht abzufinden: »Die Glaubenden erwarten das Reich Gottes, sie erwarten die Auferstehung der Toten und sie empfangen aus dieser Hoffnung Kraft, Widerstandskraft, Auferstehung schon jetzt. *Hypomone* ist die Macht der Auferstehung inmitten der Todesstrukturen ...« (Schottroff 1988, 108)

Diese Kraft brauchen wir heute nötiger denn je, Widerstandskraft gegen die lähmende Resignation angesichts von über 4 Millionen Arbeitslosen, gegen die Gewöhnung an die alltägliche Gewalt, gegen die Ohnmacht angesichts der immer weiter fortschreitenden Zerstörung unserer Umwelt. Dorothee Sölle (1996, 60f.) drückt dieses Angewiesensein auf Gottes Kraft und Beistand, diese Sehnsucht, die auch Röm 8 durchzieht, in einem Gebet aus:

Gott, deine Geistin erneuert das Gesicht der Erde.
Erneuere auch unser Herz
und gib uns deinen Geist der Klarheit und des Mutes!
Denn das Gesetz des Geistes,
der uns lebendig macht in Christus,
hat uns befreit von dem Gesetz der Resignation.
Lehre uns
wie wir mit der Kraft des Windes und der Sonne
leben und andere Geschöpfe leben lassen.
Lehre uns
die Kraft der kleinen Leute zu spüren
und keine Angst mehr zu haben,
wenn wir widersprechen und widerhandeln
dem Luxus auf Kosten aller anderen Geschöpfe.
Lehre uns
die immer größere Freude
beim Lebendigwerden in deiner lebendigen Welt,
weil wir unser Ende nicht fürchten.

Gott, deine Geistin erneuert das Gesicht der Erde.
Erneuere auch unser Herz

und laß uns wieder miteinander leben.
Lehr uns zu teilen statt zu resignieren,
das Wasser und die Luft,
die Energie und die Vorräte.
Zeig uns, daß die Erde dir gehört und darum schön ist.

Dorothee Sölle

(aus: D. Sölle; L. Schottroff: Den Himmel erden. Eine ökofeministische Annäherung an die Bibel, München 1996)

Literatur

Jürgen Ebach, »Wir wissen ja, daß die ganze Schöpfung seufzt und insgesamt in den Wehen liegt bis jetzt.« Exegese zu Röm 8,18-23(24-25), in: W. Brinkel; A. Meyer (Hg.), Suche Frieden und jage ihm nach. Predigthilfen und Texte zum Volkstrauertag/Friedenssonntag, Berlin 1988, 75-87.

Christine Schaumberger; Luise Schottroff, Schuld und Macht. Studien zu einer feministischen Befreiungstheologie, München 1988.

Dorothee Sölle; Luise Schottroff, Den Himmel erden. Eine ökofeministische Annäherung an die Bibel, München 1996.

Luzia Sutter Rehmann, Geh – frage die Gebärerin. Feministisch-befreiungstheologische Untersuchungen zum Gebärmotiv in der Apokalyptik, Gütersloh 1995.

Evangelium, Gemeinde und Konflikte

Wie lese ich die Briefe des Paulus?

Luise Schottroff

Paulus hat bei vielen kritisch denkenden Frauen (und Männern) keinen guten Ruf: Allzu gegenwärtig ist in unseren Kirchen und theologischen Fakultäten die Wirkungsgeschichte seiner autoritären frauenfeindlichen Äußerungen. Auch seine Verurteilungen der Homosexualität werden immer wieder dann aus der exegetischen Schublade gezogen, wenn es darum geht, gleichgeschlechtlichen Lebensgemeinschaften den kirchlichen Segen vorzuenthalten. Die Flut dogmatischer Lehrsätze, mit denen in vielen exegetischen Abhandlungen und Predigten paulinische Theologie vermittelt wird, scheint jeden Versuch im Keime zu ersticken, noch etwas Befreiendes darin zu entdecken. Lohnt es sich überhaupt noch, seine Schriften einer kritischen Neu-Lektüre zu unterziehen?

Paulus – autoritärer Apostel oder einer unter vielen?

Das traditionelle Konzept christlicher Exegese für die Beziehung des Paulus zu den christlichen Gemeinden seiner Zeit läßt sich am besten über die Deutung des Apostelamtes erfassen. Rudolf Bultmann versteht das Apostelamt als – nach Meinung des Paulus, mit dem er sich implizit identifiziert – das höchststehende Amt (unter Berufung auf 1 Kor 12,28; vgl. Bultmann 1954, 157). Die Träger des Apostelamtes haben den von ihnen gegründeten Gemeinden gegenüber den Anspruch, zwischen Glauben und Irrglauben zu unterscheiden. Sie beanspruchen und haben also eine Lehrautorität und die Autorität, in den Gemeinden für Ordnung zu sorgen (vgl. Bultmann 1954, 452). Ernst Käsemann versteht die christlichen Gemeinden demgegenüber als demokratisch organisiert. Alle Glieder der Gemeinde sind Laien und als solche Priester und Amtsträger. Der Apostel unterscheidet sich nicht grundsätzlich von allen anderen. Er ist nur herausgehobener Repräsentant des allgemeinen Priestertums (vgl. Käsemann 1964, 248). Erst allmählich und im Widerspruch zu dieser demokratischen Gemeindeorganisation entstehen Hierarchien im frühen Christentum (»Frühkatholizismus«). Wenn Paulus nach Käsemann in den Gemeinden für Ordnung sorgt und den EnthusiastInnen das Handwerk legt, dann nicht auf der Grundlage eines besonderen Amtes, sondern auf der Grundlage des allgemeinen Priestertums.

Trotz des Gegensatzes in beider Deutung des Apostolats sind implizit für sie folgende Voraussetzungen selbstverständlich: Der Apostel ist systematischer Theologe, er ist Identifikationsfigur für den Interpreten und den protestantischen Pfarrer, er ist männlichen Geschlechtes und hat gegenüber seinen Gegnern immer recht. Antoinette Wire hat die traditionellen Konzepte des Verhältnisses von Paulus zur Gemeinde auf den Kopf gestellt. Ihr Ziel ist es, die paulinische Rhetorik als Herrschaftsinstrument zu erkennen (vgl. 1994, 159). Paulus erscheint als ein Redner und Schreiber, der mit rhetorischen Mitteln überzeugen und seine Meinung gegen Konkurrenten und gegen die Gemeinde durchsetzen will. Von ihr wird Paulus gerade nicht mehr unter der Voraussetzung gelesen, daß er immer recht hat (Wire 1990, 10): In ihrer Analyse der paulinischen Rhetorik kritisiert sie ihn als nicht in allen Fällen überzeugend, unterdrückerisch, konkurrenzorientiert und süchtig danach, Macht auszuüben. Die »Gegner«, d.h. die ihm widerstehenden Gruppen in der Gemeinde, erscheinen demgegenüber als TrägerInnen göttlicher Weisheit und Prophetie, die durch den Glauben jetzt schon Freude und Auferstehung erleben. Paulus hingegen verlange von anderen, besonders von Frauen, Selbstverleugnung, Verzicht, Demut und Verlagerung der Auferstehung ins Jenseits, weil er selbst einen Statusverlust durch seinen christlichen Glauben erlitt.

Ich möchte diesen Modellen ein anderes an die Seite stellen und ihren inneren Zusammenhang und ihre Unterschiede bedenken. Mein Ausgangspunkt ist die sozialgeschichtliche Frage: Wie verstehe ich die frühchristlichen Gemeinden in ihrer inneren sozialen Struktur und ihrer Einbindung in die Gesellschaft? Als Vergleichsgröße sehe ich die jüdischen Diasporagemeinden an, die um diese Zeit überall im Römischen Reich anzutreffen sind. In Analogie zu ihnen bilden sich die frühchristlichen Gemeinden. Während des 1. Jahrhunderts erleben christliche wie jüdische Gemeinden gesellschaftliche und politische Verfolgung, weil sie – vor allem wegen des Messianismus – als politisch gefährlich gelten. Ihre dezidierte Lebensweise nach der Tora (die ich auch für christliche Gemeinden gegeben sehe) ist einerseits für Menschen aus den Völkern attraktiv, andererseits werden diese so anders lebenden Menschen von starken gesellschaftlichen Kräften in den Städten beargwöhnt, denunziert und oft auch angeklagt oder vertrieben.

Die innere Struktur der christlichen Gemeinden läßt sich an vielen übereinstimmenden Selbstaussagen erkennen. Die Menschen verstehen ihre Beziehung untereinander als die von Schwestern und Brüdern, die den gleichen Vater und die gleiche Mutter haben: Gott. Ihre Familienbeziehung soll bewußt herrschaftsfrei bleiben und unterscheidet sich darin von der gesellschaftlich vorgegebenen patriarchalen Familie und der Gesellschaft (s. nur Mk 10,42-45par). Paulus versucht die Beziehungsstruktur, die in allen Beziehungen präsent sein sollte, als *agape* zu beschreiben, die eine Hierarchie der Charismen ausschließt (1 Kor 13). Oft sind die frühchristlichen Versuche einer herrschaftsfreien Beziehungsstruktur nur unter Konflikten möglich gewesen oder gar mißlungen. Paulus scheint nicht der einzige gewesen zu sein, der Gottes Welt als Ende aller Herrschaft versteht (1 Kor 15,28), aber zugleich die Herrschaft von Männern über Frauen als Naturgesetz, das unveränderbarer Ausdruck des Schöpferwillens Gottes ist (1 Kor 11,2-16). Ich verstehe die innere Gemeindestruktur als unvollkommenes Experiment mit herrschaftsfreien Strukturen, aber nicht als heile urchristliche Welt.

Will ich die Beziehung des Paulus zu Gemeinden erfassen, kann ich deshalb nicht von einem Denkmodell ausgehen, das ihn als Einzelnen im Gegenüber zur Gemeinde versteht. Dann wäre – und so geschieht es in der traditionellen Auslegung – Paulus ein Sonderfall, Träger eines Amtes, für das es in dieser frühen Zeit keine Analogie gibt (erst in der späteren Bischofshierarchie ab Mitte des 2. Jahrhunderts). Wenn in der traditionellen Exegese von Aposteln im Plural gesprochen wird, so wird doch dabei immer an Paulus und seine einzigartig hervorgehobene Rolle gedacht. Ich muß jedoch davon ausgehen, daß die paulinischen Briefe Meinungsäußerungen eines Mitgliedes einer Gemeinde sind, die weder seinem Selbstanspruch nach noch den Erwartungen anderer Gemeindeglieder nach etwas anderes sind als Meinungsäußerungen anderer Gemeindeglieder. Peter Tomson (1990) ordnet paulinische Meinungsäußerungen deshalb inhaltlich und in ihrer Struktur in die rabbinische Halachadiskussion ein. Das heißt: Paulus versteht sich als Lehrer der Tora, dessen Meinung zu praktischen Fragen nicht allein steht und der nicht über eine Sonderautorität verfügt. Jeder andere Lehrer der Tora und auch jede andere Lehrerin der Tora kann möglicherweise mit derselben Autorität eine andere Meinung vertreten. Seine Positionen in der Frage der Beschneidung oder der Frage, ob Frauen Gottes Ebenbild seien (dazu Boyarin 1995) sind zweifellos Extrempositionen innerhalb der jüdischen Diskussion seiner Zeit, haben aber dennoch dort ihren Sitz im Leben.

Erst durch die westliche systematisch-theologische Hermeneutik ist das Bewußtsein für die halachische Struktur paulinischer Briefe und ihren jüdischen Sitz im Leben verlorengegangen. Und erst durch spätere hierarchische Kirchenämter ist die paulinische Autorität zur Autorität mit Absolutheitsanspruch geworden und das Bild von Paulus und seinen »Gegnern« entstanden. Die Vorstellung, daß er immer recht hat, war weder die des Paulus selbst noch die seiner AdressatInnen. Er kämpft, er argumentiert und er wendet alle ihm zur Verfügung stehenden rhetorischen Mittel an, weil er sehr wohl um die Begrenztheit seiner Autorität weiß.

Deswegen verstehe ich die paulinischen Briefe als Momentaufnahme in einem vielstimmigen Diskussionsprozeß um die Auslegung der Tora im eigenen Leben. Die paulinischen Briefe sind zu weiten Teilen kollektive Dokumente, in denen auch die Stimmen vieler Frauen und Männer aus den Gemeinden zu hören sind (vgl. auch Tamez 1998, 53, die Paulus als »kollektives Subjekt« bezeichnet). Paulus hat in seinen Schriften die Hoffnungssprache überliefert, die für viele jüdische und christliche Menschen seiner Zeit Mittel zum Leben war. Mit einem solchen Konzept der Beziehung von Paulus zu den Gemeinden wird es zur feministischen Aufgabe, nicht nur nach der Geschichte der Frauen zu suchen, sondern auch die Paulustexte selbst neu und anders zu lesen als die traditionelle Exegese.

Paulus der Jude

Die Verknüpfung des Frauenthemas mit dem Antijudaismus in der traditionellen und feministischen Paulusdeutung ist von Marlene Crüsemann und Daniel Boyarin vorbildlich analysiert worden. Die Struktur der antijudaistischen Diskussion basiert darauf, daß das rabbinische Judentum als monolithischer Block frauenunterdrückender Lehre und Schriftauslegung angesehen wird. Paulinische Texte werden dann entweder mit ihrem jüdischen Hintergrund entschuldigt (als Jude wußte Paulus es nicht besser) oder formal projüdisch gerechtfertigt (feministische Versuche, eine Frauenbefreiung im frühen Christentum zu suchen, sind wissenschaftlich unseriös, da Paulus jüdisch denkt). Bei allen diesen Argumentationsmustern wird jeweils mit einigen oder manchmal nur einem Zitat aus dem rabbinischen Schrifttum gearbeitet. Es wird nicht nach dem Kontext des Zitates gefragt oder gar ohne Beleg eine jüdisch-rabbinische Position behauptet (z. B. es sei jüdische Auslegung von Gen 1,27, wenn Paulus Gottebenbildlichkeit nur für den Mann annimmt, vgl. Boyarin 1995, 4). In dieser Frage ist deshalb ein gründliches Studium rabbinischer Quellen und ihrer Bearbeitung durch jüdische Wissenschaftler unerläßlich. Daneben muß das frühe Christentum aber auch im Kontext der römisch-hellenistischen Welt und der Alten Kirche gesehen werden.

Sexualität

Für eine feministische Pauluslektüre ist die Vorstellung grundlegend, die die InterpretInnen sich von der Bedeutung von Sexualität bei Paulus machen. Unsere westliche christliche Tradition ist in ihren Grundstrukturen sexualitätsfeindlich und hielt (hält?) Sexualitätsunterdrückung für das Zeichen einer gelungenen christlichen Identität. Diese Vorstellung wird in der traditionellen Exegese auf Paulus übertragen: Die christliche Ehe ist gut und die

Norm für menschliches Zusammenleben. Noch besser sei sexuelle Askese, die natürlich einen besonderen Ausnahmeweg darstelle, von der sich aber dennoch die Negativwertung von Sexualität ableitet. Auch wenn die Ehe als gesellschaftliches Leitbild gilt, bleibt präsent, daß sie kein Ort sexueller Freude ist, sondern der Kontrolle und Unterdrückung von Sexualität dienen soll. Mit diesem Konzept gelesen erscheinen die Frauen in Korinth, die Ehen verlassen wollen, in einer Ehe auf Sexualität verzichten wollen oder als Verlobte eine Ehe ablehnen wie Thekla als Heldinnen des Verzichts, die Sexualität als schmutzig und gefährlich ablehnen. Auch wenn die christlichen Jungfrauen in der feministischen Geschichtsschreibung als autonome Frauen erscheinen, bleibt oft das negative christliche Bild von Sexualität erhalten. Die Frauen gewinnen durch sexuelle Askese Freiheit von der patriarchalen Ehe und ihren Zwängen. Es ist also das Konzept von Sexualität, mit dem ich diese Traditionen lese, zu befragen. Zweifellos wissen wir sehr wenig über die sexuelle Praxis ehefrei lebender Frauen, was wir aber wissen ist die deutliche theologische Positivbewertung der Körper, auch der Frauenkörper. Hierfür läßt sich nicht nur die Pauluspredigt des Legendenpaulus in den Theklaakten anführen, sondern auch der historische Paulus: Die Leiber sind Tempel Gottes, Wohnort Gottes. Die Auferstehung verwandelt den Leib, aber Auferstandene sind Leiber in ihrer sozialen und personalen Identität (1 Kor 15). Auf diesem Hintergrund gerät das traditionelle christliche Negativkonzept von Sexualität, ob es nun begrüßt oder abgelehnt wird, ins Wanken. Es ist deshalb eine wichtige Aufgabe für eine befreiungstheologische Neu-Lektüre der paulinischen Schriften, die frühchristliche Geschichte der Bejahung von Sexualität und Freude an ihr als gottgegebene schöpferische Kraft wiederzuentdecken.

Literatur

Daniel Boyarin, Paul, the Law, and Jewish Women, paper delivered at Society for Biblical Literature meeting on November 19, 1995 at Philadelphia, PA.

Rudolf Bultmann, Theologie des Neuen Testaments, 2. Aufl. Tübingen 1954.

Marlene Crüsemann, Unrettbar frauenfeindlich: Der Kampf um das Wort von Frauen in 1 Kor 14,(33b)34-35 im Spiegel antijudaistischer Elemente der Auslegung, in: L. Schottroff; M.-Th. Wacker (Hg.), Von der Wurzel getragen. Christlich-feministische Exegese in Auseinandersetzung mit Antijudaismus, Leiden 1996, 199-223.

Ernst Käsemann, Exegetische Versuche und Besinnungen, Bd. 2, Göttingen 1964.

Elsa Tamez, Gegen die Verurteilung zum Tod. Paulus oder die Rechtfertigung durch den Glauben aus der Perspektive der Unterdrückten und Ausgeschlossenen, Luzern 1998.

Peter J. Tomson, Paul and the Jewish Law: Halakha in the Letters of the Apostle to the Gentiles, Assen/Mastricht/Minneapolis 1990.

Antoinette Clark Wire, The Corinthian Women Prophets. A Reconstruction through Paul's Rhetoric, Minneapolis 1990.

Was dem Frieden dient
Zum Umgang mit unlösbaren Konflikten in der Gemeinde
Brief an die Gemeinde in Rom 14,1-23

Annette Merz

1 Den Schwachen im Glauben nehmt an, ohne es zum Streit über verschiedene
Ansichten kommen zu lassen. 2 Der eine glaubt (und folgert daraus, er dürfe)
alles essen, der Schwache aber ißt (nur) Gemüse. 3 Wer (bedenkenlos alles, auch
Fleisch) ißt, verachte den nicht, der nicht ißt, wer aber nicht ißt, verurteile den
nicht, der ißt. Denn Gott hat ihn angenommen. 4 Wer bist du, daß du einen
fremden Diener richtest? Dem eigenen Herrn steht oder fällt er, er wird aber
stehenbleiben, sein Herr kann ihn nämlich aufrecht halten. 5 Der eine bewertet
manchen Tag höher als den andern, der andere aber bewertet alle Tage gleich.
Jeder sei von seiner eigenen Auffassung voll überzeugt. 6 Wer auf den Tag ach-
tet, achtet ihn für den Herrn und wer ißt, ißt für den Herrn, denn er dankt Gott.
Wer aber nicht ißt – für den Herrn ißt er nicht und dankt Gott.
7 Niemand von uns lebt nämlich für sich selber und niemand stirbt für sich
selber. 8 Denn wenn wir leben, leben wir für den Herrn, wenn wir sterben,
sterben wir für den Herrn. Ob wir also leben oder sterben, wir sind des Herrn.
9 Dazu nämlich ist Christus gestorben und wieder zum Leben gekommen, daß er
über Tote und Lebende Herr sei.
10 Du aber – was richtest du deinen Bruder oder deine Schwester? Oder auch du
– was verachtest du deine Schwester oder deinen Bruder? Wir werden doch alle
vor den Richterstuhl Gottes gestellt werden. 11 Denn es steht geschrieben: So
wahr ich lebe, spricht der Herr, mir wird sich jedes Knie beugen und jede Zunge
wird Gott bekennen. 12 Folglich wird jede und jeder von uns für sich selbst Gott
Rede und Antwort stehen.
13 Daher wollen wir uns nicht mehr gegenseitig richten. Richtet vielmehr euer
kritisches Potential darauf aus, dem Bruder oder der Schwester keine Gelegen-
heit zu geben, Anstoß zu nehmen oder zu Fall zu kommen. 14 Ich weiß und bin
gewiß im Herrn Jesus, daß nichts unrein ist in sich selbst, außer für den, der es
für unrein hält, für den ist es unrein. 15 Wenn nämlich durch Speise dein
Bruder oder deine Schwester betrübt wird, wandelst du nicht mehr der Liebe
gemäß. Bring nicht durch deine Speise den ins Verderben, für den Christus ge-
storben ist. 16 Es soll doch euer Gutes nicht verlästert werden. 17 Denn das
Reich Gottes besteht nicht in Essen und Trinken, sondern in Gerechtigkeit und
Frieden und Freude im heiligen Geist. 18 Wer darin Christus dient, ist Gott
wohlgefällig und bewährt unter den Menschen. 19 Darum laßt uns das verfol-
gen, was zum Frieden führt und zur gegenseitigen Auferbauung. 20 Reiß nicht
wegen einer Speise das (Bau-)Werk Gottes nieder. Zwar ist alles rein, aber schlecht
(ergeht es) dem Menschen, der ißt, obwohl er daran Anstoß nimmt. 21 Gut ist es,
kein Fleisch zu essen und keinen Wein zu trinken und nichts (zu tun), woran
dein Bruder oder deine Schwester Anstoß nimmt. 22 Habe den Glauben, den du
hast, bei dir selbst und vor Gott. Selig ist, wer sich selbst nicht verurteilen muß
in dem, was (zu tun) er sich entscheidet. 23 Wer aber zweifelt, wenn er ißt, ist

verurteilt, denn es geschieht nicht aus Glauben. Alles aber, was nicht aus Glauben geschieht, ist Sünde.

Mit Röm 14,1-15,23 bezieht Paulus zu einem aktuellen Konflikt in der römischen Gemeinde Stellung. In der Perikopenordnung wird der Text in drei Teile geteilt und damit auseinandergerissen. Um den Konflikt und die paulinische Stellungnahme angemessen beurteilen zu können, muß man jedoch die Streitfrage als ganze, die Motive der streitenden Parteien und die kirchen- und gesellschaftspolitische Großwetterlage in die Untersuchung einbeziehen.

Die kirchen- und gesellschaftspolitische Großwetterlage

Als Paulus den Römerbrief verfaßt, haben sowohl er selbst als auch die römische Gemeinde Erfahrungen mit Konflikten, die eskaliert waren, hinter sich. Die römische Gemeinde hatte einige Jahre zuvor erlebt, wie sich Streitigkeiten innerhalb der jüdischen Muttergemeinde zu einem Konflikt auswuchsen, der die Obrigkeit auf den Plan rief und zur Ausweisung eines Teils der römischen Juden durch das sogenannte Claudiusedikt führte. Da zu den damals Ausgewiesenen Priszilla und Aquila gehörten (Apg 18,2) und der römische Historiker Sueton berichtet, Anlaß des Streits sei ein gewisser »Chrestus« gewesen (Claud. 25,4), geht man meist davon aus, daß es Aktivitäten christlicher MissionarInnen waren, die zu Auseinandersetzungen geführt hatten, die außer Kontrolle gerieten.

Paulus seinerseits hatte erleben müssen, wie sein missionarisches Wirken unter den Heiden zu heftigen Konflikten mit jüdischen Christusgläubigen führte, die gegen die zentrale Aussage des paulinischen Evangeliums an der Geltung der rituellen Vorschriften der Tora (einschließlich der Beschneidung: Gal 5,2) für die HeidenchristInnen festhalten wollten oder von ihnen doch wenigstens eine partielle Anpassung an jüdische Reinheitsvorschriften erwarteten, wie Enthaltung von Götzenopferfleisch oder ungeschächtetem Fleisch (vgl. Apg 15,28f.). In Antiochien hatte die Frage der Tischgemeinschaft zum Abbruch der Beziehungen zwischen Petrus/Barnabas und Paulus geführt, in Galatien war der Konflikt an der Beschneidungsfrage eskaliert, in Korinth daran, daß einige ChristInnen weiter Götzenopferfleisch aßen (1 Kor 8-10). Als Paulus den Römerbrief schrieb, war die weltweite Einheit der Kirche aus HeidInnen und Jüdinnen/Juden keineswegs gesichert, wie Röm 15,25-32 zeigt. Mit dem Brief nimmt Paulus Kontakt zu einer ihm bisher nicht bekannten Gemeinde auf. Er muß damit rechnen, daß Nachrichten über die durch seine Mission hervorgerufenen Konflikte dort bekannt sind. Selbst als Hitzkopf und Unruhestifter verschrien, präsentiert er seine Ansichten einer Gemeinde, die es sich nicht leisten kann, als Unruheherd aufzufallen, und die doch ein gravierendes Problem hat, welches das Zusammenleben von ChristInnen verschiedener kultureller und religiöser Vorprägung massiv belastet.

Der Streitfall: Unvereinbare Positionen

Paulus findet eine festgefahrene Situation vor: Betroffen waren Aspekte alltäglichen Verhaltens, die Standpunkte waren klar definiert, theologisch begründet und miteinander unvereinbar.

Ein kleiner Teil der Gemeindeglieder hielt bestimmte Feiertage, aß kein Fleisch und trank keinen Wein. Über die Motive dieser Position läßt Paulus nur verlauten, daß die Betreffenden manche Tage »für den Herrn« hielten (14,5) und die abgelehnten Speisen aus Furcht vor Verunreinigung mieden (14,14.20f.). Wahrscheinlich handelte es sich um jüdische Sabbat-/Feiertagsobservanz und beim Fleisch- und Weinverzicht um eine im Diasporajudentum bezeugte Praxis, mit der sichergestellt werden sollte, daß Jüdinnen und Juden sich nicht mit Lebensmitteln verunreinigten, die nicht der Tora gemäß hergestellt waren (ungeschächtetes Fleisch) oder sogar direkt mit heidnischen Zeremonien in Berührung gekommen waren (Libationswein; Götzenopferfleisch). Wer so lebte – und das konnten auch im Umfeld der Synagoge beheimatete HeidInnen, sog. Gottesfürchtige, sein – sah in seinem Verhalten einen notwendigen Ausdruck der konsequenten Verehrung des einen Gottes, der Achtung seiner heiligen Tora und der Abkehr von allen anderen Göttern.

Die andere, in Rom mehrheitlich vertretene Fraktion, der sich Paulus selbst zurechnet, hielt es umgekehrt geradezu für ein Zeichen des Glaubens an Christus, alles zu essen und alle Tage gleich zu achten (14,2.5), d. h. nicht mehr an die jüdischen Reinheits- und Feiertagsgebote gebunden zu sein: »Ich weiß und bin gewiß in dem Herrn Jesus, daß nichts in sich selbst unrein ist.« (14,14; vgl. Mk 7,15) Wer so lebte – und das konnten, siehe Paulus, auch Jüdinnen/Juden sein – hielt die Ungebundenheit in rituellen Fragen für einen Ausdruck der Gewißheit, ohne alle Werke des Gesetzes nur durch den Glauben an Christus vor Gott gerechtfertigt zu werden.

Für beide Seiten stand mit dem jeweiligen Verhalten die eigene Glaubensidentität zur Disposition. Heute analoge Problemlagen sind deshalb Konflikte, denen von beiden Seiten theologische Relevanz zuerkannt wird. Etwa die Frage nach der Anerkennung von lesbischen/schwulen Partnerschaften in der Gemeinde: Wo die einen einen Verstoß gegen das Gebot Gottes sehen, reklamieren die anderen, daß auch Homosexualität eine gottgegebene Form der Sexualität ist und wie jede Form der Sexualität ethisch verantwortlich gestaltet werden muß. Oder die Frage nach dem politischen Wächteramt der Kirche: Wo die einen etwa beim Kirchenasyl von Gott nicht gewollte Einmischung in staatliche Hoheit beklagen, sehen die anderen sich vom Evangelium her genötigt, gegen Unrecht einzuschreiten.

Der paulinische Vorschlag zum Umgang mit dem Konflikt

Eine schnelle Lösung hält Paulus für unerreichbar; was er bietet, sind Vorschläge zum Konfliktmanagement. Er empfiehlt, auf die Durchsetzung des eigenen Standpunkts bei der Gegenseite zu verzichten, alle Versuche der »Bekehrung« einzustellen, wozu auch gehört, aussichtslose Diskussionen zu vermeiden (14,1). Jeder soll »von der eigenen Ansicht vollkommen überzeugt sein« (14,5) und soll sie vor Gott weiterhin haben (14,22). Aber ein Urteil über die Vertreter der anderen Seite soll aus dieser Gewißheit nicht folgen (14,3f.10.13a). Stattdessen soll nach V. 13b die ganze Energie, die von den streitenden Parteien bisher aufgebracht wurde, um das Verhalten der jeweils anderen als gesetzwidrig zu verurteilen oder es, da der Freiheit in Christus nicht angemessen, als verachtenswert zu erweisen, nunmehr aufgewendet werden, um Verhaltensweisen einzuüben, die für die Gegenseite nicht anstößig sind und sie nicht nötigen, gegen die eigenen Prinzipien zu verstoßen und damit schuldig zu werden. Was das konkret bedeutet, wird allerdings, der Perspektive und Argumentationsrichtung des Paulus entsprechend, nur für die Seite derjenigen ausgeführt, die sich bisher demonstrativ nicht an Speiseregeln gehalten haben (14,14ff.). Ihnen wird vor Augen gestellt, daß sie ihre MitchristInnen betrüben, ja ihr ewiges Heil gefährden, da sie sie in Versuchung führen, gegen ihr Gewissen zu handeln (14,14f.20.23). Solches Verhalten soll ersetzt werden durch eines, das an der Liebe, am Frieden und der Auferbauung der Gemeinde orientiert ist (14,15.16-19) – und das heißt für Paulus konkret: mindestens im Beisein anders Eingestellter auf das anstößige Verhalten zu verzichten.

Gegen diese besonders in 14,13.17-19 auf den Punkt gebrachte Strategie läßt sich eine Menge einwenden. Kann man in Fragen von zentraler Bedeutung für die christliche Identität die Wahrheitsfrage auf Dauer suspendieren? Führt das nicht mit Notwendigkeit zu theologischer oder ethischer Indifferenz? Führt eine Orientierung am Frieden und der Auferbauung der Gemeinde bei Fortbestehen der Streitfragen nicht notwendig zu einem faulen Frieden? Lehrt nicht gruppendynamische Erfahrung, daß Störungen Vorrang genießen sollten, weil sonst die Gruppe auf Dauer lahmgelegt wird? Wer –

wie es besonders oft Frauen widerfährt – sein Leben lang gedrängt wurde, Anstoß zu vermeiden und auf die Durchsetzung eigener Überzeugungen und Interessen zu verzichten, mag aus bitterer Erfahrung fragen, ob dies nicht eine Strategie ist, die zu einer »Tyrannei« der nur so genannten Schwachen führt und von der nachgebenden Partei auf Dauer mit dem Verlust der eigenen Überzeugung und schließlich der Selbstachtung bezahlt wird. Kurz zusammengefaßt: wenn man Auferbauung der Gemeinde so betreibt, wie Paulus es hier vorschlägt, baut man dann nicht mit morschem Gebälk? Ich denke, diese Befürchtungen sind vor allem dann berechtigt, wenn man die im Hintergrund stehende theologische Grundlegung des Paulus ignoriert.

Die theologische Begründung für das Aushalten unvereinbarer Standpunkte

Röm 14,7-9 wie auch die vorangehenden Verse begründen, warum die römischen Christen nach Paulus verpflichtet sind, das Nebeneinander eigentlich unvereinbarer Lebensweisen auszuhalten: sie gründen in beiden Fällen in der Christusbeziehung der Gläubigen, die sie im Leben und darüber hinaus total bestimmt und bestimmen muß. »Für den Herrn« muß jeder so leben, wie er oder sie es vor dem eigenen Gewissen für richtig hält. Die Bindung der VegetarierInnen an ihren Herrn wird von Paulus ohne jeden Vorbehalt anerkannt. Ihre christliche Identität, die sich von der seinen so stark unterscheidet, wird nicht in Zweifel gezogen. Daher sind die paulinischen Aufforderungen zur Selbstzurücknahme mißverstanden, wenn man hier die Forderung nach Verleugnung des eigenen Standpunktes und Schwächung der eigenen christlichen Identität ausgesprochen sieht. 14,13b ist denjenigen gesagt, die in Gefahr stehen, ihren Standpunkt anderen als einzig richtigen aufzudrängen. Paulus macht sich in 14,13bff.20-23 gerade zum Anwalt derer, deren theologische Identität angefochten ist, und stärkt sie, obwohl er ihre theologische Begründung für »schwach« hält.

Was dem Frieden dient (14,19.17), ist also zunächst, daß die Konfliktparteien sich gegenseitig als dem Herrn zugehörige ChristInnen anerkennen. Das setzt voraus, daß ihre jeweilige christliche Identität eine solche ist, die nicht die Bekehrung der anderen braucht, um ihrer selbst gewiß zu sein. Vielmehr ist allen Gemeindegliedern die Erkenntnis zuzumuten, daß jeder Christ und jede Christin ein unmittelbares Verhältnis zu Gott in Christus hat und in diesem Verhältnis das Gewissen, der Überzeugungsrahmen, innerhalb dessen jemand sein Verhalten vor Gott bzw. Christus bewertet, die von allen anzuerkennende Größe ist.

Diese Grundhaltung des Paulus gilt es m. E. in heutigen Konfliktfeldern wiederzuentdecken. Auf das Miteinander von homo- und heterosexuellen Christinnen und Christen in der Gemeinde bezogen hieße das: So sicher einige heute (im Herrn Jesus!) sind, daß keine Erscheinungsform der Sexualität in sich selber sündig ist, so sehr ist Homosexualität doch Sünde für die, die sie dafür halten (vgl. 14,14). Gewissenszwang kann in dieser Situation theoretisch von beiden Seiten ausgeübt werden: von dem, der lesbische und schwule ChristInnen von ihrem im Glauben verankerten Lebensentwurf abzubringen versucht, wie auch von dem, der moralischen Druck auf die ausübt, die sich von bestimmten Schriftpassagen her verpflichtet fühlen, Homosexualität abzulehnen. Wo allerdings die größere Gefahr liegt, tatsächlich menschliche Identität und Integrität zu verletzen, dürfte außer Frage stehen angesichts kirchenrechtlicher und gesellschaftlicher Rahmenbedingungen und Machtverhältnisse, die es homosexuellen Menschen vielfach erschweren, als die zu leben, die sie sind. Konkret drückt sich das von Paulus angemahnte Verhalten aus im Verzicht auf das Streiten, auf das Richten der (vermeintlichen) SünderInnen bzw. das Verachten der an äußeren Vorschriften hängenden (vermeintlich) in ihrem Glauben Schwachen. Daß damit keinesfalls einer Haltung des »anything goes« das Wort geredet wird, zeigen die Ausführungen des Paulus über das von Gott zu erwartende Gericht in 14,10-12: Jede/r wird ihr/sein Verhalten vor Gott begründen müssen. Jeder darf aber auch gewiß sein, daß sein Herr ihn »aufrecht halten« wird (14,4). Nicht an ein Gericht, das über ewiges Leben und ewigen Tod entscheidet, ist hier gedacht, sondern an eines, das menschliches Verhalten in das helle Licht von Gottes Gerechtigkeit stellt, wobei Versagen und Schwäche offenbar werden, um dann dem ewigen Vergessen anheimgegeben zu werden.

Kein Mensch hat nach Paulus das Recht, das Urteil Gottes bzw. Christi über seinen Mitmenschen vorwegzunehmen. Allerdings enthüllt Paulus ungewollt selber, wie schwer diese Überzeugung zu verwirklichen ist. Er hält sich selber nämlich nicht daran, wenn er von den Vertretern der Gegenseite als »den Schwachen im Glauben« spricht und von denjenigen, die derselben Ansicht sind wie er selber, als den »Starken, die die Schwachheit der Kraftlosen« ertragen müssen (14,1f.; 15,1). Zwar knüpft Paulus hier wohl an einen bereits selbstverständlich gewordenen Sprachgebrauch an, doch ohne jeden Zweifel verfestigt er damit (und sei es auch unreflektiert) das Urteil der Starken über die Schwachen und bringt ihnen gegenüber in seiner Wortwahl zum Ausdruck, was er selbst als unangemessen bezeichnet: Verachtung. Auch Paulus war manchmal blind für den Balken im eigenen Auge.

Die Anerkennung der Christusbeziehung aller Glaubenden (wie seltsam oder anstößig die daraus abgeleiteten Verhaltensweisen auch anmuten mögen) und Verzicht auf gegenseitiges Richten und Verachten soll zu einem Verhalten führen, das umstrittene Aspekte möglichst ausklammert, indem es Provokationen vermeidet und stattdessen am Frieden und der Auferbauung der Gemeinde orientiert ist (14,19-21; 15,2), an dem, was die Gemeinde wirklich auszeichnet, in 14,17 beschrieben als Gerechtigkeit, Frieden und Freude im Heiligen Geist. Ob diese Form des Konfliktmanagements eine Verheißung hat, ist m. E. nicht generell zu beurteilen, sondern am Einzelfall zu bedenken. Einerseits ist es sicher oft fruchtbar, in festgefahrenen Streitfragen die eingespielten Argumentationsgleise zu verlassen und sich neue gemeinsame Ziele zu suchen. Manche Fragen mögen sich auf dem Weg dorthin von selbst erledigen, mancher Mentalitätsunterschied mag sich als irrelevant erweisen, wenn man sich auf ein gemeinsames Ziel konzentriert. Doch nicht jedes Problem läßt sich auf diese Weise bewältigen. Wo die Gegensätze unter dem Teppich weiterschwelen, wo man sich ehrlicherweise nicht darauf einigen kann, daß es sich bei den Streitfragen um Adiaphora handelt, wird sich der Frieden und die Freude im Heiligen Geist nicht einstellen und man wird einander nicht Gerechtigkeit widerfahren lassen. In solchen Fällen wird man der Aufforderung »laßt uns dem nachstreben, was zum Frieden und zum gegenseitigen Aufbau dient« nur nachkommen, indem man weiter offen um einen Konsens streitet. Vielleicht ist dies sogar öfter im Sinne des Paulus, als Röm 14 oberflächlich gelesen erkennen läßt. Es war anfangs gezeigt worden, daß die paulinische Ausrichtung auf eine defensive und konfliktvermeidende Strategie wohl zu einem guten Teil in seiner Einschätzung der gesellschafts- und kirchenpolitischen Gesamtlage gründet, die einmalig war, sich seitdem komplett verändert hat und deren Einfluß bei jeder anstehenden Streitfrage berücksichtigt werden muß. Doch wie soll man, wenn es sich denn nicht vermeiden läßt, christlich streiten? Es spricht für Paulus, daß sich die theologischen Begründungen, die im Hintergrund seiner Deeskalationsrhetorik stehen, auch trefflich als Leitlinien des Streitens unter ChristInnen eignen! Grundvoraussetzungen sind die Erkenntnis, daß auch die Gegenseite aus ihrer Christusbeziehung heraus lebt, der Verzicht auf gegenseitige Verachtung, endgültige Verurteilung und Ausübung von Gewissenszwang.

Literatur

Klaus Haacker, Der Römerbrief als Friedensmemorandum, in: NTS 36 (1990) 25-41.

C. *Heil*, Die Ablehnung der Speisegebote durch Paulus (BBB 96), Bonn 1994.

Ulrich Wilckens, Der Brief an die Römer (EKK 6), I-III, 1978-1982, 2. Aufl. Zürich/Neukirchen 1987-1989.

Über hartnäckige Witwen und das Amt der Verkündigung

Apostelgeschichte 6,1-7

Luise Schottroff

1 In diesen Tagen aber, als die Zahl der Jüngerinnen und Jünger zunahm, erhob sich ein Murren der griechisch sprechenden jüdischen Gruppe gegen die hebräisch sprechende, weil ihre Witwen bei der täglichen Diakonie (gemeinsamen Mahlzeit) übersehen wurden.
2 Da riefen die Zwölf alle Jüngerinnen und Jünger zusammen und sprachen: Es ist nicht angemessen, daß wir das Wort Gottes vernachlässigen, um an den Tischen zu dienen (griech.: diakonein). *3 Darum, liebe Geschwister, seht euch nach sieben Männern aus eurer Mitte um, die (in der Gemeinde) angesehen sind und voll heiligen Geistes und Weisheit sind. Sie wollen wir mit dieser Aufgabe beauftragen. 4 Wir aber wollen uns ganz dem Gebet und dem Dienst* (diakonia) *des Wortes widmen. 5 Und die Rede gefiel der ganzen Menge, und sie wählten Stephanus, einen Mann voll von Glauben und heiligem Geist, und Philippus und Prochoros und Nikanor und Timon und Parmenos und Nikolaos, den *Proselyten aus Antiochia. 6 Diese Männer stellten sie vor die Apostel; die beteten und legten ihnen die Hände auf. 7 Und das Wort Gottes breitete sich aus, und die Zahl der Jüngerinnen und Jünger wurde sehr groß in Jerusalem. Es wurden auch viele Priester dem Glauben gehorsam.*

(**Proselyten/Proselytinnen* sind Menschen nichtjüdischer Herkunft, die Jude oder Jüdin geworden sind.)

Apg 6,1-7 berichtet von einem Konflikt (dem sogenannten Witwenstreit) und von seiner Lösung durch die Wahl der sieben Hellenisten. Zum Verständnis des Textes ist auch seine Fortsetzung (Konflikt des Stephanus 6,8ff.) hilfreich.

Ich möchte zunächst zwei Szenen beschreiben. Hermeneutische und exegetische Argumentationen werden sich anschließen.

›Frauenarbeit‹ – ›Männerarbeit‹ und der Streit um Diakonie

Die erste Szene: Wie schon an zwei Abenden dieser Woche hat es heute in einer Jerusalemer Hausgemeinde Streit gegeben. Abends treffen sich Anhänger und Anhängerinnen Jesu zu gemeinsamem Essen und Beten in verschiedenen Häusern. Es ist Brauch, daß alle Mitglieder der Gruppe sich an der notwendigen Diakonie, der Hausarbeit, beteiligen. So haben sie es von Jesus gelernt, der nicht wollte, daß einige bedienen und andere sich bedienen lassen. Für die freigeborenen Männer in der Gruppe ist diese Gemeindepraxis eine harte Erfahrung. Gemüse vorbereiten, Geschirr spülen, Fußböden fegen – das mutet eigentlich niemand auf der ganzen Welt einem freien Mann zu. Diese Arbeiten gelten als Sache der Frauen, der Sklaven und Sklavinnen. Und nun in der Jesusgemeinschaft müssen Männer bedienen. Wenn sie wenigstens nur ihresgleichen bedienen müßten, sagen sich die Männer, aber es wird erwartet, daß sie auch Frauen, ja sogar Sklavinnen bedienen. Die Hausarbeit geht reihum, mal ist die Witwengruppe der »Hellenisten« dran, bedient zu werden, mal bedienen die Witwen selbst. Diese Frauengruppen sind manchen Männern ein Dorn im Auge. Sie erwarten von Witwen besonders ruhiges Benehmen und unauffälligen Service. Aber diese Witwen treten als Gruppe fordernd und gutinformiert auf und melden sich dauernd zu Wort. Sie haben eigene Meinungen, wie die Tora auszulegen sei, und sie halten sich absichtlich nicht an die ungeschriebenen Gesetze für alleinstehende Frauen. Am schlimmsten sind die alten Frauen in der Gruppe. Von ihnen hätte man eigentlich erwartet, daß sie sich unauffällig nützlich machen. Wozu sind sie sonst noch gut? Jetzt gibt es oft Streit. Manche Männer weigern sich, die Witwen zu bedienen, aber diese bestehen darauf. Besonders diejenigen Männer, die nur Aramäisch können und sich von denen, die Griechisch sprechen, ohnehin immer etwas arrogant behandelt fühlen, haben keine Lust mehr, die hellenistischen Witwen zu bedienen, und behandeln sie bei Tisch als seien sie Luft. Andere Männer und Frauen unterstützen jedoch die Forderungen der Witwen und regen sich über die »Hebräer« auf. Der Konflikt trifft das männliche Selbstbewußtsein vieler Männer noch schlimmer als die Anmaßung christlicher (d.h. in dieser Zeit: sich noch als Teil des Judentums verstehender) Frauen, genauso die Gabe der Prophetie und Toraauslegung zu haben wie die Männer. Wenn die jungen Töchter des Philippus öffentlich reden, sind sie wenigstens hübsch anzuschauen. Aber den Witwen den Tisch zu decken und sie zu bedienen – da kommt man sich als Mann doch lächerlich vor. Niemand möchte gern in dieser Sache grundsätzlich diskutieren. Weil Jesu Praxis so klar die Forderungen der Witwen stützt, gibt es eigentlich auch nichts zu diskutieren. Besser wäre eine elegante Lösung ohne Grundsatzdiskussion.

Arbeitsteilung – eine ›elegante‹ Konfliktlösung?

Die zweite Szene: Eine große Versammlung aller Hausgemeinden wird zusammengerufen. Die Apostel machen sich für eine – wie sie finden – elegante Lösung stark: Die einheimischen Männer (die nur Aramäisch sprechen) sollen nicht mehr bei der Hausarbeit mitmachen müssen. Die Griechisch sprechenden »Hellenisten« sollen aus ihrer Gruppe sieben Männer wählen, die für alle Hausgemeinden in Jerusalem die Verantwortung für die Arbeitsverteilung übernehmen. Wenn sie die »Hebräer« und die Apostel nicht mehr zur Hausarbeit einteilen, ist der Konflikt vom Tisch. Die »Hellenisten«-Männer ärgern sich zwar auch, wenn sie Frauen und besonders diese Witwengruppen bedienen müssen, aber sie halten sich an Jesu Worte und praktizieren die männliche Selbsterniedrigung, die – wie sie erfahren haben – in Wahrheit nicht Erniedrigung bedeutet, sondern Teilhabe an der Fülle des Lebens, am Brotbacken und am Kinderspiel. Sie begreifen die Hausarbeit, die Diakonie, als Arbeit für das Leben, und sie sind gleichzeitig erfolgreiche Prediger und Missionare. Ihre griechische Sprache öffnet ihnen viele Türen und gibt ihnen weltweite Möglichkeiten. Die Apostel argumentieren mit der Arbeitsüberlastung: Wir sind jetzt so viele, daß wir übermäßig zu tun haben mit öffentlichen Reden in verschiedenen Hausgemeinden, so daß wir wirklich nicht auch noch abends bei der Hausarbeit mitmachen können. Die Witwengruppen in der Vollversammlung haben dem Rückzug der »Hebräer« von der Hausarbeit zugestimmt. Ihnen hat es Sorge gemacht, daß über diesem innergemeindlichen Konflikt der Zusammenhalt verlorengeht. Und zusammenhalten ist wichtig, sagen sie, denn gegen die christlichen »Hellenisten« gibt es große Wut unter den nichtchristlichen Hellenisten in Jerusalem. So wurde dann die Einsetzung der Sieben feierlich vollzogen: Die Apostel autorisierten deren alleinige Verantwortung für die Arbeitsorganisation mit Handauflegung und Gebet. Sie drückten damit aus, daß sie diese Aufgabe für genauso wichtig ansahen wie den Dienst am Wort. So gesehen war es wirklich eine elegante Lösung, die auch die Frauen und SklavInnen akzeptieren konnten.

Die Jerusalemer Hausgemeinde und ihr Kontext

Begründungen für das hier gezeichnete Bild sind zunächst in historisch-methodischer Hinsicht notwendig. Ich habe das Bild nachzuzeichnen versucht, das sich aus dem literarischen Kontext Apostelgeschichte bzw. Apostelgeschichte und Lukasevangelium für das Einzelstück Apg 6,1-7 ergibt.

So ist die »tägliche Diakonie« (6,1) auf die Beschreibung der täglichen gemeinsamen Mahlzeit der Jerusalemer Gemeinde(n) (2,42-47; 4,32-36; besonders 2,46) zu beziehen. Es handelt sich bei dieser gemeinsamen Mahlzeit nicht um eine besondere Armenspeisung, wie für Apg 6,1 häufig angenommen wird, sondern um die gemeinsame Abendmahlzeit einer Hausgemeinde, die mit Gebeten und Gotteslob verbunden war und in deren Zusammenhang die praktischen Fragen des Zusammenlebens, auch in wirtschaftlicher Hinsicht, geklärt wurden. Die wirtschaftliche Gemeinschaft der Gemeinde(n) sollte verhindern, daß Gemeindeangehörige Not litten. Wenn insgesamt Geld- und Nahrungsmittelmangel aufkam, verkauften einzelne freiwillig ihren Acker und gaben den Erlös den Aposteln, d.h. in eine gemeinsame Kasse. Daß Äcker verkauft werden mußten, bedeutete langfristig eine weitere Verarmung der ganzen Gruppe und zeigt indirekt, wie groß die wirtschaftliche Not der Bevölkerung in Jerusalem (und Judäa) Mitte des 1. Jahrhunderts war, nach der Vorstellung des Textes – und in der Realität.

Die Apostelgeschichte erzählt vom rapiden Wachstum der Jesusgruppe (1,15; 2,41.47; 4,4; 5,14) und führt dieses Wachstum als Entschuldigung für die Apostel an, die die Witwen der Hellenistengruppe »übersahen« (6,1). In 6,2 wird eine Vollversammlung aller Christinnen und Christen in Jerusalem beschrieben. Da nach 4,4 bereits 5.000 Männer zu den Gemeinden gehören und die Frauen (s. nur 5,14) dazuzurechnen sind, müßte diese Versammlung mit Kindern weit über zehntausend Personen umfaßt haben. In der Realität ist das schwer vorstellbar. Allerdings ist die Organisationsstruktur, die die Apg beschreibt, das Nebeneinander von Hausgemeinden (vielleicht jeweils 20 Personen) und städtischer Gesamtgemeinde, auch in anderen frühchristlichen Texten erkennbar (z. B. 1 Kor).

Unter den *Hellenisten* sind nach Apg 9,29 (und aus philologischen Gründen) Juden und Jüdinnen zu verstehen, deren Muttersprache Griechisch ist und die aus der Diaspora nach Jerusalem gezogen sind. Die *Hebräer* sind demgegenüber als im jüdischen Mutterland geborene Jüdinnen und Juden anzusehen, die Aramäisch sprechen. Eine umfassende auslegungsgeschichtliche und exegetische Klärung dieser Bezeichnungen findet sich bei Martin Hengel. Er zeigt auch einleuchtend, daß die Hellenisten nicht als liberal von den konservativeren Hebräern abzugrenzen seien, da den aus religiösen Motiven nach Jerusalem gezogenen Hellenisten alles an Tempel und Tora lag. Die christliche Gruppe unter den »Hellenisten« ist nach der Apostelgeschichte von Anfang an für das Jerusalemer Christentum relevant. Sie ist ein Teil der Menschen, die das Pfingstwunder erleben (Apg 2,1ff.). Sie ist nach der Vertreibung aus Jerusalem wichtige Trägerin der Ausbreitung des christlichen Glaubens (8,1ff.).

Von den Frauen dieser Gruppe hören wir dreimal: 6,1 Witwen; 8,3 Verfolgte; 21,9 Töchter des Philippus. Der Konflikt in 6,1 betrifft *Witwen*, nicht alle Frauen; er betrifft Witwen, nicht alle Armen; er betrifft Frauen, nicht alleinstehende Männer. Der Konflikt muß etwas mit dem *diakonein* zu tun haben. Der Konflikt zeigt, daß es frühchristliche Praxis ist, Wortdiakonie und »Tischdienst« miteinander zu verbinden. Nur die Apostel bzw. die »Hebräer« in Jerusalem nehmen eine Sonderrolle (Befreiung vom Tischdienst) für sich in Anspruch. *Diakonein* bezeichnet im allgemeinen griechischen Sprachgebrauch die Hausarbeit von freien Frauen, Sklavinnen und Sklaven, die ein freier Mann – und sei er auch arm – niemals tun wird (vgl Lk 17,7-10; sozialgeschichtliches Material dazu bei Schottroff 1994). Die gesellschaftlichen Grenzen werden von seiten der Privilegierten – in diesem Fall aller freien Männer – streng bewacht. Diese gesellschaftliche Grenze – die Hausarbeitsgrenze – wird in der Jesustradition grundsätzlich aufgehoben (Lk 22,24-27par; Joh 13). Das Wort »Tischdienst« (6,2) hat oft zu Unrecht dazu geführt, diesen Dienst symbolisch aufzufassen als einen Akt öffentlicher Bescheidenheit, vielleicht als Ausschenken von Getränken durch Männer. Es gibt keinen Anlaß, dieses Wort symbolisch zu deuten. Es geht um die Beteiligung von Männern an der Hausarbeit bishin zu der Konsequenz, daß freie Männer Frauen bedienen. Bedeutsam ist in 6,1-7, daß die »Sieben«, die nun für den Tischdienst, also wohl die Arbeitsorganisation in den Gemeinden, verantwortlich sein sollen, für ihre *geistliche* Qualifikation gerühmt werden: »voll von Geist und Weisheit« (6,3) und durch Handauflegung (6,6) eingesetzt werden. Damit wird die Absicht, Hausarbeit und geisterfülltes Reden als zusammengehörig festzuhalten, nachdrücklich deutlich.

Grundlegende exegetische Entscheidungen sind hier aus der Beobachtung des literarischen Zusammenhangs (Apostelgeschichte/Lukasevangelium) entwickelt worden. Nun hat »Lukas«, der als Autor für Apg und Lk angenommen wird, in der westlichen Exegese seit ca. 1950 einen schlechten Ruf. Man sagt ihm nach, er idealisiere die Urgemeinde, habe von paulinischer Theologie keine Ahnung und sei an politischer Apologetik Rom gegenüber interessiert. Dieses Lukasbild wandelt sich in jüngster Zeit allmählich. Im Blick auf Apg 6,1-7 ist festzustellen, daß er nicht der Idealisierung verdächtigt werden kann. Allenfalls ist er zu behutsam im Umgang mit den Aposteln in diesem Konflikt. Gottfried Schille (1994) hat zu Recht herausgearbeitet, daß Lukas nicht idealisiert, aber auch nicht objektiv sein sollende Geschichtsschreibung beabsichtigt. Er schreibe mit der Absicht, späteren Gemeinden Modelle für Konfliktlösungen anzubieten. Diese These finde ich einleuchtend, ich bin nur skeptisch, ob die Konfliktlösung eine gute Lösung bietet, denn sie schafft für die Apostel wieder Männerprivilegien, die eigentlich nach dem Jesusvorbild abgeschafft werden sollten. Die Frage, ob »Lukas« hier Quellen benutzt, läßt sich nicht entscheiden. Zum Beispiel könnte die Namenliste (6,5) überliefert worden sein. Zweifellos beruhen die Evangelien und die Apostelgeschichte auf tradierten Quellen und sind andererseits gut durchgestaltete Texte. Die theologisch relevante Frage ist hier, ob wir das Bild, das die Apostelgeschichte von der Gemeinde in Jerusalem zeichnet, historisch und theologisch ernstnehmen. Ich halte diese Texte für historisch weitgehend zutreffend, auch wenn nicht alle Details (z. B. die großen Zahlen) historisch stimmen müssen. Ebenso halte ich »Lukas« für eine Stimme neben anderen, die uns von den Erfahrungen der Menschen im entstehenden Christentum berichtet und theologisch genauso ernst zu nehmen ist wie seine Geschwister.

Die ›Brille‹, mit der Apg 6,1-7 lange Zeit gelesen wurde

Die Auslegungstradition dieses Textes ist durch einige hermeneutische Vorgaben bestimmt. Eine große Rolle spielt das *Amtsverständnis*. So deutet man die zwölf Apostel als die eigentlichen Verkündiger und die sieben Diakone als Repräsentanten eines niederen kirchlichen Amtes (»Diakon«, »Helfer«). Dieses Amtsverständnis wird oft unreflektiert in den Text eingetragen. Ein hierarchisches »Amt« gibt es im Christentum in neutestamentlicher Zeit noch nicht. Es gibt nur Kämpfe um Macht und Privilegien, die trotz der klaren Orientierungen aus der Jesustradition nicht ausgeblieben sind. Eine andere meist nicht diskutierte hermeneutische Vorgabe betrifft die *Witwen*. Sie werden in der Regel als arm und versorgungsbedürftig angesehen und nicht als Subjekte, die an diesem Konflikt aktiv beteiligt sind (zu Frauen in der Apostelgeschichte vgl. Richter Reimer 1992).

Eine weitere hermeneutische Vorgabe, die in der Auslegungsgeschichte eine Rolle spielt, ist die Trennung von *Armenspeisung* (6,1) und Gemeindemahl/Eucharistie (2,46). Eine solche Trennung wird der frühchristlichen Praxis und der Apg nicht gerecht. Es wäre zudem geradezu peinlich, wenn wir uns vorzustellen hätten, die Apostel hätten einigen armen Witwen das Essen verweigert. Die androzentrische Sprache der Texte und die Marginalisierung der Frauen – die Witwen sind in diesem *Text* Randfiguren, obwohl sie in der *Realität* aktive Konfliktpartnerinnen sind, – macht es den Auslegern leicht, Frauen unsichtbar zu halten. Ich halte es heute für exegetische Pflicht, diese Unsichtbarkeit zu durchbrechen. Wenn das exegetische Interesse sich auf die Witwen richtet, werden selbst solche androzentrischen Texte (wie Apg 6,1-7) zur sprudelnden Quelle. Schon 6,1 ist eigentlich nur verständlich, wenn die »Witwen« als Gruppe auftreten, handeln und Forderungen stellen. Solche Witwengruppen begegnen ebenfalls in 9,36-42 und 1 Tim 5,16. Eine andere Frauengruppe wird in

16,12-15 sichtbar. Ich halte diese Frauengruppen für eine entscheidende Basis der frühchristlichen Bewegung. Entscheidend für das Verständnis dieses Textes ist die Klärung des eigenen Verhältnisses zur *Haus- und Versorgungsarbeit.* Solange stillschweigend mit einer geschlechtshierarchischen Arbeitsteilung gerechnet wird, ist Apg 6,1-7 nur als Männergerangel um Ämter lesbar. Die Frage, wie Männer in der Kirche es mit der Hausarbeit halten, rührt immer noch an ganz empfindliche Punkte. Ich habe den Lösungsvorschlag der Apostel elegant genannt, damit aber nicht gemeint, daß ich ihn befürworte. Sich mit dem Argument der Arbeitsüberlastung Privilegien zu sichern, ist offensichtlich eine uralte und immer noch taugliche Strategie.

Brot backen und verkündigen – Die Vision gelebter Diakonie

Frauen und Männer im Christentum der neutestamentlichen Zeit haben nicht die heile Welt einer gerechten Arbeitsverteilung erreicht, aber sie haben darum gekämpft. Ich stelle mir vor, daß es Lesern und Leserinnen meiner Auslegung Unbehagen machen könnte, über Hausarbeit zu predigen. Hausarbeit heißt heute immer noch: unbezahlt, deshalb nichts wert, nicht versichert, keine Rente, Frauenarbeit. Es gibt glücklicherweise viele Männer, die heute die geschlechtshierarchische Arbeitsteilung verändern wollen – und dabei an harte Grenzen stoßen: in ihrem gesellschaftlichen Umfeld, am Arbeitsplatz, wenn sie einen haben, vielleicht auch bei manchen Frauen. Wir brauchen eine neue gesellschaftliche Verständigung über die Verteilung von Arbeit. Hausarbeit wird dabei oft übersehen und hat doch entscheidende Bedeutung.

Hausarbeit ist die Grundlage unseres Lebens, Arbeit für Kinder und für Brot, für Gesundheit und Wärme miteinander. Die »Sieben«, sagt der Text, seien »voll Geist und Weisheit« gewesen. Sie haben Hausarbeit und Verkündigungsarbeit miteinander verbunden. Sie hatten Zeit, Brot zu backen, mit Kindern zu spielen, für den Lebensunterhalt zu arbeiten und das Wort Gottes zu verkündigen. Diese ganzheitliche Arbeitsstruktur bezeichnet das Wort »Diakonie«. Diakonie, gerechte Arbeitsverteilung und gemeinsame Arbeit für das Leben, wird nur möglich, wo eine Gemeinde gemeinsam handelt. Sie wird nur möglich, wo die Strukturen des Egoismus und der Privilegien »voll von Geist und Weisheit« durchbrochen werden. Der Geist Gottes ist konkret.

Literatur

Martin Hengel, Zwischen Jesus und Paulus. Die »Hellenisten«, die »Sieben« und Stephanus (Apg 6,1-15; 7,54-8,3), in: ZThK 72 (1975) 151-206.

Ivoni Richter Reimer, Frauen in der Apostelgeschichte des Lukas. Eine feministisch-theologische Exegese, Gütersloh 1992.

Gottfried Schille, Konfliktlösungen durch Zuordnung. Der Tischdienst der Sieben nach Apg 6, in: G. Schäfer; Th. Strohm (Hg.), Diakonie – biblische Grundlagen und Orientierungen, 2. Aufl. Heidelberg 1994, 243-259.

Luise Schottroff, DienerInnen der Heiligen. Der Diakonat der Frauen im Neuen Testament, in: G. K. Schäfer; Th. Strohm (Hg.), Diakonie – biblische Grundlagen und Orientierungen, 2. Aufl. Heidelberg 1994, 222-242.

Elisabeth Schüssler Fiorenza, Zu ihrem Gedächtnis ... Eine feministisch-theologische Rekonstruktion der christlichen Ursprünge, München 1988.

Die Zeit ist »zusammengedrängt«

Erster Brief an die Gemeinde in Korinth 7,29-31

Marlene Crüsemann

29 Dies aber sage ich, Schwestern und Brüder: Die Zeit ist »zusammengedrängt«. Folglich sollen die, die Frauen haben, sein wie Nicht-Habende, 30 und die Weinenden wie Nicht-Weinende, die sich freuen wie Nicht-Freuende, die Kaufenden wie Nicht-Behaltende, 31 und die die Welt gebrauchen wie Nicht-Gebrauchende. Denn das Schema dieser Welt vergeht.

Zu den irdischen Strukturen, die der Vergänglichkeit anheimfallen werden, zählt Paulus ganz offensichtlich auch die patriarchale Ehe – eine andere kannte er nicht.

Denn zur positiven Begründung eines der zentralen Themen christlicher Ethik fällt Paulus fast vollkommen aus. Eine Kirche, die »mit der Ehe verheiratet ist« (Josuttis 1994, 50ff.), konfrontiert dieser jüdische Apokalyptiker mit seinem Doppelbekenntnis zu Christus und zur Ehelosigkeit. Die Ehe hindere einen ungeteilten Dienst für den Herrn (7,32ff.): Sorge um den anderen, das Bestreben, es ihr/ihm recht zu machen, ein geteiltes, womöglich ein zerrissenes Herz ... das klingt wie eine Variation des Spruches: »Niemand kann zwei Herren dienen« (Mt 6,24). Die feministische Exegese der jüngeren Zeit hat sehr schön dargestellt, wie besonders Frauen diese Alternative ergriffen, wie sie die frühchristlichen Gemeinden als Raum der Freiheit und Bewegungsfreiheit erlebt haben müssen (vgl. Schottroff 1994; Sutter Rehmann 1994): Sie entzogen sich den väterlichen und den ehelichen Herren und damit dem Zwang des Kindergebärens zum Zweck der Sicherung des Vermögens, der Existenz der patriarchalen Großfamilie als Keimzelle des Staates.

Jungfräulichkeit bedeutet das Verfügen über den eigenen Körper und Schonung vor Schmerzen und Tod durch das Gebären. Das Gegenbild – einer verfügt über den Körper der anderen und umgekehrt (1 Kor 7,3ff.) – ist für Paulus Hauptzweck einer deswegen zugestandenen Ehe. »Gerade wegen des Verständnisses der Ehe von der Sexualität aus« betrachtet er aber die »Ehe als Versklavung durch den Partner« (Schottroff 1990, 241) und reflektiert nicht zufällig in diesem Zusammenhang auch Sklaverei und Freilassung: »Ihr seid teuer erkauft; werdet nicht Sklaven der Menschen.« (7,23)

Es gab und gibt nun verschiedene Wege, diese doch recht düstere Sicht des erotischen Zusammenlebens von Frauen und Männern zu mildern, allerdings nahezu ausschließlich unter Zurücknahme bzw. Vernachlässigung ihrer frauenbefreienden Wirkung. Ein Pseudo-Paulus schafft es durch die

Pastoralbriefe, insbesondere durch 1 Tim, die traditionelle Unterordnungsehe als die wünschenswerte Lebenspraxis, dazu das Gebären als christliches Frauenamt und Mittel zur Erlösung (2,15) zu installieren. Und die Auslegungsgeschichte von 1 Kor 7 zeigt, wie man hier – ganz gegen den Tenor des Kapitels – Paulus doch tendenziell »pro familia« reden lassen kann: Indem einmal ein Teil der Forschung V. 1, »es ist gut für den Menschen (!!), keine Frau zu berühren«, als eine Meinung aus Korinth versteht, erscheint der antwortende Apostel immer noch ehefreundlicher als die AdressatInnen, die wahlweise der jüdischen oder gnostisch-heidnischen Radikalaskese geziehen werden.

Zum anderen legen die Verse 29-31 und ihr vielzitiertes »*hos me*«, das »haben, als hätte man nicht«, es nahe, in ihnen ein Plädoyer für eine Ehe in eschatologischer Ausrichtung zu sehen: einmal als quasi ›ökologische‹ Anweisung, hier und im Verhältnis zur Welt von völliger Vereinnahmung und Ausbeutung abzulassen, distanziert und rücksichtsvoll einen behutsameren Umgang zu pflegen – eine sympathische Lösung, der die Mehrzahl der neueren Bücher zur neutestamentlichen Ethik und christlichen Ehe – auch feministische Stimmen – zuneigen. Daneben hält sich, vereinfacht gesagt, immer noch eine Auslegungsrichtung, die hier eine ›Als-ob-Haltung‹ bestätigt sieht, mit der man in Sachen Ehe, Geld und Welt praktisch weitermachen könne wie bisher, zumal Paulus sich mit seiner Naherwartung von einem baldigen Weltende offensichtlich geirrt habe.

Demgegenüber dürfen wir jedoch nicht übersehen, wie sehr das ganze Kapitel kontinuierliche Warnungen vor der Ehe ausspricht, und gerade die Verse 29-31 müssen als Wort an Unverheiratete (ab V. 25), für die doch eine Heirat am natürlichsten wäre, einen der schwerwiegendsten Einwände dagegen enthalten. »Wegen der bevorstehenden Not« sei es besser für den »Menschen«, ledig zu sein (V. 26); zur »Schonung« (V. 28), zur Bewahrung vor »Sorgen« (V. 32) bemüht Paulus nun in diesem Abschnitt ein äußerst abschreckendes Argument. Seine Konsequenz zeugt wie so viele Texte von einem eher fremden, auch unbekömmlichen Apostel. Die eigentümliche Reihung »Frauen haben, weinen, lachen, freuen, kaufen, gebrauchen die Welt« weckt zunächst Ahnungen von persönlichen Verstrickungen, denen er, auf welche Weise auch immer, entkommen sein mag. Doch stellt sie vor allem eine nahezu zeitübergreifende Schilderung der sozialen Realität im Falle von Eheschließung oder des Zusammenlebens als Paar dar, was ja geeignet ist, die tiefsten und extremsten Gefühle (»lachen und weinen«) hervorzurufen, zwangsläufig fortschreitet zu finanzieller Absicherung der Lebensgemeinschaft mit Konsum und Vermögensbildung (»freuen und kaufen«) und in einen »Gebrauch der Welt« mündet, der innerhalb der vorfindlichen Strukturen darauf aus ist, das Beste für den eigenen Haushalt herauszuholen. So führt gerade die Ehe zur gesellschaftlichen Einpassung in das »Schema dieser Welt«, wovor Paulus mit dem gleichen griechischen Grundwort in Röm 12,2 warnt. Denn die Orientierung an Familie und Ehegatten entzog und entzieht insbesondere Frauen einer größeren Gemeinschaft, einer widerständigen ›familia Dei‹. Das zeigt im NT besonders deutlich Apg 5, wo Sapphira sich in Gelddingen ihrem Mann Ananias fügt, sie ihm hilft, die Gemeinde zu betrügen, und beide traurig enden (vgl. Richter Reimer 1992, 29ff.).

Doch nun führt Paulus den kritischen Hauptgrund gegen Eheschließungen ins Feld: Die familiären, d. h. auch die vertrauten Strukturen der Welt – nicht etwa die Welt selbst! – vergehen durch eine veränderte Qualität der Zeit. In V. 29 finden wir als Schlüssel zum »*hos me*« seine eigene Zeiterkenntnis: »Dies aber sage ich ...«, und dann fahren fast alle deutschen Übersetzungen fort: »Die Zeit ist *kurz*«. Baumert hat nachgewiesen, daß diese Wiedergabe des singulären Ausdrucks *kairos synestalmenos* unzutreffend, eine damit suggerierte »kurze Zeitstrecke« geradezu irreführend ist (Baumert 1984, 208ff., wiewohl ich seinem eigenen Übertragungsvorschlag nicht folge). Das Verb *systello* mit der Grundbedeutung »zusammenstellen« kann nun im Griechischen je nach Zusammenhang »zusammenpacken und -ziehen, gedrungen sein, fertigmachen, zusammenfalten von Kleidern, reffen von Segeln usw.« meinen (Belege b. Baumert 1984, 431ff.), ist aber im Hinblick auf Zeitangaben sonst nirgends zu finden! So müssen wir eine originelle paulinische Sprachschöpfung annehmen, deren Rätsel auf einfache und naheliegende Weise zu lösen (aber hier nicht hinreichend darzustellen) ist. Gehen wir vom Hebräischen aus, wonach die Hauptbedeutung von Zeit (*et*, griech. *kairos* s. LXX) »mit ›(bestimmter) Zeit(punkt) von/für‹ umschrieben werden kann« (Jenni 371), so hat jedes »Vorhaben unter dem Himmel seine Stunde«: Pred 3,1-8 illustriert die Unterscheidbarkeit der Zeiten im menschlichen Leben dadurch, daß sie nach Tätigkeiten benannt werden können, z. B. »Zeit des Weinens und Zeit des Lachens« (V. 4). Dabei stehen die Tätigkeiten jeweils als aufgezählte Alternativen im Bereich menschlicher Möglichkeiten, jedoch nicht die Festsetzung der Zeitpunkte selbst (Ebach 1990, 99ff.). Gott setzt Zeit und Zeitpunkte, die für Menschen unverfügbar sind. In diesem Horizont denkt vermutlich Paulus, wenn er für seine Gegenwart mit Schrecken etwas Neues bemerkt: »Die Zeit ist zusammengestellt!« – das heißt im Rahmen des hebräischen Zeitdenkens: Die einzelnen Zeiten und Zeitpunkte können nicht mehr unterschieden werden, das bisherige Zeitsystem ist aus den Fugen geraten und damit auch die einst mögliche Orientierung an einem Handlungsrahmen für Menschen in ihren Zeiten. Das sichere Wohnen in einem bekannten zeitlichen Koordinatensystem ist – zur Zeit! – nicht gegeben.

Im Leiden einer widerständigen kleinen Gemeinschaft unter äußerem Druck und politischer Verfolgung im Römischen Reich erscheinen nun Position und Negation gleichzeitig und ununterscheidbar, haben und nicht haben, erwerben und verlieren. Die AdressatInnen sind möglicherweise einem Ineinanderfallen von Gewinn und Verlust gerade in der elementaren Bindung an EhepartnerInnen und durch sie ausgesetzt, die Paulus als unzumutbar, übergroße Belastung und lähmend im Leben für das Evangelium von Christus betrachtet. Eine traditionelle Ehe mit ruhigen Aufbauphasen kann, so die Meinung des Apostels, kaum gelebt werden. Die erforderliche Kraft fehle dann den Gemeinden. »Haben als hätte man nicht« beinhaltet so gelesen keine ethische Lehre, sondern einen Imperativ der Zeit, in der die Welt von Grund auf umgestaltet wird. Damit wehrt der Text einem »Weitermachen, als sei nichts geschehen« in ähnlicher Weise wie die apokalyptischen Abschnitte der synoptischen Evangelien, die sich neu erschließen, sobald das alte, rein lineare Verständnis von »Naherwartung« aufgegeben wird (Schottroff 1994, 228ff.).

Zeit der Bedrängnisse, der Umgestaltung: »Die Schöpfung liegt gemeinsam mit uns in Wehen«, sie »wird freiwerden von der Sklaverei der Vergänglichkeit zur herrlichen Freiheit der Kinder Gottes« und »wartet«, daß sie »offenbar werden« (Röm 8,20ff.). Für ein quasi neugeborenes Zusammenleben der Menschen in enger Paarverbindung hatte Paulus selbst keine Vision, wohl weil ihm die Begabung zur erotischen Beziehung fehlte, wie er einräumt (1 Kor 7,7). Seine Gefährten und Mitstreiterinnen im Herrn sind darin womöglich weiter gewesen, wobei zu beachten ist, daß bei einer paarweisen Nennung von Frauen- und Männernamen keineswegs automatisch eine Ehe zu unterstellen ist, wie die »Ehefrauisierung« (Leutzsch 1994) in der Auslegung es gern hätte. Als Folge der negativen Ehelehre des Paulus zeigt sich, wie besonders auch die von ihm beeinflußten Gemeinden eine große Anziehungskraft auf Frauen ausübten und er selbst von der Tradition, wie die Thekla-Akten belegen, als Befreier der Frauen aus den Gefängnissen patriarchaler Ehen verstanden worden ist.

Ausblick: Wem wissen sich die offiziellen Stimmen der Kirchen verpflichtet, sofern sie weiterhin keine Abkehr von der patriarchalen Ehe und Familie mit dem Ziel der Aufzucht zahlreicher legitimer Steuerzahler für geboten halten?

So gilt immer noch und besonders hier: »Es ist aber noch nicht offenbar geworden, was wir sein werden« (1 Joh 3,2).

Literatur

Norbert Baumert, Ehelosigkeit und Ehe im Herrn. Eine Neuinterpretation von 1 Kor 7 (fzb 47), Würzburg 1984.

Jürgen Ebach, ... und Prediger 3 auslegen hat seine Zeit. Über Zusammenhänge von Exegese und Zeit, beobachtet beim Auslegen von Koh 3,1-15, in: Einwürfe 6 (1990) 95-123.

Ernst Jenni, Art. *et* Zeit, in: THAT II, 3. Aufl. München 1984, 370-385.

Manfred Josuttis, Gottesliebe und Lebenslust. Beziehungsstörungen zwischen Religion und Sexualität, Gütersloh 1994.

Martin Leutzsch, Apphia, Schwester!, in: D. Sölle (Hg.), Für Gerechtigkeit streiten. Theologie im Alltag einer bedrohten Welt, Gütersloh 1994, 76-82.

Ivoni Richter Reimer, Frauen in der Apostelgeschichte des Lukas. Eine feministisch-theologische Exegese, Gütersloh 1992.

Luise Schottroff, Lydias ungeduldige Schwestern. Feministische Sozialgeschichte des frühen Christentums, Gütersloh 1994.

Dies., Wie berechtigt ist die feministische Kritik an Paulus? Paulus und die Frauen in den ersten christlichen Gemeinden im Römischen Reich, in: dies., Befreiungserfahrungen. Studien zur Sozialgeschichte des Neuen Testaments, München 1990, 229-246.

Luzia Sutter Rehmann, »Und ihr werdet ohne Sorge sein ...«. Gedanken zum Phänomen der Ehefreiheit im frühen Christentum, in: D. Sölle (Hg.), Für Gerechtigkeit streiten. Theologie im Alltag einer bedrohten Welt, Gütersloh 1994, 88-95.

Reich sein in Gegenseitigkeit

Brief an die Gemeinde in Philippi 4,10-13.14-20

Luise Schottroff

10 Ich habe mich übermäßig gefreut, daß ihr nach langer Zeit wieder aufgeblüht seid und fürsorglich an mich gedacht habt. Denkt nicht, ich wolle euch kritisieren. Ihr habt natürlich immer an mich gedacht, aber ihr wart nicht in der Lage, für mich mit Geld zu sorgen.
11 Was ich jetzt sage, sage ich nicht, weil ich im Mangel lebe. 12 Ich habe es schließlich gelernt, mit allen Lebenslagen in Genügsamkeit zurecht zu kommen. Ich weiß, was Armut ist, und ich kenne Überfluß, vor allem den Überfluß, der durch Liebe entsteht. Ich bin schon in alle und jede Lebenslage geraten, in Sattsein und Hungern, in Überfluß und Mangel. Mein Leben war überreich durch die Arbeit für das Evangelium, auch wenn ich oft nichts zu essen hatte.
13 Ich habe Kraft zum Lieben und Arbeiten auch unter extremsten Bedingungen durch den, der mich mächtig macht.
14 Es war gut, daß ihr mit eurer Geldgabe auch eure Anteilnahme an meinem Leiden im Gefängnis bekundet habt. 15 Ihr könnt euch ja auch an unsere gemeinsame Anfangszeit als Gemeinde Christi erinnern. Als ich aus Makedonien, einer Provinz, weggegangen bin, habe ich nur mit euch – nicht mit einer anderen Gemeinde – eine Vereinbarung gegenseitigen Gebens und Nehmens getroffen. 16 Ihr erinnert euch ja auch, daß ihr mir mehrfach Geld nach Thessalonich geschickt habt, als ich in Not war. 17 Das wichtige dabei ist gar nicht primär die Geldgabe. Wonach ich mich sehne, ist die überreiche Frucht der Liebe, die sich in der Geldgabe ausdrückt. Sie ist eine Frucht, die das wahre Leben bedeutet. Es ist ein Wunder, daß wir in unserer Beziehung schon das Glück erfahren, das Gott uns in Fülle in seiner Zukunft versprochen hat.
18 Ich habe alles erhalten und sitze im Überfluß eurer Zuneigung. Ich bin vollkommen mit Glück erfüllt durch eure Gabe, die ich von Epaphroditus erhielt. Sie ist nicht simples Geld, sie ist lieblicher Duft in Gottes Nase, ein angenehmes Opfer, das Gott gefällt und ihn auch beglückt.
19 Mein Gott möge allen euren Mangel in Fülle verwandeln, denn er ist reich und herrlich. Die Gegenwart Jesu Christi bei uns spürt ihr, wo ihr diese Verwandlung des Mangels in den Überfluß der Liebe erlebt.
20 Unsere beste Gabe an Gott ist unser Gotteslob, wenn es uns durch Christi Gegenwart rundum gut geht. Deshalb lobe ich jetzt Gott, unseren Vater. Ihm sei Ehre in alle Ewigkeit, Amen.

Anstelle einer wörtlichen Übersetzung des sprachlich recht spröden Textes steht als Verständnishilfe diese Paraphrase des Textes, deren Formulierungen sich aus der Auslegung ergeben.

Wirtschaftliche Verhältnisse des Paulus und der Gemeinden

Dieser Predigttext spricht von den wirtschaftlichen Existenzbedingungen des Paulus und der Gemeinden des frühen Christentums. Die ökonomische Seite des christlichen Lebens in dieser Zeit wird dabei vom Glauben und der theologischen Reflexion nicht getrennt. Der Predigttext gibt heutigen ChristInnen eine Gelegenheit, über die praktische, wirtschaftliche Seite christlichen Lebens heute nachzudenken – so konkret, wie es Paulus in diesem Text tut. Die christliche Auslegungstradition hat die sozialgeschichtlichen Sachverhalte, die hier von Paulus ausgesprochen werden, oft als Nebensache behandelt. So wird in älteren Lutherbibeln V. 13 dick gedruckt oder in Auslegungen das ganze Gewicht auf V. 12 und 13 gelegt. Die Verse 12 und 13 sollten jedoch nicht »abgehoben« theologisch gedeutet werden, sondern als theologische Reflexion eines Christen verstanden werden, der sie auf seinen wirtschaftlichen und politischen Alltag bezieht.

Paulus hat seit seinem Aufenthalt in Philippi mit dieser Gemeinde in Makedonien eine Absprache, daß sie ihn wirtschaftlich unterstützt (V. 10.15). Die Gemeinde hat ihm mehrfach nach Thessalonich, der nächsten Station auf dieser frühen (zweiten) Missionsreise Geld geschickt (V. 16). Dieser Aufenthalt des Paulus in Philippi und Thessalonich wird auch Apg 16,12-17,9 beschrieben. Das Geld aus Philippi hat, wie wir aus 1 Thess 2,9 wissen, nicht ausgereicht, um Paulus zu ernähren, denn er hat in Thessalonich auch als Lohnarbeiter in der Zeltherstellung gearbeitet. In dieser Zeit hatte er nur mit der philippischen Gemeinde eine solche finanzielle Vereinbarung (V. 15). Insgesamt ist aus den frühchristlichen Quellen deutlich, daß die neu entstehenden Gemeinden gegenüber den WanderpredigerInnen eine finanzielle Verpflichtung hatten (s. nur 1 Kor 9,4). Es ist aber auch deutlich, daß diese Verpflichtung mißbraucht wurde, indem sich Leute, die nicht ernsthaft für das Evangelium arbeiteten, von den Gemeinden versorgen ließen. Da die Gemeinden in der Regel so arm waren, daß auch die zusätzliche Ernährung eines Menschen über längere Zeit eine enorme Belastung war, haben sich spätere Gemeinden gegen Mißbrauch zu schützen versucht (z. B. durch Begrenzung der Aufenthaltszeit; vgl. Didache 11,5). Durch die Briefe des Paulus zieht sich das oft leidige Thema wie ein roter Faden. Weder in Thessalonich noch in Korinth hat er von seinem Recht auf finanzielle Unterstützung Gebrauch gemacht. Sowohl Paulus als auch die Gemeinden führen eine wirtschaftliche Existenz am Rande des Existenzminimums, wie sich auch aus diesem Predigttext erschließen läßt. Die Gemeinde in Philippi hat über lange Zeit ihre Verpflichtung Paulus gegenüber nicht wahrgenommen (V. 10), aber Paulus kritisiert sie deshalb nicht, sondern entschuldigt sie: »ihr wart dazu nicht in der Lage« (V. 10). Paulus beschreibt seine eigene ökonomische Situation als schlecht. Er lebt im »Mangel« und Hunger, wie sich aus V. 11 und 12 ergibt. Er legt jedoch Wert darauf zu betonen, daß seine wirtschaftliche Lage nicht der Grund seiner Freude über das Geld aus Philippi ist (V. 11). Zur Zeit der Abfassung dieses Textes ist Paulus im Gefängnis (1,7 u.ö.).

Einen Eindruck von der Alltagsrealität der Gemeinde in Philippi kann uns Apg 16,13.14 geben. Lydia, eine Frau, die diese Gemeinde mitgegründet hat, arbeitet als Purpurhändlerin. Diese Arbeit ist in der Auslegungstradition zu Unrecht als Arbeit einer wohlhabenden Frau gedeutet worden. Diese Fehldeutung beruht oft darauf, daß Purpurstoffe als Luxusartikel angesehen werden und man sich vorstellt, wer mit Luxus handelt, lebe auch im Luxus und führe ein großes Haus (Apg 16,15.40). Die Realität, die sich aus antiken Quellen über Purpurhandel und Purpurfärberei ergibt, sah anders aus: Purpurhandel und Purpurfärberei wurde von denselben Menschen, häufig Frauen, betrieben. Die Farbflüssigkeiten und die gefärbte Wolle stanken unerträglich, und der Verdienst war bescheiden. Die Purpurhändlerin Lydia hatte einen armseligen und verachteten Beruf (vgl. Schottroff 1988, 148-154). Die Alltagsrealität des Paulus als Zeltmacher, der sich wegen seiner Arbeit für das Evangelium an immer wieder neuen Orten Arbeit suchen muß, dürfte häufig den Hunger bedeutet haben, auf den er hier (V. 12) wie 1 Kor 4,11 und 2 Kor 11,27 zu sprechen kommt. Die ökonomischen Verhältnisse von 99 % (vgl. Alföldy 1984, 124) der Bevölkerung im Römischen Reich spiegeln sich in dieser Momentaufnahme aus dem Leben des Paulus wie der Gemeinde in Philippi. Für ChristInnen wie für JüdInnen kam zur Bedrohung durch den Hunger auch immer noch die Bedrohung durch politische Konflikte hinzu. Paulus hat damals in Philippi im Gefängnis gesessen, er ist z. Zt. der Abfassung des Philipperbriefes im Gefängnis, und er versteht sich als Märtyrer um der Sache Christi willen. Wenn die Gemeinde in Philippi ihm in seinem Gefängnis Geld schickt, so solidarisiert sie sich mit einem, der von den römischen Behörden als politischer Unruhestifter angesehen wird. Eben diese Verbundenheit der Solidarität, die nicht nur die finanzielle Seite umfaßt, sondern auch die politische Seite, ist Thema des Paulus in diesem Text. In V. 14 freut er sich, daß die Gemeinde ihre solidarische Verbindung mit ihm in seiner Not ausgedrückt hat, d.h. ihre Verbindung mit einem Gefangenen. Seine Freude über diese Verbindung drückt sich hier auch sprachlich aus: er schreibt *synkoinonesantes* (ihr wart mit mir solidarisch), wo *koinonesantes* schon genügt hätte, die Solidarität auszudrücken.

»Beziehung ist Gegenseitigkeit«

Die ökonomische und politische Solidarität basierte auf der Beziehung, die durch die Predigt des Evangeliums zwischen den Menschen in Philippi und Paulus entstanden ist. Diese Beziehung ist gegenseitig, und sie ist Ausdruck der Macht Gottes und Christi. Diese Beziehung wird von Paulus – und sicher auch von den PhilipperInnen – als Glück und Reichtum erlebt, wie sie vom Reich Gottes erwartet werden. Die eschatologische Fülle wird in diesem Text mehrfach angesprochen und auf die Gegenwart der Beziehung zwischen diesen Menschen bezogen: Paulus sagt V. 17, mit der finanziellen Gabe bringe die Gemeinde »Frucht« »im Überfluß«, die ihr angerechnet werden wird – von Gott (nicht von Paulus, wie auch interpretiert wird). Für Paulus bedeute diese Gabe Überreichsein und Fülle haben, sagt V. 17. Gott betrachte diese Gabe als wohlriechendes Opfer (V. 19). Gott wird, darum betet Paulus (V. 19), dieser Gemeinde aus seinem Reichtum jeden Mangel füllen. Gott, Paulus und die Menschen der Gemeinde stehen in einer Beziehung in der jede(r) jeder und jedem Überfluß und Fülle gewährt. Die Menschen bringen Gott das wohlriechende Opfer ihrer Solidarität untereinander und Gott gibt ihnen Anteil an seinem Reichtum.

In der Überschrift über diesem Abschnitt habe ich eine Formulierung Martin Bubers (Buber 1984, 19) zitiert, die für den feministisch-theologischen Entwurf von Carter Heyward (vgl. Heyward 1986) eine Schlüsselfunktion hat. Carter Heyward entwickelte Bubers Gedanken weiter und denkt über die Gottesbeziehung und die Christusbeziehung wie über die Beziehung unter den Glaubenden nach. Alle diese Beziehungen leben von der Gegenseitigkeit (mutuality).

»Wir sind gesegnet, wenn wir Freundinnen und Freunde haben, die die Menschheit lieben. ... Gegenseitig können wir einander über das gegenwärtige Zaudern hinausdrängen, gegenseitig können wir einander trösten, gegenseitig können wir voneinander gesegnet werden. Wenn dies geschieht, ist es sehr gut« (ebd., 189). Sie beschreibt die Angst und Ungerechtigkeit, die Menschen real jeden Tag erfahren: »einen Mangel an Glauben an die Gegenseitigkeit. Wir haben nur wenige Chancen, die Gegenseitigkeit, die zwischen uns besteht, zu pflegen« (ebd., 188). Christus kommt nicht als Retter von oben, sondern er ist da, wo Menschen zu Rettern Gottes werden (vgl. ebd., 189). Ich möchte die Gedanken Carter Heywards aufnehmen und sie auf meine Weise zum Verständnis des Paulus ausdrücken.

Paulus erlebt die Beziehung zwischen dieser Gemeinde und ihm als wechselseitige. Die »mutuality« nennt er eine Abmachung des »Gebens und Nehmens« (V. 15) und der »Gemeinsamkeit« (*koinonia*). Er nimmt Wendungen aus der Geschäftssprache auf (»auf Rechnung« des Gebens und Nehmens) und verfremdet sie, denn für ihn soll gerade ausgedrückt werden, daß beide Seiten geben und beide Seiten nehmen. Auch das Wort *koinonia* erfährt eine Verfremdung im Sinne der Gegenseitigkeit. Normalerweise bezeichnet das Wort gemeinsame Teilhabe zweier oder mehrerer Menschen an gemeinsamem Besitz (z. B.) in rechtlichen, aber auch anderen Zusammenhängen. Seltener ist die Bedeutung, jemandem werde Anteil gegeben an etwas, das er vorher nicht hatte. Paulus wendet diesen Begriff auf Sachverhalte an, die außerhalb des frühen Christentums nicht vorkommen und nicht zur Begriffsgeschichte von *koinonia* passen. Er wendet das Wort auf die Beziehung unter Christengemeinden bzw. einzelnen ChristInnen an, bei der beide Seiten nehmen, beide Seiten geben und zwar so, daß Mangel sich in Überfluß verwandelt. In diesem Sinne versteht er die Kollekte in Jerusalem, bei der die armen Gemeinden in Jerusalem durchaus nicht nur nehmen, sondern auch von ihrem (geistlichen) Überfluß abgeben (Röm 15,27; 2 Kor 8,13-15).

Die Beziehung zwischen den Gemeinden beruht auf einer Gegenseitigkeit, die auf beiden Seiten Mangel in Überfluß verwandelt. Jede Seite bereichert die andere. In 2 Kor 8,9 wird diese Vorstellung auch auf die Beziehung zwischen Christus und den Menschen angewendet: Er ist freiwillig arm geworden, damit ihr durch seine Armut reich würdet. Die Gegenseitigkeit dieser Beziehung wird hier nicht ausgeführt, ist aber im Sinne des Paulus zu ergänzen: Und ihr übergebt euch selbst an Gott (s. nur 2 Kor 8,5), der durch das Opfer eurer Leiber den Reichtum seiner Liebe ausbreiten kann, seinen Zorn in Güte verwandelt. Paulus hat in diesem Zusammenhang keinerlei Hemmungen einem Vergeltungsdenken gegenüber. Die Vereinbarung des gegenseitigen Gebens und Nehmens (wie er in Phil 4,15 formuliert), die *koinonia* im Sinne der Gegenseitigkeit funktioniert eben gerade nicht einseitig, von oben nach unten. Unsere protestantische Disqualifizierung des Vergeltungsdenkens (do ut des) verbaut uns den Zugang zu einer nichthierarchischen Beziehung unter Menschen und zwischen Menschen und Gott. Beide geben, beide erwarten, beide empfangen, aus Mangel wird Überfluß. Natürlich ist mit dieser wechselseitigen Solidarität, wie ich hier *koinonia* übersetzen möchte, nicht eine formalisierte Vergeltung gemeint, das Vergeltungsdenken einer Todesstrafe. Es ist eine Vergeltungspraxis, die beide Seiten reicher macht und bei der niemand die anderen beraubt. Wir leben in Strukturen, die bis in den letzten Winkel des Alltags solche Gegenseitigkeit nahezu unmöglich machen. Wir praktizieren Abschreckung und denken an Vergeltungsschläge, ob in der Rüstung oder auf der Autobahn, aber nicht an eine Gegenseitigkeit, die darauf aus ist, den Mangel der Geschwister in Überfluß zu verwandeln. Diese Gegenseitigkeit ist bei Paulus ganzheitlich gedacht, sie umfaßt alle Bereiche des Lebens. Sie hört bei der ökonomischen Seite des Lebens nicht auf, vielmehr ist sie deutlich erkennbar im frühen Christentum gerade durch ökonomische Beziehungen unter Glaubenden entstanden. Als Paulus in Philippi die Abmachung auf Gegenseitigkeit traf, war die wirtschaftliche Seite seiner Arbeit für das Evangelium der konkrete Bezugspunkt, auf den sich die durch Christus gestiftete Gemeinschaft des Betens, Tröstens und Hoffens konzentrierte.

»Ich vermag alles durch den, der mich mächtig macht, Christus[1]«

In den Versen 11-13 wechselt Paulus vom nüchternen Briefstil in einen rhetorisch gestalteten, feierlichen Redestil. Das Stück Hymnus oder Gedicht zu nennen, wäre jedoch übertrieben. Er benutzt kunstvoll zugeordnete Gegensatzpaare und will seine Existenz als überreich beschreiben: Er hat die Erfahrung tiefsten Elends und höchsten Glücks gemacht, er ist in alles eingeweiht, die von Gott oder ChristInnen an ihn verliehene Macht umfaßt alles, was er in seinem Leben erfahren und getan hat. Die Gegensatzbegriffe sind aus dem Zusammenhang eindeutig zu füllen. Paulus lebt im wirtschaftlichen Mangel und im Gefängnis. Er steht die Notlagen in Genügsamkeit durch. Er erfährt zugleich die Fülle und Sättigung, einen kleinen Beginn der Fülle des erwarteten Gottesreiches. Die Fülle, mit der er begabt wird, kommt aus der Beziehung zu den anderen Glaubenden, zu Gott und zu Christus. Der überschwengliche Schlußsatz dieses Abschnitts »ich vermag alles ...« heißt im Zusammenhang: »In meinem Mangel, Leiden und Hunger bin ich angefüllt mit Gottes Kraft.« Im frühen Christentum wird immer wieder diese Urerfahrung mit dem heiligen Geist beschrieben. »Wenn ihr vor Gericht steht, habt keine Angst, daß euch die Worte fehlen, der Geist wird euch die Worte geben« (Mk 13,11par u.ö.). In 2 Kor 12,8-10 beschreibt Paulus eine solche Erfahrung an einem wohl absoluten Tiefpunkt seines Lebens. Paulus meinte mit dem Pfahl im Fleisch (2 Kor 12,8), einer lebenslangen Qual, über die wir nichts genaueres wissen, nicht mehr leben zu können. Er hat den Herrn (wohl Jesus) dreimal angerufen und gebeten, ihn zu befreien. Der Herr hat dieses Wunder nicht gewirkt, sondern zu ihm in einer Offenbarung gesprochen: »Meine Gnade genügt für dich. In (deinem Zustand) der Schwachheit ist die Macht (Gottes) vollkommen wirksam« (2 Kor 12,9). Paulus hat es danach gelernt, Schwachheit in Stärke zu verwandeln. Christus hat ihm aber nicht versprochen, das Elend wegzuzaubern. Paulus spitzt seine Erkenntnis noch zu: »Ich habe Wohl-

1. Lutherübersetzung von V. 13. Das Wort »Christus« in der Lutherübersetzung findet sich nur im späteren Teil der handschriftlichen Überlieferung, ist aber sachgemäß.

gefallen an Schwachheiten, an Mißhandlungen, an Verfolgungen und Bedrängnissen, Christus zuliebe: denn wenn ich schwach bin, dann bin ich stark.« (2 Kor 12,10) Dieser Satz sollte nicht als christliches Demutsgehabe oder Masochismus mißverstanden werden. Er drückt dieselbe Erfahrung aus wie Phil 4,13. In der Nähe Christi verwandelt sich Schwachheit in Stärke. Der Geist Gottes macht stark, selbst in der extremen Ohnmachtssituation. Es ist eine Erfahrung von Macht (*dynamis*), aber die Macht, die in die Leidenden strömt, ist nicht die Macht, andere Menschen zu beherrschen, sondern die Macht, in Beziehung mit anderen Menschen Leben zu fördern, das Reich Gottes aufzubauen. Diese Macht stärkt auch die Leiber. Wir brauchen uns in Gedanken nur auszumalen, welche physische Leistung Menschen wie Paulus oder Prisca vollbracht haben, die von Ort zu Ort gezogen sind, Menschen gewonnen haben, Hunger und Gefängnisse überstanden haben. Sie hatten ein Ziel, eine Vision, die sie beflügelte. Sie wußten, welche Arbeit getan werden muß. Sie waren angefüllt mit dem Reichtum der gegenseitigen Beziehung zu den Geschwistern, zu Christus und zu Gott.

Perspektiven

Für mich ist das wichtigste an diesem Text, daß er deutlich macht, daß mitten in einer Welt des Todes, mitten in Strukturen, die scheinbar keine Veränderung zur Gerechtigkeit hin erlauben, in Beziehungen der Gegenseitigkeit unter Menschen Gerechtigkeit geschehen und wachsen kann. Diese Gerechtigkeit wirkt sich auch auf die wirtschaftliche Situation aus. Es gibt nicht nur unterdrückende Macht, es gibt auch die Macht Christi, die den Mangel in Fülle verwandelt, jetzt schon.

Literatur

Géza Alföldy, Römische Sozialgeschichte, 3. völlig neu bearbeitete Aufl. Wiesbaden 1984.

Martin Buber, Das dialogische Prinzip, 5. Aufl. Heidelberg 1984.

Carter Heyward, Und sie rührte sein Kleid an. Eine feministische Theologie der Beziehung, Stuttgart 1986.

Luise Schottroff, Lydia, in: Karin Walter (Hg.), Zwischen Ohnmacht und Befreiung, Freiburg 1988, 148-154.

Das Leben teilen – Ermutigung zur Solidarität

Brief an die Gemeinde in Rom 12,9-16

Beate Wehn

9 Die Liebe sei ohne Verstellung. Verabscheut das Böse, hängt dem Guten an. 10 Seid einander in geschwisterlicher Liebe zugetan, kommt einander in Wertschätzung zuvor. 11 Seid eifrig, nicht träge, seid durchglüht vom Geist, dient Gott. 12 Freut euch, wenn ihr von Hoffnung erfüllt seid, in Bedrängnis haltet durch, haltet am Gebet fest. 13 Nehmt Anteil an den Nöten der Heiligen, übt Gastfreundschaft. 14 Segnet, die euch verfolgen, segnet, und flucht nicht. 15 Freut euch mit den Fröhlichen, weint mit den Weinenden. 16 Seid eines Sinnes untereinander, strebt nicht nach hohen Dingen, sondern haltet euch zu den niedrigen. Haltet euch nicht selbst für klug.

»Und paßt euch nicht dieser Welt an ...«

Mitte der fünfziger Jahre des 1. Jahrhunderts n. Chr. schrieb Paulus von Korinth aus den Brief an die Gemeinden in Rom. Bis dahin ist er noch nie in Rom gewesen, hatte aber den Wunsch, die dortige Gemeinde einmal zu besuchen (Röm 1,10-13). Paulus kannte jedoch einige Gemeindeglieder und ApostelInnen, die zur römischen Gemeinde gehörten, wie die Grußliste Röm 16,1-6 zeigt. Diese Frauen und Männer reisten herum wie er. Sie arbeiteten mit ihm zusammen, so wird es von Prisca und Aquila erzählt (16,3f.), und waren mit ihm im Gefängnis, wie Junia und Andronikus (16,7). Die Situation der Gemeinden in Rom, auf die sich Paulus in Röm 12,9-16 bezieht, wird ihm durch Berichte von Prisca und Aquila vertraut gewesen sein. Beide waren im Zuge des Dekrets von Kaiser Claudius 46 n. Chr. wie andere Juden und Jüdinnen auch aus Rom vertrieben worden. Die Auswirkungen des römischen Herrschaftssystems erfuhr Paulus außerdem im Laufe seines Lebens am eigenen Leib. Von Folter, Gefängnis und anderen existentiellen Notsituationen schreibt er häufig (vgl. 1 Kor 4, 11-13; 2 Kor 6,5; 11,23; 12,10).

Die Unterdrückungserfahrungen, die viele Jüdinnen/Juden und ChristInnen mit Paulus teilten, müssen im Kontext römischer Machtpolitik betrachtet werden. Diese verfolgte gegenüber den lokalen Religionen unterworfener Völker in der Regel eine Politik der Integration. Es wurde versucht, Elemente römischer Religiosität mit den fremden Religionen friedlich zu verbinden. Die Unterworfenen mußten dabei die Anerkennung des römischen Staates auch religiös vollziehen. Dafür durften sie ihre religiösen Traditionen beibehalten. Diese Politik barg erhebliches Konfliktpotential für AnhängerInnen des jüdischen und frühchristlichen Glaubens: Wurden diese Menschen von der nichtjüdischen Bevölkerung verdächtigt, den absoluten Loyalitätsforderungen des römischen Staates nicht zu genügen, wurden sie daraufhin überprüft. Spätestens wenn von Jüdinnen/Juden und ChristInnen gefordert wurde, ihre Loyalität auch im Religiösen unter Beweis zu stellen, kollidierten die Herrschaftsansprüche Roms mit dem Bekenntnis zum jüdischen Monotheismus, das den religiösen Anspruch dieses Staates nicht anerkannte. Das Opfern vor Götterstatuen oder Kaiserstandbildern sowie die Verfluchung Christi lehnten diese Menschen ab. Bekenntnisse zur grundsätzlichen Loyalität gegenüber dem Staat, wie sie in Röm 13,1-7 oder auch in Mt 22,21 formuliert werden, reichten in solchen Situationen längst nicht aus.

Der Brief an die RömerInnen richtet sich an Gemeinden in der dichtbevölkerten Stadt Rom mit ihren großen sozialen Spannungen. Die meisten Gemeindeglieder lebten in den Stadtbezirken Via Appia und Trastevere, an ungesunden Orten mit hohem Durchgangsverkehr. Viele von ihnen waren arm, nur wenige wirtschaftlich und sozial bessergestellt. Diese Menschen hatten keinerlei institutionelle Möglichkeit, auf die politischen Entscheidungen des Staates Einfluß zu nehmen: Die ›politische‹ Handlungstradition der kleinen Leute war das Martyrium, der Einsatz des eigenen Lebens. In dieser Tradition stehen Jesus, seine NachfolgerInnen und auch Paulus. Für sie alle war der Weg Christi in der Passion repräsentativ. Wer an Christus glaubte, mußte damit rechnen, in die Mühlen der römischen Behörden zu geraten. Es war eine ständige Bedrohung für jüdische und jüdische christusgläubige Frauen und Männer in den Gemeinden, aufgrund ihrer Lebens- und Glaubenspraxis verfolgt zu werden. Die Auferstehung des von den Römern gekreuzigten Juden Jesus von Nazareth zu verkündigen, war gefährlich. Sich dazu zu bekennen, hieß, dem totalitären Machtanspruch des römischen Imperiums, der notfalls auch mit Gewalt durchgesetzt wurde, eine Grenze zu setzen: Der Glaube an die Auferweckung Jesu bedeutete, festzuhalten an der Hoffnung auf Gottes Eingreifen in eine politische, wirtschaftliche und soziale Realität, die von Gewalt, Unterdrückung und Tod gezeichnet war.

In diese Situation spricht Paulus in Röm 12,9-16. Seine Worte beziehen sich auf den Umgang miteinander innerhalb und außerhalb der Gemeinden in verschiedenen Lebenssituationen. Paulus bezieht sich hier auf widerständige ersttestamentliche Traditionen und auf die Botschaft und Praxis der Jesusbewegung.

Wertschätzung, Liebe und Konfliktfähigkeit

Die Vorstellung von einem Miteinander, das durch gegenseitige Anerkennung geprägt ist, kommt in Röm 12,10 zum Ausdruck. Der Begriff der »geschwisterlichen Liebe« hat im Kontext des Gemeindelebens patriarchatskritische Funktion: Frauen, Männer und Kinder werden hier als gleichrangig vorgestellt. Herrschaft übereinander soll ausgeschlossen werden. Es widerspricht der Intention von Röm 12,10, wenn das Muster der patriarchalen Familie mit ihren Herrschaftsstrukturen auf frühchristliche Gemeinden übertragen und Über- bzw. Unterordnung damit legitimiert wird. Vielmehr soll die nicht patriarchal organisierte (Haus-)Gemeinde primärer sozialer Bezugspunkt werden: Das Bekenntnis zu Christus macht im frühchristlichen ›Haus‹ Menschen zu Familienangehörigen, nicht die biologische oder ökonomische Familienstruktur der Gesellschaft (Mk 3,31-35par; vgl. Schottroff 1994, 313ff.). Gegenseitigkeit und Herrschaftskritik sind demnach Strukturmerkmale der Gemeinde. Einzig Christus wird als *kyrios*/Herr und Gott als Vater bezeichnet. Andere wertschätzen heißt dann, sie als gleichgestelltes Gegenüber wahrzunehmen: Es geht hier um den Verzicht auf den sozial abgestuften antiken Verhaltenskodex. Orientierte sich üblicherweise das Verhalten an der sozialen Ungleichheit der Menschen, so werden die ChristInnen in Rom dazu aufgefordert, sich in der Gemeinde so zu verhalten, als würde der/die andere jeweils sozial höher rangieren als man selbst. Paulus malt hier nicht das Bild einer idealen harmonischen Gemeindesituation, sondern er beschreibt die Grundzüge einer Gemeinschaft, die nach der Tora des Gottes Israels zu leben versucht. Konflikte innerhalb dieser Gemeinschaft und Konflikte mit einem politischen System, das eine gottähnliche Verehrung seiner weltlichen Mächtigen forderte, werden dabei nicht ausgeklammert.

Einstehen für andere

Röm 12,9.13.15f. lassen deutlich die Lebensrealität der Gemeinden im Römischen Reich erkennen und werfen auch ein Licht auf persönliche Erfahrungen von Paulus und seinen MitarbeiterInnen. Sie waren darauf angewiesen, auf ihren Reisen von Menschen in der jeweiligen Gemeinde aufgenommen zu werden, wobei Gastfreundschaft immer auch die Gefahr für die GastgeberInnen in sich barg, selbst plötzlich zu den Verfolgten zu gehören, wenn die Reisenden den Argwohn der örtlichen römischen Machthaber erregten. Lydia (Apg 16,13-40) und Simon der Gerber (Apg 9,43;

10,1ff.) stehen beispielhaft für Menschen, die reisenden ApostelInnen ihr Haus und damit im Ernstfall ihren Rechtsbeistand zur Verfügung stellten. Jason, ein Gastgeber des Paulus in Thessalonike, wird in Apg 17,1-9 mit der Anklage konfrontiert, weltweiten Aufrührern Gastrecht gewährt zu haben. Gastfreundschaft bedeutete also, sich durch die Aufnahme von Fremden selbst in Gefahr zu bringen. Daß ApostelInnen wie Paulus, Prisca und Aquila und andere unter Verfolgung zu leiden hatten, wird häufiger berichtet (Röm 16,3f.7; Apg 16,20ff.). Vermutlich wurde ihnen Erregung öffentlicher Unruhen vorgeworfen, da sie in Jesus Christus den erwarteten davidischen Messias verehrten, der durch den römischen Präfekten in Judäa hingerichtet worden war. Die in diesem Glauben implizierte Herrschaftskritik an weltlichen Herrschern stimmte die römischen Machthaber mißtrauisch und führte zu einer zunehmenden Kriminalisierung der Christusgläubigen.

Neben der Solidarität mit denen, die trauern und leiden, wird der Blick in Röm 12,15 auch auf die gemeinsame Freude einer Gemeinde gelenkt, die das alltägliche Leben teilt. Die gegenseitige Unterstützung und Hilfe in konkreten Notsituationen des Alltags wird hier angemahnt, seien es Hunger, Armut, Verfolgung oder Arbeitslosigkeit. Paulus bekräftigt dies in Röm 12,16, wo er implizit fordert, niemanden aus der Gemeinschaft auszuschließen, sondern sich auf die Seite derjenigen zu stellen, die erniedrigt werden und kein gesellschaftliches Ansehen genießen. Das war in einer Gemeinde, in der die meisten Menschen arm waren, nur möglich, wenn die (wenigen) vorhandenen Güter geteilt wurden.

Den Kreislauf von Haß und Gewalt unterbrechen

Die in Röm 12,14 angesprochene Verfolgung war eine konkrete und jederzeit mögliche Notsituation für einzelne Jüdinnen/Juden und christusgläubige Jüdinnen/Juden. Der Aufruf in Röm 12,14, die Verfolger zu segnen, steht in der Tradition des Ersten Testaments: Dort werden Nächstenliebe und Racheverzicht geboten (Lev 19,17f.), und es wird dazu aufgefordert, den hungernden und dürstenden Feind mit Brot und Wasser – dem Lebensnotwendigen – zu versorgen. Das Segnen der Verfolger ist aber auch im Sinne von Mt 5,44 zu verstehen, bei Gott für diejenigen, die sich feindlich verhalten, zu bitten. Damit wird der Kreislauf des Hasses unterbrochen: Wer für den Feind bittet, will ihn verändern, will ihn nicht in seiner Rolle als Feind belassen, will nicht sein Ende. Der damals und heute gängige Maßstab der Vergeltung soll außer Kraft gesetzt werden: Juden/Jüdinnen und ChristInnen erfuhren häufig Ablehnung und Ausgrenzung, wurden nicht als Mitglieder des sozialen Beziehungsgeflechtes anerkannt. Insofern waren sie Fremde und potentiell Feinde. Diese Ablehnungserfahrungen nimmt Paulus auf. Statt des zu erwartenden reziproken Verhaltens der ›Vergeltung‹ des Bösen und der Aufhebung der Gemeinschaft durch den Fluchgestus sollen die ChristInnen vielmehr die soziale Gemeinschaft mit ihren ›feindlichen‹ Nachbarn aufrechterhalten.

Das Widerstandspotential dieses Verhaltens liegt darin, hartnäckig festzuhalten an der Menschlichkeit des Gegenübers und sich mit dessen Haß, der Menschenverachtung, Gewalt und Tod nach sich zieht, nicht abzufinden. Es bedeutete im Kontext des Römischen Reiches, daß das Verhalten der ChristInnen die Feinde mit der Barmherzigkeit Gottes konfrontierte, sie ihr Unrecht nicht ungestört fortsetzen ließ, sondern es ihnen durch den Vergeltungsverzicht erst vor Augen führte: Feindesliebe kann konkret vorgestellt werden als die prophetische Verkündigung des nahen Reiches Gottes. Das Vertrauen auf das gerechte Richten Gottes und das Wissen um die Solidarität der Gemeinde ermutigt zu solch einer Form widerständigen Handelns.

Miteinander lachen, weinen und widerstehen

Wenn Paulus in Röm 12,9-21 zu Parteilichkeit, Solidarität und Feindesliebe ermutigt, geschieht das vor dem Hintergrund einer Gemeinde, die den Alltag im Römischen Reich teilte, und einer Gemeindepraxis, in der die Sorgen, Ängste, Konflikte und Bedrohungen der Gemeindeglieder ihren Platz hatten und diese sich gegenseitig am Leben hielten. Die Hoffnung auf das Reich Gottes und die Widerstandskraft in Bedrängnis erwachsen aus dem Teilen des alltäglichen Lebens und aus dem gemeinsamen Gebet. Das Gebet ist der Ort, an jene zu erinnern und für sie zu bitten, die in akuten Notsituationen sind. Hier ist Raum für die individuelle und gemeinschaftliche Klage vor Gott, für die Erfahrung, getröstet zu werden, neue Hoffnung und Widerstandskraft zu schöpfen. Röm 12,12 bedeutete für die Gemeinden des 1. Jahrhunderts, gegen die potentielle tägliche Bedrohung durch den Herrschaftsanspruch des Staates an der Praxis und Botschaft vom Reich Gottes festzuhalten und sich nicht abzufinden mit unterdrückerischen und gewalttätigen Strukturen.

Die Situation der römischen Gemeinden war eine andere als die von Gemeinden in Deutschland heute. Doch Röm 12,9-16 schärft den Blick grundsätzlich für eine solidarische Praxis im Sinne von Erstem Testament, Jesusbewegung und frühchristlichen Gemeinden. Eine Praxis der Gegenseitigkeit, Parteilichkeit und Solidarität, von der Paulus in seiner Situation spricht, ist auch in unseren Lebenszusammenhängen notwendig. Am Beispiel der Gemeinschaft von Frauen und Männern in der Kirche wird deutlich, daß echte Gegenseitigkeit und der Verzicht auf Rangordnungen meist noch ausstehen. Selbst der Streit darum im Sinne einer (selbst-)kritischen Auseinandersetzung mit eigenen und fremden Vorstellungen von Geschlechterrollen ist noch nicht selbstverständlich. Parteilichkeit für Flüchtlinge und Solidarität mit Menschen, die unter politischer Verfolgung, wirtschaftlicher Ausbeutung und sozialer Ausgrenzung leiden, wird darüber hinaus immer notwendiger in den Staaten der westlichen europäischen Welt, die längst dabei sind, Menschenrechte und Verantwortung für die Schöpfung den Maßstäben der Ökonomie zu opfern. Röm 12,9-16 ist ein ermutigender Entwurf von Gemeinde als Lebensgemeinschaft und Gegenbewegung zu herrschender gesellschaftlicher, politischer und ökonomischer Praxis, der seine Sprengkraft aus dem Blick für die realen Bedürfnisse von Menschen und aus der Orientierung an den Maßstäben des Reiches Gottes bezieht.

Literatur

Luise Schottroff, »Gebt dem Kaiser, was dem Kaiser gehört, und Gott, was Gott gehört«. Die theologische Antwort der urchristlichen Gemeinden auf ihre gesellschaftliche und politische Situation, in: dies., Befreiungserfahrungen. Studien zur Sozialgeschichte des Neuen Testaments, München 1990, 184-216.

Dies., Lydias ungeduldige Schwestern. Feministische Sozialgeschichte des frühen Christentums, Gütersloh 1994.

Wolfgang Stegemann, Gottesdienst als Handeln in der Welt. Römer 12,9-21: Geschwisterliche Gemeinschaft, in: Nehmet einander an. Exegetische Skizzen, hrsg. v. d. Münchner Arbeitsstelle Kirchentag '93, München 1993, 21-24.

Elsa Tamez, Der Brief an die Gemeinde in Rom. Eine feministische Lektüre, in: L. Schottroff; M.-Th. Wacker (Hg.), Kompendium Feministische Bibelauslegung, Gütersloh 1998, 557-573.

Klaus Wengst, Pax Romana – Anspruch und Wirklichkeit, München 1986.

Ich will euch einen noch köstlicheren Weg zeigen

Erster Brief an die Gemeinde in Korinth 13,1-13

Hanna Kreisel-Liebermann

1 Wenn ich mit Menschen- und mit Engelszungen redete und hätte die Liebe nicht, so wäre ich ein tönendes Erz oder eine klingende Schelle. 2 Und wenn ich prophetisch reden könnte und wüßte alle Geheimnisse und alle Erkenntnis und hätte allen Glauben, so daß ich Berge versetzen könnte, und hätte die Liebe nicht, so wäre ich nichts. 3 Und wenn ich alle meine Habe den Armen schenkte und wenn ich meinen Leib hingeben würde, um Ruhm zu gewinnen, und hätte die Liebe nicht, so würde mir's nichts nützen. 4 Die Liebe ist langmütig und freundlich, die Liebe ist nicht eifersüchtig, die Liebe treibt nicht Mutwillen, sie bläht sich nicht auf. 5 Sie verletzt nicht den Anstand, sie sucht nicht das Ihre, sie läßt sich nicht erbittern, sie trägt das Böse nicht nach, 6 sie freut sich nicht über das Unrecht, sie freut sich vielmehr an der Wahrheit; 7 sie erträgt alles, sie glaubt alles, sie hofft alles, sie duldet alles.

8 Die Liebe hört niemals auf, während doch das prophetische Reden aufhören wird und das Zungenreden aufhören wird und die Erkenntnis aufhören wird. 9 Denn unser Wissen ist Stückwerk, und unsere Prophetie ist Stückwerk. 10 Wenn aber kommen wird das Vollkommene, so wird das Stückwerk aufhören. 11 Als ich ein Kind war, da redete ich wie ein Kind und urteilte wie ein Kind; als ich aber ein Mann wurde, tat ich ab, was kindlich war. 12 Wir sehen jetzt nur undeutlich wie in einen trüben Spiegel; dann aber von Angesicht zu Angesicht. Jetzt erkenne ich stückweise, dann aber werde ich erkennen, wie ich erkannt bin. 13 Nun aber bleiben Glaube, Hoffnung, Liebe, diese drei; aber die Liebe ist die Größte unter ihnen.
(Revidierte Lutherübersetzung)

Der für den Sonntag Estomihi, den letzten Sonntag vor der Fastenzeit, vorgesehene Predigttext ist in der Lutherbibel überschrieben mit: »Das Hohelied der Liebe« und trägt damit den gleichen Titel wie das »Hohelied der Liebe« in der Hebräischen Bibel. Damit ist die Assoziation geschaffen, daß es sich auch bei Paulus um das Liebeslied eines Paares, nämlich Frau und Mann, handelt, die jeweils die Erotik und Schönheit des und der anderen in phantasievollen Bildern besingen. Insofern ist es verständlich, daß Brautpaare diesen Text häufig für ihre Trauung wünschen. Als Idealbild einer ehelichen Liebe verstanden, wird er schnell zur Falle, denn er zeigt auf, was nicht sein darf: eifersüchtig sein, nachtragend sein, den Anstand verletzen (V. 4.5). Die in Vers 7 aufgezählten vermeintlichen Tugenden sind – besonders, wenn sie auf die Liebe einer Frau gemünzt sind – einengend und anti-emanzipatorisch: »alles ertragen, alles glauben, alles hoffen und alles dulden.« Es ist jedoch zu fragen, ob Paulus tatsächlich die Beziehung zwischen Frau und Mann meint. Da Paulus »Liebe« als »Agape« und nicht als »Eros« benennt, liegt die Vermutung nahe, daß er eine andere Liebe im Blick hat. Als Überschrift zu Kapitel 13 ist es hilfreich für das Verstehen, den letzten Vers von Kapitel 12 zu wählen: »Und ich will euch noch einen köstlicheren Weg zeigen«.

Die Verse 1 Kor 13,1-13 sind eingebettet in die Kapitel 12-13, die vom Gemeindeaufbau und dem Wirken des Geistes handeln. In Kapitel 12 schreibt Paulus über die unterschiedlichen Gaben und Ämter in der Gemeinde. Es gebe zwar unterschiedliche Dienste, aber es sei ein Geist und ein Kyrios, der sie verbinde. Verschiedene Kräfte wirken, aber es ist ein Gott, der in allem wirkt (V. 4-6). Wie ein Leib viele Glieder habe, die miteinander wirken, und eines vom anderen abhängig ist, so sind auch die unterschiedlichen Gaben und Ämter aneinander gebunden. Die Frage, die Paulus in ihren verschiedenen Facetten beleuchtet, lautet: Wie kann Gemeindeaufbau so geschehen, daß Gemeinschaft (communio) gelebt wird? Und was unterscheidet die christliche Gemeinde von anderen? Was ist das Besondere, das sie miteinander verbindet? Er wendet sich gegen das Ausspielen eines Amtes und einer Gabe gegen das/die andere. Es sei nicht die Frage, wer und was mehr wert sei, sondern wie sie einander gegenseitig dienen können. In einem Dreierschritt entfaltet er das Thema für die korinthische Gemeinde:

1. Christliche Praxis und Agape (V. 1-3)
2. Was und wie ist die Agape ? (V. 4-8)
3. Die Vision (V. 9-13)

Christliche Praxis und Agape (V. 1-3)

Ohne die Agape seien weder Verkündigung (sogar die mit Engelszungen) noch die Erkenntnis und der Glaube (sogar der, der Berge versetzt) noch die Hingabe allen Gutes und das Martyrium etwas wert. Die Agape ist der Schlüssel zu jeglicher christlichen Praxis. Oder anders gesagt: Die Agape ist das Essentielle christlichen Glaubens und Lebens wie der jüdischen Lebens- und Glaubenspraxis. In Verbform zitiert der Schriftgelehrte in Lk 10,27 die Tora: »Du sollst Gott lieben von ganzem Herzen, von ganzer Seele, von allen Kräften und von ganzem Gemüte und deinen Nächsten wie dich selbst.«

Was und wie ist die Agape? (V. 4-8)

Ähnlich einem antiken Tugendkatalog zählt Paulus all das auf, was einerseits zum »Anstand« gehört und andererseits zur göttlichen Liebe, die in Jesu Liebe zu den Menschen Gestalt gewonnen hat. Sie ist all das nicht, was nach menschlicher Erfahrung zum Alltag gehört: Sie ist weder eifersüchtig, noch bläht sie sich auf etc. Diese Liebe »freut sich nicht über das Unrecht, sie freut sich vielmehr an der Wahrheit.« Sie treibt die Menschen dazu, das Unrecht nicht zu akzeptieren, sondern aufzudecken. Sie ist nicht den Gefühlen, die Menschen im Umgang miteinander kennen, verpflichtet, sondern der Suche nach der Wahrheit und dem Recht. Die Agape selbst ist es, die befähigt, Konflikte durchzustehen und für Gerechtigkeit einzutreten und auch die Folgen dieses Handelns zu tragen: Sie duldet alles, hofft alles, glaubt alles. Paulus will damit diejenigen in der Gemeinde ermutigen, die für Recht und Wahrheit eintreten. Alle jene, die »sich aufblähen« und eifersüchtig auf einmal errungene Privilegien achten und ihre eigene Selbstdarstellung betreiben, werden heftig kritisiert. Agape ist keine bloße Tugend, sondern gemeinschaftsstiftende Lebenspraxis.

Die Vision (V. 9-13)

Die Agape hört niemals auf – sie wirkt weiter. Alles, was wir wissen und reden, ist Stückwerk – in Zukunft wird es vollkommen sein. Luise Schottroff betont die befreiende Dimension dieser paulinischen Gedanken, die auch für die heutige feministische Diskussion fruchtbar gemacht werden kann: »Obwohl Paulus sich in dieser Vision der Begegnung mit Gott den Menschen als Mann vorstellt, ... habe ich auf ihn zurückgegriffen, weil das alte Wissen darum, daß der neue Mensch ein Mensch in Beziehung zu Gott ist, in ihm klassisch eingefangen ist: von Angesicht zu Angesicht. Die feministische Vision, die ich meine, beruht auf denselben drei Prämissen, die Rosemary Radford Ruether für die ökologische Spiritualität beschreibt: ›die Vergänglichkeit des Ichs, die lebendige gegenseitige Abhängigkeit aller Dinge und der Wert der Person in Gemeinschaft‹.« (1994, 69)

In Anlehnung an das körperliche und geistige Erwachsenwerden fordert Paulus auch die Gemeinde auf, erwachsen zu werden und »Kindliches« abzulegen. Dieses Bild mag für eine Zeit, in der es Kindheit als Phase nicht gab und »kindlich« eher negativ bewertet wurde, die richtigen Assoziationen geweckt haben. Heute würden wir eher sagen, daß die korinthische Gemeinde »im Prozeß« ist, in einem Prozeß, der tiefgreifende Konsequenzen für das tägliche Leben hat. Seine Vision der Agape als befreiende Praxis in der Gemeinschaft beleuchtet nicht die Leistungen der Klügsten und Frömmsten, der Redegewandtesten und der Karitativsten. Sie hat das Wohl der Gemeinschaft und damit eines jeden einzelnen und einer jeden einzelnen im Blick und wirbt um ihr gemeinsames Engagement für die Agape in einer lieblosen Welt.

Dieser Text ist auch als ein »kritischer Vorbehalt« gegen jene Gestalt des christlichen Helfens zu verstehen, das den Hilfeempfänger demütigt. Es ist ein Text gegen eine christliche »Gesetzlichkeit«, die bewertet, was moralisch gut und richtig ist. Agape – nach dem jüdischen Nächstenliebegebot verstanden – impliziert, daß wir Gott lieben und unsere Nächsten »wie uns selbst«. Und dies von ganzem Herzen, ganzem Gemüte, ganzer Seele und ganzer Kraft. Es ist ein ganzheitliches Verständnis von Liebe, das auch den eigenen Körper einbezieht. Häufig leiden HelferInnen daran, daß sie sich selbst nicht ausreichend vor dem burn-out schützen, sondern über ihre eigene Kraft hinaus arbeiten. Mit »ganzer Kraft« kann nicht bedeuten: mit mehr Kraft, als ich zur Verfügung habe. Von dem jüdischen Verständnis her sind möglicherweise für Paulus – auch wenn er für sich selbst die Askese bevorzugt – Eros und Agape nicht zwangsläufig eine Alternative. Ob Paulus demnach für die christliche Leibfeindlichkeit herhalten kann, ist somit fraglich.

Diese Liebe, die Agape, die er besingt, bindet nicht nur Menschen aneinander, sondern bezieht sich auf Gott, auf uns selbst und die, die uns Nächste sind. Die Agape, in der Gemeinde gelebt, kann eine befreiende Kraft sein: Sie ist inklusiv und nicht exklusiv. Sie bezieht die Armen mit ein, anstatt sie zu AlmosenempfängerInnen zu degradieren. Agape bedeutet: den Nächsten mit Achtung und Zuwendung zu begegnen. Agape bringt Frauen und Männer dazu, sich aufeinander einzulassen: hörend, sehend und Unrecht aufdeckend. Christliche Nächstenliebe wurde in der Vergangenheit häufig als Deckmäntelchen für Unrechtsstrukturen genutzt, die von Frauen »Liebesdienste« forderten, während Männer verkündeten und leiteten. Sie kann aber nur befreiend wirken, wenn sie Rollenstereotype aufgibt und sich für Gerechtigkeit einsetzt: für diejenigen, die emanzipatorische Veränderungen in Gang setzen, wie z. B. die Landlosenbewegung in Brasilien. Christliche Nächstenliebe muß sich von eigenen Paternalismen lösen, um wirksam und glaubwürdig zu sein. Es wäre auch in der gegenwärtigen Diskussion um die Zukunft der Kirche oft besser, von der Agape her Konzepte zu entwickeln als von marktwirtschaftlichen Gesichtspunkten. Eine Gemeinschaft, die von der Agape geleitet wird, kann als Gegenmodell zur lieblosen und Menschen ausschließenden Gesellschaft erfahrbar werden und uns ermutigen, »selbst in Zeiten des Todes mit Lebenslust zu leben.« (Tamez 1995, 343)

Literatur

Michael Klessmann, Zum Problem der Identität des Paulus, in: Wege zum Menschen April 1989.

Luise Schottroff, Lydias ungeduldige Schwestern. Feministische Sozialgeschichte des frühen Christentums, Gütersloh 1994.

Elsa Tamez, Glaube in Zeiten messianischer Dürre, in: JK 6 (1995) 338-343.

Klagen und Visionen
Sprachformen der Bibel

Gewalterfahrungen und der Hunger nach Leben

Beate Wehn

Zeitungen, Radio und Fernsehen berichten tagtäglich über Gewalttaten: sexuelle Ausbeutung von Kindern und Frauen, Gewalt in der Schule, Krieg ... Distanziert beschreibend, kommentierend oder sensationsheischend erfahren wir etwas *über* Tat, Täter und Opfer, aber nur selten ist die Stimme der von Gewalt Betroffenen selbst zu hören. Vor allem die Berichterstattung über sexuelle Gewalttaten an Frauen und Kindern ist in der Regel auf eine Art ›opferzentriert‹, die die Täter und ihr Handeln aus dem Blickpunkt geraten läßt, gleichzeitig aber kein wirkliches Interesse an der Perspektive der Überlebenden von Gewalt hat. Wer informiert, bestimmt, was wie zur Sprache gebracht wird und wer reden darf. Davon und von unseren eigenen Erfahrungen hängt letztendlich auch ab, wie wir Gewalttaten wahrnehmen: Verstehe ich mich als unbeteiligte Betrachterin aus der Ferne? Oder nehme ich die hinter wohlgesetzten Worten und ausgewählten Bildern verborgenen Leidenserfahrungen und Überlebenskämpfe von Menschen wahr?

Auch in der Bibel und in den erst- und neutestamentlichen Apokryphen werden Gewalterfahrungen zur Sprache gebracht: In den Erzählungen von Dina (Gen 34), Tamar (2 Sam 13), der Nebenfrau des Leviten (Ri 19), Susanna (ZusDan), Thekla (AThe) beispielsweise wird von sexuellen Übergriffen auf Frauen berichtet – aus androzentrischer Perspektive zwar, aber doch so, daß ein bis heute alltägliches Stück Frauenrealität sichtbar wird. Auch rechtliche Bestimmungen im Ersten Testament lassen die Bestrebung erkennen, personale und strukturelle Gewalt – besonders gegenüber den Schwächsten in der Gesellschaft: den Witwen, Waisen und Fremden – zu verhindern und stattdessen Gerechtigkeit zu schaffen. Die erfahrene Realität von Gewalt wird hier aufgenommen: sexuelle Übergriffe, Rechtsbeugung und Machtmißbrauch, ökonomische Ausbeutung und Unterdrükkung, Verleumdung ...

Neben diesen Beispielen sind es die Psalmen und die prophetischen Anklagen, die aus unterschiedlichen Perspektiven Gewalterfahrungen von Frauen, Männern und Kindern beim Namen nennen. Wie sie das tun, mit welcher Motivation und mit welchen Zielen, möchte ich im folgenden skizzieren.

»Vernimm mein Schreien, schweige nicht zu meinen Tränen!« – Klagepsalmen

Die Psalmen sind das Liederbuch des jüdischen Volkes. Sie enthalten individuelle und gemeinschaftliche Klagen und Lobgesänge, die eine Fülle von leidvollen und glücklichen menschlichen Erfahrungen thematisieren und ihren festen Ort im Leben des jüdischen Volkes hatten. Ingo Baldermann bezeichnet sie deshalb als »Gebrauchstexte« (1990, 7), die bis in unsere heutige Realität sprechen: »Der Psalter ist kein Museum, das uns seltsame Schätze zeigt, sorgfältig unter Glas verwahrt, sondern ein Haus, das zum Wohnen einlädt, in dem wir finden, was wir brauchen: Luft und Licht, zu essen und zu trinken, Werkzeug und Geschirr – und vor allem das Gefühl, zu Hause zu sein. Es ist ein Haus für gute und böse Tage, für Zeiten engagierter Arbeit und die Tage des Alterns, geeignet für Erfahrungen der Gemeinschaft und Erfahrungen mit uns selbst.« (ebd.)

Die individuellen Klagen bilden die größte Gruppe der Psalmen: Hier schreien Menschen ihr Leiden unter psychischer und physischer Gewalt heraus, das ihre Lebenszusammenhänge und ihre Zukunft zu zerstören droht. Sie bezeichnen die Gewalttäter als Feinde und Frevler, die ihnen nach dem Leben trachten, und sie bringen ihre Angst und Verzweiflung, ihre Einsamkeit und ihren Schmerz zum Ausdruck (vgl. nur Ps 22). Darin erkennt Ulrike Bail eine verändernde Kraft, einen ersten Schritt zum Überleben: »Dieses Benennen und Anklagen der Gewalt kann die Mauer des Schweigens, die die Opfer gefangenhält, verschweigt und vereinzelt, durchbrechen, und über die Identifikation mit dem literarischen Ich des Klagepsalmes können die Erniedrigten ihre Stärke und Identität zurückgewinnen.« (Bail 1998a, 24f.) Die Identifikation mit dem literarischen Ich der Psalmen ist möglich, weil sie so offen formuliert sind, daß sie Lebenssituationen von Frauen und Männern widerspiegeln können: den Schmerz einer Frau, die vergewaltigt wurde (vgl. Bail 164-168) ebenso wie die Verzweiflung eines Mannes oder einer Frau darüber, unschuldig vor Gericht gebracht zu werden oder einer Intrige zum Opfer gefallen zu sein. Dies legen auch die in den Psalmen verwendeten Metaphern nahe, die zum Teil – wie zum Beispiel das »ich verwelke« in Ps 6,3 – eine frauenspezifische Bedeutung haben können: »In 1 Sam 2,5 und Jer 15,9 (vgl. auch Jes 33,10) wird mit diesem Verb eine kinderreiche Frau bezeichnet, die unfruchtbar wird. Ohne Ps 6 auf diese Not festlegen zu wollen, kann der Psalm mit dieser schmerzlichen Erfahrung von Frauen verwoben werden.« (Bail 1998b, 182)

Viele Klagepsalmen thematisieren die Erfahrung, daß die Sprache in den Mündern der Mächtigen und Feinde zum todbringenden Instrument werden kann (vgl. Butting 159-163), vor allem wenn es um Verleumdung und falsche Zeugenaussagen vor Gericht geht und darum, die/den Angeklagte/n zum Schweigen zu bringen: »Ihr Rachen ist ein offenes Grab; mit ihren Zungen heucheln sie.« (Ps 5,10b) »Sein Mund ist voll Fluchens, voll Lug und Trug; seine Zunge richtet Mühsal und Unheil an.« (Ps 10,7; vgl. auch Ps 12) »Es treten falsche Zeugen auf; sie fordern von mir, wovon ich nichts weiß ... Denn sie reden nicht, was zum Frieden dient, und ersinnen falsche Anklagen wider die Stillen im Lande. Sie sperren das Maul weit auf wider mich und sprechen: ›Da, da, wir haben es gesehen‹.« (Ps 35,11.20f.) Die Zungen derer, die Unschuldigen nach dem Leben trachten sind wie »scharfe Schwerter« (Ps 57,5; Ps 64,3f.), und »mit ihren giftigen Worten zielen (sie) wie mit Pfeilen, daß sie heimlich schießen auf den Frommen« (Ps 64,4f.; vgl. auch W. Schottroff 169-173). Die apokryphe Susanna-Erzählung[1] (ZusDan) kann exemplarisch den Hintergrund solcher Klagen erhellen: Zwei Älteste-Richter versuchen, die verheiratete Jüdin Susanna in ihrem Garten zu vergewaltigen. Sie scheitern jedoch an deren Widerstand. Daraufhin initiieren sie kraft ihrer Funktion als Richter einen Lügenprozeß, indem sie Susanna des Ehebruchs mit einem Fremden bezichtigen, sie physisch und psychisch quälen und das Todesurteil über sie verhängen. Mit ihrer gemeinschaftlich vorgetragenen Anklage bringen sie die unschuldig vor Gericht stehende Frau zum Schweigen – ihre Zungen sind wie Schwerter, die Sprachgewalt ist auf ihrer Seite! In dieser verzweifelten Situation wendet sich Susanna mit einer Klage an Gott (V. 42f.): »Du ewiger Gott, du Kenner der verborgenen Dinge, der alles vor seinem Entstehen weiß, du weißt, daß sie Lügen gegen mich bezeugt haben; und siehe, ich sterbe, obwohl ich nichts von dem getan habe, was diese gegen mich Böses vorgebracht haben.«

Welche Funktion hat diese Klage? Sie ist persönlich und öffentlich zugleich. Mit ihr durchbrechen die Überlebenden von Gewalt das Schweigen und befreien sich aus dem Objektstatus, den ihnen die Ankläger zugewiesen haben. In Susannas Fall werden alle Umstehenden die laut vorgebrachte Klage, die eine Anklage gegen diejenigen ist, die ihr Unrecht tun, gehört haben: Wer diese Klage hört, ist aufgefordert, verantwortlich zu handeln – vor allem im Kontext des Gerichts: Die Volksmenge, die einem Prozeß beiwohnte, war als juristisch kompetente Versammlung für die Rechtsprechung und die Durchführung von Strafen verantwortlich.

1. Ich beziehe mich hier auf die jüngere der beiden Fassungen dieser Erzählung, die sogenannte Theodotion-Fassung, die vermutlich eine Überarbeitung und Erweiterung der älteren Septuaginta-Fassung darstellt.

Charakteristisch für die Klagepsalmen der Bibel ist ihre Leidenschaftlichkeit, mit der sie den Gott Israels anrufen, ihn an sein früheres befreiendes Eingreifen erinnern und Gerechtigkeit für sich fordern. Die BeterInnen appellieren an die Parteilichkeit Gottes für die, die verfolgt werden, die Gewalt leiden, einsam sind, die verspottet und erniedrigt werden und keine Kraft zum Aufstehen mehr haben. Die Sprache der Psalmen und ihre Bilder sind dabei bis heute unmittelbar verständlich. Im Augenblick des Schreckens, wenn wir selbst keine Worte finden, können uns die Psalmen Worte leihen, um zu klagen. Gleiches gilt für die Lobpsalmen: Auch für übergroße Freude haben die Psalmen eine ausdrucksvolle Sprache – so etwa für die wiedergewonnene Lebensfreude nach überstandener schwerer Krankheit (vgl. nur Ps 30).

»Raub und Frevel sind vor mir, es geht Gewalt vor Recht!« – Prophetische Anklagen

»Wenn Propheten fehlen, wenn niemand weiß oder wissen will, was alle wissen können, dann sterben mit der nicht ausgesprochenen Wahrheit Menschen. Wenn Propheten fehlen, ... dann ist nicht von einem Mangel an Wahrsagern oder Zukunftsforschern die Rede. Mit solchen Statistikern der Ungenauigkeit werden die Propheten oft verwechselt. Propheten aber sagen die Wahrheit über die Gegenwart in der Gegenwart ... Sie verlangen Umkehr, damit eine menschliche Zukunft nicht durch Gewalt und Unrecht, durch Lügen und Feigheit verbaut wird, damit nicht durch gekaufte oder eingeschlafene Gewissen Menschen tödlich bedroht werden.« (Stöhr 1994, 169) Die Bibel kennt und nennt eine Vielzahl solcher Männer und Frauen, die je nach den Erfordernissen ihrer Gegenwart mutig und parteilich für die Schwächsten der Gesellschaft den Herrschenden und dem eigenen Volk die Wahrheit über die Gegenwart ins Gesicht sagen – mit einem unbestechlichen Blick von der Unterseite der Gesellschaft her und getragen von der Hoffnung auf eine Zukunft in Gerechtigkeit: z. B. Jesaja und Jeremia, Amos und Micha, Habakuk, Mirjam und Debora, Hanna (1 Sam 1-2), Maria und Elisabet (Lk 1-2) und andere Frauen (vgl. Janssen 1998, 169ff.) und Männer aus dem jüdischen Volk.

Was macht das prophetische Handeln in der Hebräischen Bibel und auch im Neuen Testament aus? ProphetInnen üben leidenschaftliche Kritik am verdeckten und offenen Unrecht, das in ihrem Umfeld geschieht – aus Solidarität mit ihrem Volk und aus dessen Mitte heraus. Ihre Ankündigungen des gerechten Gerichts Gottes auch für das Volk sind als Sorge um die

Zukunft dieser Gemeinschaft zu verstehen, nicht als vernichtende Drohworte Außenstehender. Ihre Mahnungen lassen die Hoffnung erkennen, daß die Möglichkeit zur Umkehr zum gerechten Tun genutzt werden kann.

Ihr politischer Widerstand war unbequem für die Herrschenden und konnte die ProphetInnen das Leben kosten, denn sie deckten die grundlegende Ungerechtigkeit der ›legalen‹ gesellschaftlichen Spielregeln auf, etwa den Zusammenhang zwischen dem Reichtum einiger und der Armut der vielen: »Sie betrachteten die Art, wie dieser Reichtum erlangt wurde, als zutiefst ungerecht und daher als unvereinbar mit dem Glauben an den Gott Israels.« (Schottroff 1988, 84) Zu den ›legalen‹ Mitteln der Bereicherung gehörte beispielsweise die Praxis, den armen Bevölkerungsschichten Darlehen zu gewähren. Konnte dies nicht zurückgezahlt werden, weil Ernteausfälle durch Dürrezeiten keine Einnahmen möglich machten, kam ein Verschuldungskreislauf in Gang, der die SchuldnerInnen nicht selten in der Schuldknechtschaft bei ihren Gläubigern enden ließ (vgl. ebd., 85f.). Frauen und Mädchen waren in diesen Situationen zusätzlich den sexuellen Übergriffen durch ihre Herren ausgeliefert (Neh 5,5).

Grundlegend für die Forderung der Propheten nach Gerechtigkeit in rechtlichen, ökonomischen und sozialen Zusammenhängen gerade für die potentiell Schwächsten der Gesellschaft ist ihr Wissen, daß der Gott Israels der Gott der kleinen Leute ist: »Hinter ihren Forderungen nach »gleichen Rechten« für alle, nach Gerechtigkeit gegenüber den Schwachen, Armen und Unterdrückten standen die Gesichter gepeinigter Männer, Frauen und Kinder, die Gesichter von Familien ohne Zuhause und von Menschen, die durch Gewalt starben. Nicht nur die Herzlosigkeit an sich erfüllte die Propheten mit Empörung, sondern daß diese Herzlosigkeit Frauen, Männer und Kinder traf, die in erster Linie das Volk Jahwes waren.« (Abrahams 1986, 120) Eine Zukunft hatte Israel in den Augen der ProphetInnen nur, wenn für diese kleinen Leute Leben wieder möglich wurde (Am 5,7-15).

Der scharfsichtige Blick für die Zusammenhänge zwischen Armut und Reichtum, Macht und Recht ist charakteristisch für die ProphetInnen der Bibel. Ihn auf ›übernatürliche‹ hellseherische Fähigkeiten zurückzuführen, wird ihnen nicht gerecht und birgt die Gefahr, daß wir uns selbst aus der Verantwortung ziehen, wo es gilt, unterdrückerische Strukturen zu erkennen und sie deutlich zu benennen. Vielmehr haben die Anklagen der ProphetInnen, ihre Forderungen und ihre Motivation eine für alle überprüfbare Grundlage – die Tora. Das heißt auch, daß grundsätzlich alle erkennen, wissen oder zumindest nachvollziehen können, was die ProphetInnen in der Hebräischen Bibel und im Neuen Testament einfordern.

Von der Notwendigkeit, laut zu werden

In den Klagepsalmen begegnet uns die Perspektive derer, die unmittelbar von Gewalt bedroht oder betroffen sind, die verzweifelt sind, Angst haben vor ihren Feinden, sich verraten und einsam fühlen. Die Klagenden schreien nach einem Ende der Gewalt und der Schmerzen, nach der Wiederherstellung von Gerechtigkeit. Sie sehnen sich nach neuen Lebensmöglichkeiten und wenden sich in ihrer Not an Gott, weil sie aus Erfahrung darauf vertrauen, daß Gott auf ihrer Seite ist, wenn sie Unrecht leiden.

Die prophetische Rede erweitert die Perspektive, indem sie die Gewalterfahrungen der Einzelnen anteilnehmend wahrnimmt, sie analysiert und die gesellschaftlichen Strukturen der Ungerechtigkeit und Unterdrückung anprangert. ProphetInnen üben die notwendige Solidarität mit denen, die als Einzelne oder als besonders bedrohte Gruppe (Witwen, Waise, Fremde ...) zu denen gehören, die unter ungleichen Machtverhältnissen, unter Armut, Übervorteilung vor Gericht und Ausbeutung potentiell am meisten leiden und am wenigsten Handlungsspielraum haben.

Die Klagepsalmen und die prophetische Rede gehören untrennbar zusammen. Ihnen ist gemeinsam, daß sie leidenschaftlich klagen und anklagen, sei es aus eigener Betroffenheit oder aus Solidarität. Sie decken Unrecht auf, das bis dahin niemand wahrgenommen hat oder wahrnehmen wollte. Indem sie es laut aussprechen, durchbrechen sie die Sprachregelungen der Mächtigen, der Gewalttäter und der ungerechten Richter. Bezugspunkt für die PsalmbeterInnen und die ProphetInnen ist die Tora und der Glaube an die Parteilichkeit Gotttes, an das gerechte Gericht des Gottes Israels. Aus ihren Klagen und Anklagen spricht die Sehnsucht nach einem Ende der Gewalt, nach Gerechtigkeit – kurz: nach einer menschenwürdigen Zukunft für die Einzelnen und das ganze Volk. Zukunft wird möglich, wo Gottes Solidarität spürbar erlebt wird, wo die Stimmen der Leidenden Gehör finden und Menschen prophetisch füreinander Partei ergreifen. So kann sich der Blick über die eigenen Leidenserfahrungen hinaus für den Schmerz der anderen öffnen und dazu führen, daß aus Klagenden ProphetInnen werden.

Literatur

Samuel P. Abrahams, Lassen sich die Propheten zum Schweigen bringen? Einige theologische Perspektiven aus dem Alten Testament, in: L. u. W. Schottroff (Hg.), Wer ist unser Gott? Beiträge zu einer Befreiungstheologie im Kontext der »ersten« Welt, München 1986, 108-121.

Ulrike Bail, Gegen das Schweigen klagen. Eine intertextuelle Studie zu den Klagepsalmen Ps 6 und Ps 55 und der Erzählung von der Vergewaltigung Tamars, Gütersloh 1998 (= 1998a).

Dies., Die Psalmen. »Who is speaking may be *all* that matters«, in: L. Schottroff; M.-Th. Wacker (Hg.), Kompendium Feministische Bibelauslegung, Gütersloh 1998, 180-191 (= 1998b).

Ingo Baldermann, Einführung in die biblische Didaktik, Darmstadt 1996.

Ders., Ich werde nicht sterben, sondern leben. Psalmen als Gebrauchstexte, Neukirchen-Vluyn 1990.

Ulrike Eichler; Ilse Müllner (Hg.), Sexuelle Gewalt gegen Mädchen und Frauen als Thema der feministischen Theologie, Gütersloh 1999.

Claudia Janssen, Elisabet und Hanna – zwei widerständige alte Frauen in neutestamentlicher Zeit. Eine sozialgeschichtliche Untersuchung, Mainz 1998.

Ilse Müllner, Gewalt im Hause Davids. Die Erzählung von Tamar und Amnon (2 Sam 13,1-22), Freiburg u.a. 1997.

Martin Stöhr, Erinnern für die Zukunft, in: D. Sölle (Hg.), Für Gerechtigkeit streiten. Theologie im Alltag einer bedrohten Welt, Gütersloh 1994, 168-173.

Willy Schottroff, Gerechtigkeit und Macht, in: L. u. W. Schottroff, Die Macht der Auferstehung. Sozialgeschichtliche Bibelauslegungen, München 1988, 72-88.

Ders., Jeremia und Hesekiel – Rufer zur Umkehr, in: L. u. W. Schottroff, Die kostbare Liebe zum Leben. Biblische Inspirationen, München 1991, 80-88.

Unser Seufzen bekommt eine Sprache

Psalm 12

Klara Butting

Für den Chormeister im Tiefton. Ein Gesang Davids.
2 Befreie, DU! denn zuende ist der Holdmütige,
denn verschwunden sind die Treuen unter den Söhnen Adams.
3 Wahn reden sie, ein Mann mit seinem Genossen,
von glatter Lippe mit zweierlei Herz.
4 DIE EWIGE GOTTHEIT möge sie vertilgen,
alle glatten Lippen, die großrednerische Zunge!
5 sie die sprechen: »durch unsere Zunge verschaffen wir uns Stärke,
unsere Lippen sind mit uns, wer ist unser Herr!«
6 »Wegen der Vergewaltigung der Gebeugten, wegen des Ächzens der Armen
jetzt stehe ich auf«, spricht DIE EWIGE,
»ich setze in Freiheit, den, der sich nach ihr sehnt«.
7 Die Sprüche DER EWIGEN, reine Sprüche sind es,
Silber, in der Werkstatt geschmolzen zur Erde, siebenfach geläutert.
8 Du wirst sie behüten, DU, wirst ihn bewahren
vor diesem Geschlecht da auf Weltzeit,
9 während ringsum die Frevler sich ergehen,
solange Gemeinheit obenauf ist unter den Söhnen Adams.

Die Sprache – Eine herrschende gesellschaftliche Institution

Die Beterinnen und Beter beklagen eine scheinbar ausweglose Situation: die totale Korruption der Sprache. Ihr Aufschrei über Untreue läuft nicht auf die Kritik vor Augen liegender Institutionen wie den Staat oder die Rechtsprechung hinaus, sondern die Sprache wird von ihnen als eine grundlegende gesellschaftliche Institution angeprangert. Als solche kommt die Sprache selten in unser Blickfeld. Und doch bewegen wir uns alle ständig in ihr. Alle Dinge haben durch die Sprache ihren Namen und ihren Platz. Der alltägliche Sprachgebrauch kann Aspekte der Wirklichkeit verdrängen. Zugleich können Projektionen und Bilder Realität bekommen. Durch die Sprache wird Realität konstruiert, ein bestimmtes Menschenbild zum Beispiel, Bilder von Männlichkeit und Weiblichkeit oder eine Welt ohne die Lebenserfahrung der Armen. Der Psalm setzt sich mit dieser Realität, die durch den herrschenden Sprachgebrauch konstruiert wird, auseinander und benennt sie mit dem Stichwort »Wahn«. Etwas Fiktives, ein Wahngebilde, hat Realität bekommen. Als Wahnsinn wird diese Realität bezeichnet, weil die »Vergewaltigung der Gebeugten« und »das Ächzen der Armen« (V. 6) aus der

Wirklichkeit verschwunden sind. Und niemand entzieht sich den üblichen Sprachregelungen. Auch die Frommen benutzen die herrschende Sprache und unterscheiden sich nicht mehr von jedermann (V. 3).

Der Psalm benennt keinen konkreten Fall. Von daher läßt sich der genaue geschichtliche Kontext seiner Abfassung kaum sicher bestimmen. Es bleibt letztendlich offen, ob dieses Gebetslied im Milieu vorexilischer Propheten und Prophetinnen entstanden ist, die gegen religiöse Verkleisterung von Unrecht protestieren (vgl. Kraus 1978), oder ob es aus spät nachexilischer Zeit stammt, in der mit der Sprache fremder Mächte Großplantagenwesen als Fortschritt und Steigerung des Nationaleinkommens gefeiert wird, während die Realität der verarmten oder vertriebenen Bauern und Bäuerinnen ignoriert wird (vgl. Waaijman 1986). Ich halte letzteres für wahrscheinlich, weil ein Problem beschrieben wird, dem in der Epoche gewaltiger sozialer Verschiebungen unter hellenistischer Herrschaft ein ganzes Buch gewidmet ist, nämlich das Hiobbuch. Diese Schrift gibt ein Beispiel für die in Psalm 12 beschriebene Situation. Fromme, die die Treue halten wollen, kommen als Freunde zu Hiob und werden zu Feinden. In ihren Reden konstruieren sie die Wirklichkeit gemäß der Überzeugung, daß Gottes Recht in der bestehenden weltlichen Ordnung zum Zuge kommt. Hiobs Klage gegen Unrecht, Ausbeutung und Entwurzelung wird weggeredet. In ihrem Mund ist sein Leid selbstverschuldet.

Menschen wie Hiob, denen ihr Schrei aus dem Mund geschlagen wird, gibt der Psalm Sprache für verstummte Schreie und subtile Gewalterfahrung. Immer wieder bietet er als Klage- und Gebetslied eines Kollektivs denen eine Möglichkeit zu sprechen, deren Lebensrealität in den herrschenden Diskursen nicht vorkommt. Auch heute noch kann der Psalm Klagen zum Ausdruck bringen, z. B. von Frauen, deren Erfahrungen von Gewalt und Vergewaltigung im gesellschaftlichen Sprachgebrauch geleugnet oder trivialisiert oder gar in Schuld verkehrt werden. Frauen kennen die Macht der Sprache gerade in der in Psalm 12 beschriebenen Totalität, denn es ist der normale, alltägliche Sprachgebrauch mit den nicht gesprochenen weiblichen Formen und Endungen, durch den eine Fiktion von Weiblichkeit erschaffen wird, die Frauen Fesseln anlegt. Meine Nichte ist für mich ein Beispiel. Sehr bewußt will sie ein kleines Mädchen sein, und das heißt, sie achtet auf ihre Kleidung und läßt sich die Haare wachsen. Als aber einmal ihre drei Jahre jüngere Schwester auf ein Pferd gesetzt wurde, sagte sie sehr stolz: »Rahel ist schon ein großer Reiter«. Obwohl sie selbst angefangen hat, auf einem Pony zu reiten, suggeriert ihr die Sprache, die sie gelernt hat, daß eine Mädchenidentität, sprich Weiblichkeit, nichts mit Reiten oder vergleichbaren Tätigkeiten zu tun hat. Beim Reiten geht es um Reiter! Auf diese Weise wird im täglichen Sprachgebrauch Weiblichkeit konstruiert, die statt mit geschichtlichen Taten nur etwas mit dem eigenen Körper zu tun hat, der schön sein soll.

Angesichts der Macht der Sprache über unsere Gefühle und unser Selbstbild stellt sich heute wie damals die Frage, ob es überhaupt ein Entrinnen gibt. Der Psalm hebt die geradezu gottähnliche Macht der Sprache hervor. Er verwünscht die herrschende Elite, die mit ihrem Zugang zu Bildung und Öffentlichkeit die Sprache des ganzen Volkes als *ihre* Sprache prägt (V. 4.5). Ihr ist die Sprache eine mächtige Verbündete. In dem stolzen Satz »Unsere Lippen sind mit uns, wer ist unser Herr!« wird ein scheinbar unbesiegbares Bündnis gefeiert. In diesem Triumphschrei ist die Sprache an Gottes Stelle getreten. Die Zusage »Ich bin mit dir«, mit der Gott in der biblischen Überlieferung seine Gegenwart zuspricht (z. B. Gen 26,24; vgl. Gen 21,20), ist durch den Spruch ersetzt: »Unsere Lippen sind mit uns« (V. 5). Die Sprache hat die Funktion der Gottheit Israels übernommen. Und tatsächlich, sie hat schöpferische, gottähnliche Macht. Sie schafft Männer und Frauen nach ihren Bildern, nach geprägten Vorstellungen von Männlichkeit und Weiblichkeit, von Armen und Reichen.

Der Name der lebendigen Gottheit

Die Beter und Beterinnen des Psalms erfahren, daß sie der totalen Bestimmung durch die herrschenden Sprachregelungen entrinnen können. Sie benennen diese Erfahrung des Entrinnens als Erfahrung der Gottheit Israels. Sie steht auf und zerstört die aus Worten gemachte Welt (V. 6). Sie sagt: »Ich ertrag es nicht länger das Gemetzel, – das Wimmern wehrloser Menschen. Ich komme.« (V. 6 nach Oosterhuis 1994) Israels Gottheit tut, was ihr Name verspricht: »Ich werde dasein, wie *ich* dasein werde.« Sie kommt, aber sie kommt auf selbstbestimmte Weise, unbeherrschbar. Der Psalm bezeugt den Namen Gottes als eine Geschichte der Befreiung, ein Name, der getan wird.

In diesem Aufstand der Ewigen gegen die Wortwelt der Mächtigen spitzt sich eine grundsätzliche Spannung zwischen Gottes Geschichte und menschlichen Sprachbildern zu, die in der ganzen hebräischen Bibel durch die Unaussprechbarkeit des Namens Gottes gegenwärtig ist. Vier Konsonanten – »JHWH« – verweisen im geschriebenen hebräischen Text auf den Namen Gottes. Gelesen und ausgesprochen wird ein anderes Wort, nämlich »Adonai«, d.h. mein Herr. Mit ihrer Unterscheidung von Schrift und Sprache ist die hebräische Bibel eine ständige Herausforderung für Übersetzerinnen und Übersetzer, geeignete Worte für die Selbstzusage der Ewigen zu finden. Wo Luther mit »Herr« übersetzt, versuchen z. B. Martin Buber und Franz Rosenzweig dieser herrschaftlichen Prägung des Namens zu entkommen. Sie wollen mit der pronominalen Wiedergabe »DU, ER, SEIN etc.« die mit dem Namen gegebene Zusage Gottes, gegenwärtig zu sein, vergegenwärtigen. Viele jüdische Bibel- und Gebetsübersetzungen haben »der Ewige« als gebräuchliche Wiedergabe des Namens. An die beiden letztgenannten lehne ich mich an, wenn ich den Namen in der Übersetzung des Psalms mit »Du« und »die Ewige« wiedergebe. Dabei bin ich mir bewußt, daß sexistische Gottesbilder und die androzentrische Prägung des Namens nicht allein durch grammatikalische Änderungen zu beseitigen sind. Doch in jedem Fall bleibt das Ringen um die Wiedergabe des Namens ein Zeichen dafür, daß Israels Gottheit in ihrem Zur-Welt-Kommen immer wieder in Auseinandersetzung und Kritik mit den Worten und Bildern gerät, die sie bezeugen.

Psalm 12 besingt diese Erfahrung. Die Ewige, wenn sie aufsteht, zerstört die Macht, die die Sprache mit ihren Bildern auch über die Gottheit hat (V. 7). In der erfahrenen Befreiung werden die Sprüche Gottes geläutert. Siebenfach mußten sie geläutert werden, so wie Silber in einer Werkstatt, denn die Reden Gottes sind zu einem Teil des Wahnsinns geworden. Gefaßt in herrschaftliche Gottesbilder steht Gott als Garant gesellschaftlicher Institutionen denen feindlich gegenüber, die bei ihm Hilfe suchen. Diese Pervertierung kennt z. B. auch der Dekalog, wenn er vor dem Mißbrauch warnt: »Trage nicht IHREN deiner Gottheit Namen auf den Wahn.« (Ex 20,7) Psalm 12 bejubelt, daß die Ewige selbst einen Ausweg aus diesem Elend schafft. Es ist die *bilderstürmende Geschichte des Namens*, die ein bleibendes Gegenüber und eine kritische Instanz gegenüber jedem Zeugnis und jedem Sprechen von Gott bildet. Das Seufzen und Ächzen der Armen wird zu Sprache, wenn Gott zur Welt kommt. Eine Gottheit macht von sich reden, die Gedemütigte aufrichtet und ihnen ein Lied in den Mund gibt. Diese Erfahrung der Befreiung veranlaßt die Beter und Beterinnen sogar, von »reinen Sprüchen« zu reden (V. 7), von Sprüchen, die sich bewähren, in denen sie die behütende Gegenwart Gottes erfahren. Zugleich aber halten sie daran fest, daß die Ewige immer wieder die tradierten Reden Gottes läutert, sowie diese dazu dienen, Menschen zu erniedrigen und zu quälen.

Der Ort dieses Geschehens erscheint in dem Psalm im Bild einer Werkstatt (V. 7). Die Läuterung der Sprüche Gottes und unserer Sprache findet nicht ohne uns statt, so wenig die Ewige ohne uns ihre Geschichte macht. Diese Läuterung, das ist Auseinandersetzung, Streit und Erprobung in der Hoffnung, daß Worte trösten und aufrichten – die Arbeit einer Werkstatt.

In dieser Werkstatt gibt es Handwerker und Handwerkerinnen – wie die Autoren und Autorinnen des 12. Psalms. Diese Werkstatt ist die Gemeinde, die die Bibel hört und in der Hoffnung liest, daß die Gottheit, die Israel aus der Sklaverei befreite, heute zur Welt kommt. Diese Werkstatt, das sind Gruppen und Kreise, die die biblischen Texte kritisch überprüfen, ob die Rede von Gott die Erniedrigung von Frauen und Männern rechtfertigt. Es sind unser Streiten untereinander und unsere Gespräche über biblische Texte, in denen es immer wieder geschieht, daß der Gott, von dem wir in fremden oder befremdenden Bildern hören, sich als befreiende Gottheit gewißmacht, die unsere Kämpfe für Gerechtigkeit anstachelt.

Literatur

Ulrike Bail, »Vernimm, Gott, mein Gebet«. Psalm 55 und Gewalt gegen Frauen, in: H. Jahnow u.a., Feministische Hermeneutik und Erstes Testament. Analysen und Interpretationen, Stuttgart/Berlin/Köln 1994, 67-84.

Die Schrift verdeutscht von *Martin Buber* gemeinsam mit *Franz Rosenzweig*, Heidelberg 1981.

Martin Buber; Franz Rosenzweig, Die Schrift und ihre Verdeutschung, Berlin 1936.

Klara Butting, Die Buchstaben werden sich noch wundern. Innerbiblische Kritik als Wegweisung feministischer Hermeneutik, Berlin 1994.

Hans-Joachim Kraus, Psalmen. 1. Teilband Psalmen 1-59, Biblischer Kommentar Altes Testament Band XV/1, Neukirchen-Vluyn 1978.

Huub Oosterhuis, Du bist der Atem und die Glut. Gesammelte Meditationen und Gebete, Freiburg/Basel/Wien 1994.

Kees Waaijman, Psalmen vanuit de ballingschap. Verklaring van een bijbelgedeelte, Kampen 1986.

Die Klage einer Frau
Zu sprechen gegen das Schweigen
Psalm 55

Ulrike Bail

1 Dem Chormeister, mit Saitenspiel, ein Weisheitslied von David.
2 Vernimm, Gott, mein Gebet,
und verbirg dich nicht vor meinem Flehen.
3 Merke auf mich und antworte mir.
Ich irre umher in meiner Verzweiflung
und bin verwirrt
4 wegen des Geschreis des Feindes,
wegen der Bedrängnis seitens des Frevlers.
Sie lassen Unheil herabfallen auf mich,
und im Zorn beschuldigen sie mich.
5 Mein Herz bebt in meiner Mitte,
und Todesschrecken fallen auf mich.
6 Furcht und Zittern kommen zu mir,
und mich bedecken Schrecken.
7 So sprach ich:
Hätte ich Flügel gleich der Taube –
fliegen wollte ich und mich niederlassen.
8 Siehe,
ich möchte in die Ferne flüchten,
in der Wüste übernachten,
9 zu meinem Zufluchtsort eilen
fort vom reißenden Wind, vom Sturm.
10 Verwirre, mein Herr,
spalte ihre Zunge.
Ja, ich sehe Gewalttat und Streit in der Stadt.
11 Sie umkreisen sie tags und nachts auf ihren Mauern,
und Unheil und Mühsal wohnt in ihrer Mitte.
12 Verderben wohnt in ihrer Mitte,
und von ihrem Markt weichen Bedrückung und Trug nicht.
13 Ja, wenn ein Feind mich schmähte,
so wollte ich's tragen.
Wenn mein Hasser über mich groß getan hätte,
so wollte ich mich verbergen vor ihm.
14 Du aber: ein Mensch meinesgleichen,
mein Vertrauter, mein Bekannter,
15 die wir miteinander süße Gemeinschaft pflegten,
im Hause Gottes wandelten in der Menge.
16 Der Tod soll über sie herfallen,
sie sollen lebendig zur Scheol hinabfahren,
denn wo sie wohnen, ist Bosheit in ihrer Mitte.
17 Ich, zu Gott rufe ich,

und GOTT wird mich retten.
18 Abends und morgens und mittags klage und stöhne ich,
und er wird meine Stimme hören.
19 Er wird retten zum Heil mein Leben
aus dem Streit wider mich,
denn zu vielen sind sie um mich.
20 Gott wird hören und sie demütigen,
er, der thront seit der Urzeit,
denn sie kennen keine Verpflichtung
und fürchten Gott nicht.
21 Er erhebt seine Hände gegen seinen Wohlgesinnten,
er entweiht seinen Bund;
22 glatter als Butter schmeichelt sein Mund,
aber Streit liegt ihm am Herzen;
weicher als Öl fließen seine Worte,
aber sie sind Dolche (gezückte Schwerter).
23 Wirf auf GOTT dein Begehren,
und er, er wird dich aufrecht halten,
er läßt es auf ewig nicht zu, daß der Gerechte wankt.
24 Du aber, Gott,
möchtest du sie fahren lassen in die tiefste Grube,
die Männer des Blutes und des Truges
mögen nicht erreichen die Hälfte ihrer Tage.
Ich aber, ich vertraue auf dich.

Der erste Vers des Psalms, der während der Rezeption des Psalms und der Komposition des gesamten Psalters vor unserer Zeitrechnung hinzugefügt wurde, nennt David als Subjekt des Gebetes. Diese redaktionelle Notiz aber ist nicht historisch zu verstehen, sondern als eine Verknüpfung mit der Biographie Davids, die zu Identifikation einladen soll. Allerdings wird der Psalm damit auch eingegrenzt auf einen ›männlichen‹ Kontext. Und so schreibt Kurt Marti in seinen Annäherungen an die Psalmen: »Das Ich der Psalmen ist stets ein männliches« (Marti 1991, 55). Ist damit gesagt, daß das befreiende Potential der Klagepsalmen von Frauen nicht in Anspruch genommen werden kann? Lassen sich die speziellen Gewalterfahrungen von Frauen wie Vergewaltigung in den Klagepsalmen nicht verorten? Es sind auch andere Verknüpfungen möglich, nämlich Verknüpfungen mit Erzählungen des Ersten Testamentes über Gewalt gegen Frauen. Ps 55 kann als Frauenstimme verstanden werden, allerdings nicht im Sinne historischer Rekonstruktion von Verfasserschaft.

Die Gewalt und der Schrecken, die die Beterin erlebt, werden mit einer Stadt verglichen, deren Mauern von der Gewalt besetzt sind und in der die Gewalt bis in das Zentrum, den Marktplatz, vorgedrungen ist (vgl. V. 10-12). Dabei ist die Stadt nicht nur Ort, sondern auch Objekt der Gewalt. Zwischen der Stadt (V. 10-11) und der Gewalt, wie sie die Beterin erlebt (V. 3-6), sind Stichwortverbindungen zu finden (vgl. ›Unheil‹ in V. 4.11; ›in der Mitte‹ in V. 5.11.12). Es besteht also eine Verbindung zwischen dem Ich des Psalms, das seine Gewalterfahrung verbalisiert, und der eroberten und besetzten Stadt. Sowohl die Stadt als auch das Ich sind Objekte der Gewalt, der sie ohnmächtig ausgeliefert sind. Nimmt man die Verben, mit denen das Ich seine Erfahrung in V. 4b-6 ausdrückt, zum Stadtbild hinzu, wird die totale Beherrschung des Raumes durch die Gewalt deutlich. Während im Stadtbild die bedrängenden Bewegungen horizontal verlaufen (umgeben, nicht weichen), bewegt sich das Unheil, dem das Ich ausgesetzt ist, in vertikaler Linie (regnen auf, fallen auf, bedecken). Die Topographie der Gewalt beherrscht den Raum, aus dem es kein Entrinnen gibt.

Können nun der Schrecken und die Gewalt, wie sie in Ps 55 im topographischen Bild der Stadt ins Wort gebracht werden, auch als Klage über Vergewaltigung gelesen werden? Es gibt mehrere Hinweise darauf, daß dies möglich ist. So hat ›Stadt‹ im Hebräischen feminines Genus und wird häufig als Frau personifiziert. Tochter Zion, Jungfrau Jerusalem, Hure Babylon sind nur einige Beispiele für die Verbindung von Frau und Stadt. Die Berührungspunkte zwischen Stadt und Beterin in Ps 55 und andererseits die zwischen Stadt und Frau deuten darauf hin, daß an ein weibliches Subjekt in Ps 55 gedacht werden kann. Den zweiten Hinweis birgt das Verb ›umkreisen‹ (V. 11). In den Klagepsalmen bringt dieses Wort die Bedrohlichkeit der Gewalt, ihr erschreckendes Ausmaß und die Ohnmacht der Beterin zur Sprache (vgl. z. B. Ps 17,11). Häufig impliziert das Verb äußersten Schrecken (vgl. z. B. Jer 6,25; Ps 31,14). In der Bedeutung ›feindlich umgeben‹ steht es in kriegerischen, militärischen Kontexten, d. h. im Kontext der Belagerung und Eroberung einer Stadt (vgl. z. B. Jer 4,17; 50,14f). In Ps 55 ist das Verb ›umkreisen, umgeben‹ mit ›Stadt‹ und ›Marktplatz‹ verbunden. Diese Verbindung verweist auf zwei Erzählungen im Ersten Testament, nämlich auf Ri 19 und Gen 19. In beiden ist der Ort der Gewalt das Innere einer Stadt, der Marktplatz. Die Gewalt nimmt ihren Anfang bei dem Verb ›umgeben‹, das eine Vergewaltigung bzw. eine drohende Vergewaltigung zur Folge hat. In Ri 19 wird eine Frau von Männern, die das Haus umringen, die ganze Nacht vergewaltigt. Sie stirbt am frühen Morgen. Verknüpfen wir nun Ri 19 und Ps 55 und lesen sie gewissermaßen gleichzeitig, dann entsteht eine Parallele zwischen der Stadt und dem Körper der Frau. Die Gewalt, der in Ps 55 die Stadt ausgesetzt ist, entspricht der Gewalt, die in Ri 19 den Körper der Frau zerstört. Ri 19 und ›umkreisen‹ als Terminus der Belagerung und Eroberung einer Stadt mitgelesen, ermöglicht es, Ps 55 als Klage über Vergewaltigung zu lesen. Die Beterin spricht aus, daß ihr eigener Raum, ihr eigener Körper, gleich der eroberten Stadt seiner Integrität und Unversehrtheit beraubt wurde. Die Verfügbarkeit des Ortes entspricht der Verfügbarkeit des weiblichen Körpers. Die Grenzen der Stadt wie die Grenzen des Körpers werden nicht respektiert. Der Körper einer Frau kann wie eine Stadt erobert, eingenommen, geplündert und zerstört werden. Die Eroberung der Stadt entspricht der Vergewaltigung der Frau.

Dazu kommt die Schilderung des/der Täter/s als vertraut und nahe (V. 14f.). Die Gewalt vollzieht sich in einem geographisch und emotional bekannten Raum. Aus gegenwärtiger Perspektive kann auch hier ein Bezug zu Vergewaltigung gesehen werden, da diese Topographie der Nähe bei den meisten Vergewaltigungen zu finden ist. Etwa die Hälfte aller Vergewaltigungen wird von Männern verübt, die die Frau vor der Tat schon kennt. Frauen drohen die größten Gefahren durch bekannte Täter in einer vertrauten Umgebung.

Doch der Psalm spricht den Schrecken nicht nur aus, er entwirft Gegenräume, Räume gegen die Gewalt. Schon dadurch, daß der Psalm ein Aussprechen der Gewalterfahrung und ein Benennen des/der Täter/s ermöglicht, löst sich das Leid aus seiner subjektiven Vereinzelung und Isolation. Die Klage ermöglicht den Opfern, den Schrecken und die Gewalt zu benennen, und dadurch kann die Mauer des Schweigens, die die Sieger um ihre Opfer ziehen, aufgebrochen werden.

Die Texte der Klage sind immer auf der Seite der Opfer, auch auf der Seite der Opfer sexueller Gewalt. Sie decken die Gewalt auf, machen sie benennbar und hörbar und entlarven die Täter der Gewalttat und die Strukturen der Gewalt. Auch die Passagen, die das Ende des/der Täter/s fordern (V. 16.20.24), spiegeln den Versuch wider, die Gewalt des/der Täter/s zu beenden. In einer Situation absoluter Ohnmacht scheint nur der Tod des/der Täter/s ein Ende der Gewalt zu bringen. Doch der Tod der Täter hat nicht das letzte Wort. Im Vertrauen auf Gott wird ein Gegendiskurs entworfen, der dem ohnmächtigen Objekt der Gewalt seine Subjekthaftigkeit und Identität wieder ermöglicht. Dies geschieht im Raum der Wüste, der als Gegenraum zur Stadt entworfen wird (V. 7-9). In diesen Versen wird zwar die Rettung als nicht realisierbare Wirklichkeit dargestellt, doch sie spiegeln auch eine Überlebensstrategie wider, nämlich die der Dissoziation. Das Bild der Taube, die in die Wüste als ihrem Zufluchtsort flieht, ist durch keine Stichwortverbindungen in den übrigen Psalm eingebunden, sondern steht isoliert. Das Taube-Wüsten-Bild ist gewissermaßen dissoziiert. Dissoziation bedeutet, daß die Gefühle abgespalten und der Körper vom Ich getrennt werden, um in ausweglosen Situationen körperlicher und seelischer Bedrängnis zwischen dem Ich und einem nicht auszuhaltenden Schmerz eine

Grenze zu ziehen. Die imaginierte Flucht der Taube in die Wüste hat demnach auch die Funktion, nicht bis in die letzte Tiefe des Ichs zerstört zu werden. Mit Hilfe dieses Bildes gelingt es dem Ich, die alles überwältigende Gewalterfahrung zu überstehen, ohne sich zu verlieren. Die Kraft, in der Situation absoluter Ohnmacht in neuen Bildern zu sprechen und neue Räume zu entwerfen, korrespondiert mit dem »Ich aber, ich vertraue auf dich« am Ende des Psalms. Was in V. 7-9 nur angedeutet wird, nämlich einen Zufluchtsort zu finden, gewinnt durch das korrespondierende »Ich aber, ich vertraue auf dich« Gewißheit: Gott steht auf der Seite der Beterin. Und indem die Beterin Gott als ihre Anwältin gegen die Gewalt einfordert, wird auch Gott eingeknüpft in die alltäglichen und allnächtlichen Erfahrungen der Gewalt gegen Frauen. Auf diese Klage zu verzichten hieße, Gott mit dem Schrecken und der Gewalt zu identifizieren. Die laute und öffentliche Klage könnte der Taube einen wirklichen Zufluchtsort schaffen, einen Ort, an dem nicht nur Überleben, sondern Leben ohne Bedrohung möglich ist, an jedem Tag und in jeder Nacht. Klagen im Namen der Taube könnte Beginn einer Befreiung sein. Und so könnte die Überschrift von Ps 55 lauten: Die Klage einer Frau. Zu sprechen gegen das Schweigen.

Literatur

Ulrike Bail, Gegen das Schweigen klagen. Eine intertextuelle Studie zu den Klagepsalmen Ps 6 und Ps 55 und der Erzählung von der Vergewaltigung Tamars, Gütersloh 1998, bes. 160ff.

Kurt Marti, Die Psalmen Davids. Annäherungen, Stuttgart 1991.

Wohin ich getrost fliehen kann
Psalm 91

Willy Schottroff

1 Wer im Versteck des Höchsten sitzt, im Schatten des Starken nächtigt,
2 ›der spricht‹ zu Jhwh[1]*: »Meine Zuflucht und meine Festung, mein Gott, auf den ich vertraue.«*
3 Denn er errettet dich vor dem Klappnetz des Vogelstellers, vor dem verderbenbringenden ›Wort‹.
4 Mit seinem Fittich beschirmt er dich, und unter seinen Flügeln findest du Zuflucht:
Ein Schild und eine Mauer ist seine Treue.
5 Nicht mußt du dich fürchten vor plötzlichem Schrecken bei Nacht, vor dem Pfeil, der bei Tag einherfliegt,
6 vor der Pest, die im Finstern schleicht, vor der Seuche, die am Mittag wütet.
7 Fallen auch tausend an deiner Seite und zehntausend zu deiner Rechten, so trifft es dich doch nicht:
8 Wahrlich, mit deinen Augen wirst du es erblicken und sehen, wie den Frevlern vergolten wird.
9 Denn du, – Jhwh ist ›deine‹ Zuflucht, den Höchsten nahmst du zu ›deiner Schutzwehr‹.
10 Nicht wird dir ein Übel begegnen, und keine Plage wird deinem Zelte nahen:
11 Hat er doch seinen Boten befohlen deinethalben, daß sie dich behüten auf allen deinen Wegen.
12 Auf Händen tragen sie dich, daß dein Fuß nicht an einen Stein stoße.
13 Über Löwe und Otter wirst du schreiten, Junglöwe und Drache niedertreten.
14 »Weil er an mir hängt, deshalb rette ich ihn; ich schütze ihn, denn er kennt meinen Namen.
15 Ruft er mich an, so antworte ich ihm: Ich bin bei ihm in der Not. Ich reiße ihn heraus und bringe ihn zu Ehren.
16 Mit langen Lebenstagen sättige ich ihn und lasse ihn schauen meine Hilfe.«

Namentlich die ältere Exegese sah im 91. Psalm das hohe Lied des Gottvertrauens schlechthin und faßte den Gehalt des Psalms in einem freischwebend-allgemeingültigen und jedem zugänglichen Sinne auf: Indem der Psalm in zeitloser Weise die *providentia specialissima* Gottes lehre (vgl. Kittel 1914), schwinge er sich religiös zum »gewaltigen, ja, unüberbietbaren Aus-

1. Mit ›…‹ sind Abweichungen vom überlieferten hebräischen Text bezeichnet. Zu ihnen vgl. den Apparat der Biblia Hebraica Stuttgartensia (= BHS). Das Tetragramm (Jhwh), der nach jüdischer Auffassung unaussprechbare Gottesname, ist deutsch wohl am einfachsten »Gott« zu lesen.

druck des Individualismus« auf (Gunkel 1968). In diesem Sinne umschreibt Hermann Gunkel die Kernaussage des Psalms, V. 7 aufgreifend, dann näherhin mit: »Die Seele, die auf Gott vertraut, ist herausgenommen aus Tausenden. Unter Zehntausenden hat sie ihr besonderes Geschick!« Für die Vertreter dieser Deutung, die zumindest im landläufigen Bewußtsein auch heute noch weit verbreitet ist, steht diese - durchweg positiv gewertete - Frömmigkeitshaltung, die in den Konventikeln der zu den »Stillen im Lande« zählenden Frommen in der Spätzeit des Alten Testaments ausgebildet worden sei, derjenigen ganz nahe, die im Raum des Protestantismus etwa ein so bekanntes Kirchenlied zum Ausdruck bringt wie: »Wer nur den lieben Gott läßt walten und hoffet auf ihn allezeit, den wird er wunderbar erhalten in aller Not und Traurigkeit« (Evangelisches Gesangbuch Nr. 369). Und allenfalls die Mißdeutung der Verse 7 und 8 im Sinne eines gläubigen Egoismus, der sich selbst in der Sicherheit auf einen allzeit guten (und - etwa im Krieg getreu der Devise »Gott mit uns« - auf einen für den glaubenden Krieger und die eigene Seite gewissen und ungefährdeten) Ausgang wiege, während er seinen Feinden in naiv anmutender Weise Vergeltung und Untergang androhe, mochte kritische Bedenken gegen den Psalm erwecken (vgl. Hirsch 1986, 41f.).

Doch schon der auffallende Sachverhalt, daß Ps 91 nicht als ein frommes Selbstbekenntnis in Ich-Rede formuliert ist und (obwohl die Verse 1 und 2 durchaus lehrsatzhaft einsetzen) auch nicht durchgängig als allgemeinverbindliche Lehre weisheitlicher Art, sondern weithin als Anrede, muß dieser Sicht gegenüber stutzig machen und läßt jenseits der vermeintlichen Allgemeingültigkeit des Psalms nach dem konkreten Ort und Sinn seiner Aussagen fragen. Anhaltspunkte für die Beantwortung dieser Frage bietet zunächst die formale Struktur des Psalms. Sie ist dreigegliedert: An die unpersönlich in der 3. Person gehaltene lehrsatzartige Auftaktaussage über das mögliche Vertrauen (V. 1f.) schließt eine begründende Rede an, die das Hauptkorpus des Psalms ausmacht (V. 3-13), sich an ein nicht näher bezeichnetes Du richtet und diesem erläutert, worauf es im einzelnen hoffen kann. Wer in diesen beiden Teilen redet, kann man aus der Analogie der Torliturgien Ps 15 und 24 erschließen. Es ist hier wie dort wohl ein Priester, den man sich im Tor des Jerusalemer Tempels stehend vorzustellen hat, wo er Ankommende empfängt (auch wenn in Ps 91 im eigentlichen Sinne keine Liturgie vorliegt, weil ihm die für die beiden genannten Psalmen charakteristische Wechselrede fehlt). In den abschließenden Versen 14-16 tritt ein neuer Sprecher hervor: ein Ich, das - merkwürdigerweise - in dritter Person dem (oder der) zuvor Angeredeten Zusagen macht, die das vom Priester Ausgesprochene bestätigen. Subjekt dieser Verse ist zweifellos Gott, der (und das erklärt die auffällig indirekte Art der Zusage) dem (oder der) eigentlich Angeredeten auf dem Weg über den Priester, der am Heiligtum zu bestimmen hat, ein Heilsorakel zukommen läßt. Dieses Heilsorakel, ein Schutzorakel, das über die Aufnahme am Heiligtum entscheidet (vgl. Delekat 1967, 235-239), und die in ihm enthaltenen Zusagen sind der tragende Grund für das Vertrauen, das der ganze Psalm einschärft. Obwohl es erst am Ende des Psalms erscheint, gehört es daher zumindest sachlich an die Spitze des Psalms als seine erste Aussage.

Wer ist derjenige oder diejenige, die beim Tempel erscheinen und die Ps 91 als konkrete Adressaten im Auge hat? Diese Frage richtet sich auf eine Näherbestimmung der Not, in der der Psalm Vertrauen wecken will. Seine Aussagen sind freilich nicht durchweg eindeutig, und es scheint auch nicht eine einzige Not zu sein, die hier im Blick ist. Deutlich ist jedoch, daß die Not auch in *Krankheit*, nämlich in der Bedrohung durch eine Seuche, wie sie die Pest ist, besteht (V. 3b.6; so ist wohl auch die »Plage« in V. 10b zu verstehen). Auf Krankheit könnte ebenfalls in V. 5 angespielt sein, wenn man in dem Pfeil, von dem hier die Rede ist, die krankmachende Wirkung Gottes oder eines Krankheitsdämons (vgl. Ps 38,3; Klgl 3,13; Ijob 6,4; 16,13) oder auch die der Sonne am hohen Mittag (Ps 121,6) zu sehen hätte. Sollte allerdings in V. 3 in Anlehnung an Septuaginta und andere Textzeugen das vom masoretischen Text gebotene *middäbär* »vor der Pest« in *middebar* zu ändern sein, wie es mit BHS die oben gebotene Übersetzung vorschlägt, so hätte man hier vielmehr an verleumderische Worte, besonders an *falsche Anschuldigungen bei Gericht* zu denken, deren Wirkung für den Betroffenen ganz wie die des Klappnetzes eines Vogelstellers sind (V. 3a), in dem sich ein Argloser leicht verfängt (etwa ein Prophet, Hos 9,8, oder sonst jemand, der auf diese Weise mundtot gemacht werden soll). Die Nachstellungen der Feinde erschöpfen sich allerdings nicht in den bloß verbalen Angriffen solcher Bezichtigungen, sondern sind offensichtlich von ganz unmittelbar handgreiflicher Art, wie aus V. 5 hervorzugehen scheint, wo bei einem wörtlichen Verständnis der Aussagen nicht auf umgehende Krankheitsdämonen, sondern vielmehr auf die Panik angespielt wäre, in die ein unversehens in nächtlichen Hinterhalt Geratender verfällt, und auf die Pfeile seiner Verfolger, die auf ihn bei Tage plötzlich abgeschossen werden (so auch in Ps 11,2; vgl. Ps 7,13f.; 37,14f.). Es geht hier also in erster Linie und unmittelbar um *konkrete Verfolgung und Nachstellungen*, denen man sich nur durch die Flucht entziehen kann, wenn man sein Leben nicht riskieren will. Auf einen Flüchtenden, der schließlich bei Gott Geborgenheit gefunden hat, deuten im übrigen ganz überwiegend die durchgängigen Leitworte des Psalms (wie »Versteck« in V. 1, »Zuflucht« bzw. »Zuflucht finden« in

V. 2, 4 und 9, aber auch »Festung« in V. 2, »Schild«, »Mauer« in V. 4 und »Bollwerk, Schutzwehr« in V. 9). Im Blick ist also primär jemand, der sich den Nachstellungen eines mächtigen Gegners, etwa eines Bluträchers, oder auch denjenigen einer Menge von Feinden nur mit knapper Not aufgrund der Hilfe seines Gottes entziehen konnte. Alles andere wie etwa die Krankheit und die ungerechtfertigten Bezichtigungen, so stellt es sich dar, kommen zu dieser Grundnot nur, sie noch erschwerend, hinzu.

Insgesamt wecken die vom Psalm gebrauchten Bilder also vorwiegend Assoziationen an geglückte Fluchtsituationen, von denen die hebräische Bibel berichtet, wie zum Beispiel die Hagars (Gen 16,6ff.), Jakobs (Gen 27,41ff.; 28,10ff. usw.), Elias (1 Kön 19,1ff.) oder auch die des ganzen Volkes Israel bei seinem Auszug aus Ägypten (Ex 14,5ff). Ein Teil der Bilder und Motive, die in Ps 91 anklingen, haben jedenfalls - wohl nicht von ungefähr - in diesen Überlieferungen eine direkte Entsprechung. So erinnert das - in Psalmen freilich auch sonst häufig begegnende (vgl. Ps 17,8; 36,8; 57,2; 61,5; 63,8, ferner Rut 2,12) - Motiv von der Geborgenheit unter den Fittichen Gottes (V. 4) lebhaft an den - auf den Exodus Israels aus Ägypten bezüglichen - »Adlerspruch« und an die Schutzfunktion des in ihm als Adler verbildlichten Gottes (Ex 19,4; Dtn 32,11). Andererseits findet sich die in V. 11 verheißene Bewahrung durch Engel auch in der Überlieferung von dem zum Horeb fliehenden Elia (1 Kön 19,4-8; vgl. noch 1 Kön 17,2-6 und Ps 34,8). Die vom synoptischen Jesus in Lk 10,19 aufgenommene und an die Jünger gerichtete Zusage des unversehrten Hinwegschreitens über wilde Tiere und Schlangen (V. 19) schließlich wirkt wie die Umkehrung der Drohung von Am 5,19, die sich gegen den wendet, der dem hereinbrechenden Gerichtstag Jhwhs vergeblich zu entkommen sucht. Denn im Unterschied zu Am 5,19 soll in Ps 91 den Fliehenden bei seiner Flucht auch kein Tier, das sich ihm unversehens in den Weg stellt, aufhalten können. So behütet, erreicht er trotz aller Nachstellungen ungefährdet den Schutzraum des bergenden Asyls am Heiligtum, wo ihm ein Priester mit einem Aufnahme in das Asyl verheißenden Schutzorakel (V. 14-16) entgegentritt, während seine übermächtigen und an Zahl überlegenen Verfolger ihr Ende erleben und umkommen (V. 7, vgl. den gleichen Gedanken in Ps 3,7f.).

Die ersten beiden Verse des 91. Psalms bilden meinen Konfirmationsspruch. Ich habe ihn nie in dem Sinne verstehen können, daß er ein allgemeines, leicht erschwingliches und jederzeit gültiges Gottvertrauen zum Ausdruck bringe, sondern immer im Eingedenken an die damalige Situation. Als ihn meine Mutter seinerzeit gegen Kriegsende für mich aussuchte, waren auch wir auf der Flucht - vor den alliierten Bombern und vor der heranrückenden Front. Kirchen – und Keller – bei Menschen, die uns freundlich aufnahmen, obwohl auch sie selbst der Gewalt des Krieges und äußerster Gefährdung preisgegeben waren, erscheinen mir seither – wie mir meine Exegese bestätigt: zu Recht – immer als Räume eines solchen Schutzes, wie ihn der Psalm voraussetzt und zuspricht. Und Vertrauen war mir stets jene konkrete Gewißheit des göttlichen Schutzes, den man dort finden konnte. Heute liest daher, so meine ich, diejenige Gemeinde den Psalm richtig, die diese Erfahrung aufgreift und ihre Kirche und ihre Häuser dem schutzsuchenden Flüchtling oder dem von Abschiebung bedrohten Ausländer öffnet und ihm durch diese Tat das nahebringt, was der Psalm dem Flüchtling seiner Zeit zu sagen hatte.

Literatur

Lienhard Delekat, Asylie und Schutzorakel am Zionheiligtum, Leiden 1967.

Hermann Gunkel, Die Psalmen, 5. Aufl. Göttingen 1968.

Emanuel Hirsch, Das Alte Testament und die Predigt des Evangeliums, Tübingen/Goslar 1986.

Rudolf Kittel, Die Psalmen, Leipzig 1914.

Hannas Prophetie

Erstes Buch Samuel 2,1-2.6-8a

Luise Schottroff

1 Und Hanna betete und sprach:
Mein Herz ist fröhlich in Gott,
mein Haupt ist erhöht in Gott.
Mein Mund hat sich weit aufgetan wider meine Feinde,
denn ich freue mich deines Heils.
2 Es ist niemand heilig wie Gott, außer dir ist keiner,
und ist kein Fels, wie unser Gott ist ...
6 Gott tötet und macht lebendig,
führt hinab zu den Toten und wieder herauf.
7 Gott macht arm und macht reich;
er erniedrigt und erhöht.
8 Er hebt auf die/den Dürftige/n aus dem Staub
und erhöht die/den Arme/n aus der Asche,
daß er sie/ihn setze unter die Fürsten
und den Thron der Ehre erben lasse.
(Rev. Lutherübersetzung 1984)

Die Perikope für den Ostersonntag trifft eine Textauswahl, die den Blick ausschließlich auf Gott richtet. Hanna kommt nur noch in der Einleitung vor. Ich möchte alle, die diesen Gott, der tötet und lebendig macht, in ihrem Leben wahrnehmen möchten, einladen, 1 Sam 1, die Hannaerzählung, und 2,1-10, das Hannalied, vollständig und in Verbindung miteinander zu lesen. Die Verbindung zwischen dem Psalm und der Erzählung ist zwar erst nachträglich hergestellt worden (vermutlich hat der Psalm eine unabhängige Vorgeschichte), aber es bringt wenig, über solche Vorgeschichte zu spekulieren. Der vorhandene Textkomplex ist uns vorgegeben und sollte in seiner Konkretheit aufgenommen werden. Das jüdische Volk hat – weil der Psalm mit Hannas Geschick verbunden wurde – Hanna als Prophetin verehrt und ihren Psalm als Wegweisung in späteren Unterdrückungssituationen gelesen. Zu dieser Wirkungsgeschichte des Hannapsalms und der Hannageschichte gehört auch die Geschichte Marias im Neuen Testament und ihres prophetischen Psalms, des Magnificats (Lk 1,46-55).

Der Psalm ist ein Hymnus, der drei Erfahrungsebenen zusammensieht: die Erfahrung einer gedemütigten Frau, die politische Erfahrung des Volkes Israel und das konkrete Handeln Gottes. Der Text wäre als Aufzählung zeitloser Eigenschaften Gottes mißverstanden. Dieses Mißverständnis wird von der Textauswahl der Perikope gestützt.

Hannas Leiden und das Leiden des Volkes – Sozialgeschichtliche Beobachtungen

Die politische und soziale Situation des Volkes wird im Psalm erkennbar: Es gibt Feinde, die das Leben des Volkes Israel von außen bedrohen, eine Grunderfahrung Israels in wechselnden politischen Konstellationen seiner Geschichte (V. 1.10). Die Situation innerhalb des Volkes wird (wie im Magnificat) in Gegensatzpaaren beschrieben: oben und unten, stark und schwach, edel und gering, reich und arm, satt und hungrig. Es ist ein umfassendes Bild vom Elend des Volkes, das man durch diese Gegensätze hindurch wahrnimmt: Man gewahrt Wehrlose, die schutzlos dem Mutwillen ihrer bewaffneten Unterdrücker ausgesetzt sind (V. 4), Hungernde (V. 5a), gequälte kinderlose Frauen (V. 5b), Menschen, die vor Elend todkrank sind (V. 6), Bettelarme, die im Staub der Straße sitzen (V. 7f.). Und ihnen stehen ihre Peiniger gegenüber, die über all das verfügen, was diesen Elenden abgeht.

Hannas Leiden, auf das damit hier auch Bezug genommen wird, ist in 1 Sam 1 sehr anschaulich dargestellt. Eine Frau, die keine Söhne gebären kann, ist in einer patriarchalen Gesellschaft tiefster Demütigung und Verachtung ausgesetzt. Sie gilt als sozial tot, sie hat den Zweck der Schöpfung verfehlt. Die Bibel erzählt immer wieder vom Leiden unfruchtbarer Frauen (Sara, Rahel, Elisabet ...). In der Hannaerzählung wird die zweite Ehefrau von Elkana, Hannas Ehemann, zum »bösen Weib«, das die gesellschaftliche Unterdrückung der Kinderlosen exekutiert (1 Sam 1,2ff.). Sie wird als Mittäterin dargestellt, eine Rolle, die Frauen im Patriarchat damals und heute immer wieder nahegelegt ist. Zugleich aber wird durch diese Darstellung eines »bösen Weibes« verhindert, daß die Frage nach der Ursache der Leiden Hannas klar gestellt werden kann. Nicht Peninna, so ist der Name der zweiten Ehefrau Elkanas, verursacht dieses Leiden, sondern ein gesellschaftliches System, das Frauen in eine »Rolle« preßt, sie, weil sie biologisch weiblichen Geschlechts sind, zwingt, Kinder zu gebären. Eine Frau ohne Kinder leidet auch heute noch oft an ihrem angeblichen »Defizit«. Mir geht es hier darum, deutlich zu machen, daß damals wie heute Frauen als Frauen in gesellschaftliche Korsetts gezwungen werden und daß diese Tatsache damals wie heute nur den Namen Frauenunterdrückung verdient.

Die Parteilichkeit Gottes

Der Hannapsalm redet von Gottes Parteilichkeit: Gott ergreift Partei für die Armen und die unfruchtbaren Frauen. Gott schafft Gerechtigkeit im Volk, indem der Blick Gottes und seiner FreundInnen sich auf die richtet, die unten sind. Die Bibel ist ein Lehrbuch dafür, diese Blickweise zu erlernen. Das Leben des Volkes wird nur gewonnen, wenn die Gerechtigkeit für alle unten beginnt. Damals war die Armut vorrangig weiblich. Heute ist die Armut ebenfalls vorrangig weiblich. Die Option Gottes für die Armen kann nur als Option Gottes für die Frauen beginnen. Vor allem Frauen Lateinamerikas haben uns westlichen Wohlstandsmenschen in den letzten Jahren diesen Zusammenhang klargemacht. An dem Weg vieler Frauen in der ehemaligen DDR in Arbeitslosigkeit und Armut haben wir ebenfalls gesehen, wie brutal die ökonomische Unterdrückung zuerst die Frauen trifft. Gott ergreift Partei. In unserem Text hat er dabei Helferinnen und Helfer: die Männer, die sich mit Elkana, Hannas Mann, identifizieren, und die Frauen, die sich mit Hanna identifizieren. Elkana ist Gottes Unterstützer, weil er das Unrecht an Hanna durch Liebe und öffentliche Zuwendung aufzufangen versucht (1 Sam 1,5.8). Hanna wird Gottes Unterstützerin, indem sie als Prophetin seine Parteilichkeit besingt. Sie ist zur Verkörperung der Parteilichkeit Gottes geworden, in ihrem Geschick und in ihrer Prophetie.

»... und macht lebendig« (1 Sam 2,6)

Wegen V. 6 – »Der Herr tötet und macht lebendig« – ist dieser Text für Ostern ausgesucht worden. Eine isolierte Verwendung dieser Zeile würde einen despotischen Gott preisen und Jesu Weg ans Kreuz und seine Auferstehung vom Evangelium der Armen trennen. Jesus hat mit anderen Frauen und Männern für die Verwirklichung des Evangeliums der Armen, wie es der Hannapsalm ausdrückt, gekämpft. Dieser Kampf hat ihn ans Kreuz gebracht. Das Evangelium der Armen wurde durch die Jesusbewegung zur politischen Bedrohung der Interessen Roms in Palästina. Deshalb wurde Jesus durch die Römer gekreuzigt. Seine Auferstehung ist zuerst von den Armen im Volk gefeiert und verkündet worden. »Die Armen erfanden die Auferstehung. Gewöhnt an den Hunger und an den Tod erfinden sie, daß ihre Toten ... nicht vollständig sterben. ... Wie man merkt, hat das Volk unruhige Tote« (Assmann 1984). Der unruhige Tote Jesus Christus steht auch heute wieder auf, wo Menschen wie Hanna ihr Haupt aus der Unterdrückung erheben. Auch in unserem von Wohlstand und Armut zerrissenen

Land Deutschland gibt es Erfahrungen der Auferstehung und Begegnungen mit dem auferstandenen Christus. In diesen Begegnungen entsteht der Mut, angesichts der Brutalität unserer Gesellschaft nicht zu schweigen und zu resignieren, sondern gemeinsam eine Auferstehungs- und Widerstandspraxis zu erfinden.

Aus dieser Auferstehungspraxis erwächst die Vision der Überwindung des Todes, der Auferstehung der Gestorbenen und der Bewahrung alles Lebens bei Gott.

Literatur

Luise und Willy Schottroff, Hanna und Maria, in: L. Schottroff; J. Thiele (Hg.), Gotteslehrerinnen. Dorothee Sölle zum 60. Geburtstag, Stuttgart 1989, 23-45.

Hugo Assmann, Der Glaube der Armen im Kampf gegen die Götzen, in: H. Assmann u.a., Die Götzen der Unterdrückung und der befreiende Gott, Münster 1984, 149-194.

Maria und Elisabet singen ...
Das Magnificat im Kontext der Begegnung einer alten und einer jungen Frau
Evangelium nach Lukas 1,39-56

Claudia Janssen

39 Maria brach auf in diesen Tagen und wanderte durch das Bergland mit Eile
in eine Stadt in Judäa; 40 und sie kam in das Haus des Zacharias und grüßte
Elisabet. 41 Und es geschah, als Elisabet den Gruß Marias hörte, daß das
Kind in ihrem Mutterleib hüpfte und Elisabet vom Heiligen Geist erfüllt wur-
de; 42 und sie tat einen lauten Ausruf und sprach: »Willkommen bist du unter
Frauen, und gesegnet ist die Frucht deines Leibes! 43 Und woher kommt diese
(Offenbarung) für mich, daß die Mutter meines Herrn zu mir kommt? 44 Siehe
nämlich, als es sich ereignete, daß der Klang deines Grußes an meine Ohren
gelangte, hüpfte das Kind voll Freude in meinem Innern. 45 Und selig ist die,
die geglaubt hat, daß sich erfüllen werde, was der Herr ihr zugesagt hat.« 46
Maria und Elisabet singen:
»Meine Seele lobt Gott,
47 und mein Geist jubelt über Gott, meine Rettung,
48 Gott hat auf die Erniedrigung seiner Sklavin geschaut.
Seht, von nun an werden mich seligpreisen alle Geschlechter,
49 denn Großes hat die göttliche Macht an mir getan, und heilig ist ihr Name,
50 und ihre Barmherzigkeit schenkt sie Generation auf Generation denen, die sie fürchten.
51 Sie hat Gewaltiges mit ihrem Arm bewirkt;
Sie hat zerstreut, die hochmütig sind in der Gesinnung ihres Herzens.
52 Sie hat die Mächtigen von den Thronen gestürzt und die Erniedrigten erhöht,
53 Hungernde hat sie reichlich mit Gütern beschenkt und die Reichen leer weggeschickt.
54 Sie hat sich Israels, ihres Kindes, angenommen und sich an ihre Barmherzigkeit erinnert,
55 wie sie es unseren Vorfahren gesagt hatte, Abraham und seinen Nachkommen in Ewigkeit.«
56 Maria aber blieb etwa drei Monate bei ihr und kehrte in ihr Haus zurück.

Zwei Frauen begegnen sich: Solidarität statt Konkurrenz

Das Magnificat ist in den Kontext der Begegnung von Elisabet und Maria eingebettet und soll im folgenden aus dieser heraus interpretiert werden. Zwar ist die Erzählung in Lk 1 als »legendarisch« zu verstehen, dennoch sind hier viele historische Erinnerungen der Menschen, die sie überliefert haben, verarbeitet. Mit den Erzählungen von Elisabet und Maria, Zacharias, Simeon und Hanna berichten die frühchristlichen Gemeinden auch über ihre eigene Gegenwart. Insofern möchte ich die legendarische Begegnung als »historisch« verstehen und auf die Situation von Frauen und Männern im 1. Jahrhundert n.Chr. beziehen.

Zwei unterschiedliche Frauen kommen im »Haus des Zacharias« zusammen (V. 39): Eine bis ins hohe Alter kinderlos gebliebene und nun schwangere Greisin und eine unehelich schwanger gewordene junge Frau, die nicht älter als 12-13 Jahre gewesen sein wird. Wer sind diese beiden Frauen? Was verbindet sie miteinander? Wie kommt es zu ihrer Begegnung?

»Siehe, ich bin *doule kuriou*« (V. 38), mit diesen Worten hatte sich Maria nach der Ankündigung des Engels auf den Weg zu Elisabet gemacht (V. 39). *Doule* wird in fast allen Übersetzungen mit »Magd« wiedergegeben, ihr Gehorsam, mit dem sie sich demütig, hilflos und passiv dem Handeln Gottes unterordnet, wird herausgehoben. Maria nennt sich selbst jedoch »Sklavin«. In diesem Begriff schwingt mehr mit als die Vorstellung einer sanften, demütigen Glaubenshaltung. SklavInnen standen auf der untersten sozialen Stufe der Gesellschaft, ohne Rechte und Schutz waren sie Eigentum ihrer HerrInnen und konnten von ihnen ökonomisch und sexuell ausgebeutet werden. Wenn Maria sich Sklavin nennt, dann drückt sie damit ihr Wissen um die Konsequenzen, die ihr Weg für sie bedeuten wird, aus und trifft eine bewußte und aktive Entscheidung. Sie tritt als handelndes Subjekt in die Heilsgeschichte Gottes ein.

Elisabet ist die zentrale Figur von Lk 1. Ihre Schwangerschaft strukturiert den zeitlichen Ablauf (vgl. V. 24.26.36.56), ihre Eigenständigkeit wird betont. Als eine der wenigen Frauen im Evangelium hält sie eine machtvolle prophetische Rede. In ihrem Lobpreis drückt Elisabet ihre Befreiungserfahrung und ihr besonderes Gottesverhältnis aus und nimmt hier die zentralen Aussagen des Magnificats bereits vorweg: »Gott hat mir geholfen; er hat in diesen Tagen auf mich geschaut und meine Demütigung in den Augen der Menschen weggenommen.« (V. 25) Ihre Leidensgeschichte als kinderlose alte Frau dient als Schlüssel für das Verständnis der Aussage des ganzen Kapitels: Gott steht auf der Seite der Frauen und wird das Volk aus Unterdrückung und Erniedrigung befreien.

Wie ist das Verhältnis zwischen Maria und Elisabet zu beschreiben? Welche Unterschiede und welche Gemeinsamkeiten bestehen zwischen ihnen? Zwei Motive durchziehen die Auslegungsgeschichte, die die Konkurrenz und die Unterschiede zwischen ihnen betonen: 1. Die unterschiedliche Bewertung des Wunders ihrer Schwangerschaft: Das Wunder einer Jungfrauengeburt steigere das der Geburt einer Unfruchtbaren.

2. Die Unterordnung Elisabets unter Maria sei dadurch bedingt, daß diese den Messias, jene »nur« den Täufer zur Welt bringe.

Antikes gynäkologisches Wissen hält jedoch die Schwangerschaft einer unfruchtbaren alten Frau für ebenso ungewöhnlich wie die einer Jungfrau (vgl. Schottroff 1994, 283-285). Im Rahmen antiker Zeugungsvorstellungen erscheint es ebenso (un-)wahrscheinlich, daß eine junge, fruchtbare Frau durch ihren eigenen Samen ein Kind zur Welt bringt wie der »erstorbene« Leib einer unfruchtbaren Frau. Beide Formen von Schwangerschaft sind aber als legendarisches Motiv bekannt. Zwei Gründe haben in der Auslegung von Lk 1 zu der These von der Wundersteigerung geführt: Einmal wird die Empfängnis einer Unfruchtbaren fast durchgängig als »beliebtes« oder »gängiges« Sagenmotiv bezeichnet. Es erscheint nicht weiter ungewöhnlich oder betrachtenswert, was mit Hilfe dieses Motivs ausgedrückt werden soll. Im Gegensatz dazu wird die Jungfrauengeburt als besonders und außergewöhnlich herausgestellt, meist ohne die konkreten Hintergründe zu betrachten, die hinter diesem Motiv stehen. Zweitens spielen christologische Gründe eine Rolle: Die Empfängnis und Geburt Christi muß doch bedeutender sein als die des Täufers! Natürlich darf hier nicht die Auslegungsgeschichte außer acht gelassen werden, die die Jungfräulichkeit Marias besonders herausgestellt und sie damit über alle anderen Frauen und deren Sexualität erhoben hat.

Der Text selbst spricht nicht von einer Steigerung der wundersamen Schwangerschaften. Gott wirkt Wunder in der konkreten Situation jeder der beiden Frauen: an der alten unfruchtbaren Elisabet und an der jungen unverheirateten Maria. Die Worte des Engels bringen dies zum Ausdruck. Mit dem Verweis auf die Schwangerschaft Elisabets sagt er zu Maria: »Für Gott ist nichts unmöglich.« (V. 37). Dies verbindet sie miteinander und beschreibt ihre jeweilige Erfahrung mit Gott, die sie veranlaßt, zusammenzukommen. Der Gedanke der Konkurrenz liegt hier fern. Der Blick ist hier auf Gottes Handeln gerichtet, der Befreiung und Rettung bewirkt.

Frauenkörper und Schwangerschaft

Die Körper von Elisabet und Maria, ihr »Mutterleib«, treten durch die Betonung ihrer Schwangerschaften in den Blick und dienen in besonderer Weise dazu, sie zu charakterisieren (V. 41.42.44). Die beiden Frauen scheinen auf ihre Rolle als Schwangere, Mütter und Nährende beschränkt zu sein. Elisabet und Maria werden jedoch nicht auf ihre Mutterrolle festgelegt. Elisabet preist Maria in V. 45 nicht aufgrund ihrer Mutterschaft, sondern wegen ihres Glaubens. Häufige Schwangerschaften prägen in besonderer Weise den Alltag von Frauen in der Antike. Den »Mutterleib« als Ort des Heilshandelns Gottes zu beschreiben, bedeutet auf diesem Hintergrund auch, die Gebärfähigkeit der Frauen als Besonderheit ihres Alltags wahrzunehmen. Von ihr kann Frauenaktivität ihren Ausgangspunkt nehmen, die nicht allein auf das Nähren und Aufziehen ihrer Kinder bezogen ist, sondern auf andere Bereiche des gesellschaftlichen und religiösen Lebens übergreift. Gottes Handeln ist hier ganz eng mit der kreatürlichen Welt, mit dem Werden und Wachsen der Menschen und ihrer Körperlichkeit verbunden, die dadurch nicht abgewertet, sondern als grundlegend für Menschsein in Beziehung zu Gott und anderen Menschen beschrieben wird.

Das Magnificat als Lied einer Gemeinschaft

Es ist vielfach diskutiert worden, welche der Frauen als Sprecherin oder Sängerin des Magnificats anzusehen sei. Eine Auswertung des Textbefunds spricht eindeutig für Maria, auch wenn ein Teil der (lateinischen) Zeugen Elisabet als die Sängerin sieht. Eine Antwort auf diese Fragen kann ein Blick auf die Gattung des Liedes geben. Das Magnificat ist als persönliches Danklied zu verstehen. Es ist auffällig, daß in der ersten Person Singular von Not und Errettung gesprochen wird, die konkrete Situation und die Individualität des Erlebens jedoch nicht erkennbar sind. Dankpsalmen haben ihren Ort im Kultus. Auch wenn individuelle Erfahrungen zum Lob und Dank Gottes führen, so sind sie nicht als rein private Angelegenheit aufzufassen, sondern beschreiben auch eine überindividuelle Situation. Die Sprache, die in diesem Zusammenhang verwendet wird, ist eine gottesdienstliche, die sich vielfach formelhafter Wendungen bedient.

Die überindividuelle Befreiungserfahrung, die das Magnificat ausdrückt, stellt die Sängerin(nen) in die Heilsgeschichte Gottes mit dem Volk Israel. Um die gemeinschaftlichen Dimensionen des Magnificats herauszustellen, die deutlich machen, daß hier nicht nur die persönliche Erhöhungserfahrung Marias ausgedrückt wird, und um einer eingeschränkt individuellen Auslegung vorzubeugen, plädiere ich dafür, V. 46 folgendermaßen zu paraphrasieren: »Maria und Elisabet singen: …« Das entspricht zwar nicht der Textbezeugung, allerdings mehr dem Inhalt, der hier verkündet wird.

Das Magnificat – Evangelium der Armen

Die historische Situation, in die hinein das Magnificat spricht, ist das Palästina des 1. Jahrhunderts. Das Land war besetzt und stand unter römischer Vorherrschaft. Die Sicherheit der Herrschenden wurde durch den Einsatz militärischer Gewalt gewährleistet. Davon zeugen viele archäologische Funde der verschiedenen römischen Festungen in Palästina. Die Steuern und Tribute waren sehr hoch, jede Form von Widerstand wurde niedergeschlagen. In einem solchen Kontext ist die Sprache des Magnificats als Sprache des Widerstandes zu verstehen. Es ist ein Lied, in dem das, was nicht gesagt werden darf, herausgesungen wird. Es bringt zum Ausdruck, was in politischen Diskursen nicht erlaubt ist, denn explizite Herrschaftskritik wurde nicht geduldet. Für dieses Lied gibt es Vorbilder in der Hebräischen Bibel (z.B. Mirjam, Hanna, Debora ...). Maria und Elisabet erinnern sich an diese Traditionen und lassen sie in ihrer Gegenwart wieder neu sprechen. Sie loben Gott, weil er durch sie in der Geschichte handelt. Sie singen von Gott, der/die auf der Seite derer steht, die erniedrigt werden, hungern, die keinen Zugang zur Macht haben.

Sie selbst gehören zu diesen Menschen und bringen zum Ausdruck, wie sich Fremdherrschaft, Unterdrückung und militärische Besetzung spezifisch auf Frauen auswirken: In 1,48 beschreibt Maria ihre Situation als »Erniedrigung« (*tapeinosis*). Dieser Begriff wird vielfach mit Niedrigkeit (Gott gegenüber) übersetzt. Er wird im Kontext der biblischen Sprache jedoch nicht rein religiös verwendet, sondern thematisiert häufig sexuelle Gewalt gegen Frauen und wird oft benutzt, um eine Vergewaltigung zu beschreiben (vgl. Schaberg 1990). Es ist nicht eindeutig zu klären, ob die historische Maria tatsächlich aufgrund von sexueller Gewalt schwanger geworden ist. Weil der Begriff dies andeutet, muß aber zumindest mit dieser Möglichkeit gerechnet werden. Doch die ErzählerInnen dieses Textes wollen nicht die Frage nach der Herkunft Jesu und nach dessen möglichem biologischen Vater klären. Die lukanische Erzählung stellt das wunderbare Eingreifen Gottes bei der Entstehung des Kindes in den Mittelpunkt. Die gesellschaftlichen Repressalien, mit denen eine Frau, die unverheiratet schwanger wird, rechnen mußte, werden nicht erwähnt, stehen jedoch vermutlich auch hinter diesem Begriff.

Elisabet und Maria teilen die Erfahrung der Erniedrigung mit vielen anderen jüdischen Frauen und dem ganzen Volk, das die Befreiung ersehnt. Hunger, Armut und politische Machtlosigkeit sind Realität der Menschen, die unter der römischen Besatzungsmacht und ökonomischer Ausbeutung durch eine kleine einheimische Oberschicht leiden. Im zweiten Teil des

Magnificats wird das Ende aller Unterdrückung verkündet. Maria und Elisabet erfahren in ihrer Begegnung den Beginn dieser Veränderungen, in ihrem Lied wird das Reich Gottes als gegenwärtig beschrieben. »Die Zukunftshoffnung dieses Psalms ist mit der Gewißheit verbunden, daß die entscheidende Tat Gottes schon geschehen ist: Jesu Geburt (...) Die Erhöhung der niedrigen Magd Maria gilt von jetzt an für alle Generationen – und dieses Geschehen ist schon passiert.« (Schottroff 1978, 301-303)

Dieser Artikel erwuchs aus vielen Gesprächen mit Regene Lamb. Ihr möchte ich an dieser Stelle herzlich danken.

Literatur

Ivone Gebara; Maria C. Lucchetti Bingemer, Maria, Mutter Gottes und Mutter der Armen, Düsseldorf 1988.

Claudia Janssen, Elisabet und Hanna – zwei widerständige alte Frauen in neutestamentlicher Zeit. Eine sozialgeschichtliche Untersuchung, Mainz 1998.

Jane Schaberg, The Illegitimacy of Jesus. A Feminist Theological Interpretation of the Infancy Narratives, 2. Aufl. San Francisco 1990.

Luise Schottroff, Das Magnificat und die älteste Tradition über Jesus von Nazareth, in: Evangelische Theologie 38 (1978) 298-313.

Dies., Lydias ungeduldige Schwestern. Feministische Sozialgeschichte des frühen Christentums, Gütersloh 1994.

Feurige Visionen

Apostelgeschichte 2,1-18

Luise Schottroff

1 Und als der Tag des Pfingstfestes gekommen war, waren alle an einem Ort in Gemeinschaft. 2 Und es entstand plötzlich vom Himmel her ein Brausen wie von einem daherfahrenden gewaltigen Wind und erfüllte das ganze Haus, in dem sie saßen. 3 Und ihnen erschienen sich zerteilende Zungen wie von Feuer und setzten sich auf jede einzelne Person von ihnen. 4 Und alle wurden vom heiligen Geist erfüllt und begannen in gottgewirkter Sprache zu reden, wie der Geist es ihnen gab zu weissagen. 5 In Jerusalem gab es eingewanderte jüdische Menschen, fromme Leute aus jedem Volk unter dem Himmel. 6 Als nun dieses Brausen geschah, kam die Menge zusammen und wurde aufgestört, denn alle hörten sie in ihrer jeweiligen Muttersprache reden. 7 Sie erschraken und wunderten sich: Sind nicht diese alle, die reden, aus Galiläa? 8 Und wieso hören wir sie alle in unserer Muttersprache, in die wir hineingeboren sind? 9 (Wir kommen aus) dem parthischen, medischen und elamitischen (Volk) und von dem Volk, das in Mesopotamien wohnt, aus Judäa und Kappadokien, Pontus und Asia, 10 Phrygien und Pamphylien, aus Ägypten und der Gegend der Kyrene in Libyen. (Unter uns sind) Zugewanderte aus Rom, 11 sowohl solche, die von Geburt jüdisch sind, als auch Gläubiggewordene. Menschen aus Kreta und Arabien – wir alle hören sie reden über Gottes große Taten in unseren Sprachen. 12 Sie fürchteten sich alle und waren ratlos und sprachen zueinander: Was soll das bedeuten? 13 Andere spotteten: Sie sind voll von süßem Wein. 14 Da stand Petrus auf, umgeben von den elf (Aposteln), erhob seine Stimme und sprach zu ihnen: Ihr jüdischen Männer und Frauen und alle, die ihr in Jerusalem wohnt! Dieses sei euch kund, und laßt meine Worte in eure Ohren dringen. 15 Denn diese Menschen sind nicht betrunken, wie ihr meint, schließlich ist es erst die dritte Stunde des Tages. 16 Vielmehr: Dieses Geschehen ist das, was durch den Propheten Joel gesagt wurde. 17 Und in den letzten Tagen wird es geschehen – spricht Gott -: Ich werde von meinem Geist ausgießen auf alle Menschen. Und eure Söhne und eure Töchter werden weissagen, und eure jungen Männer werden Gesichte sehen, und eure Alten werden Träume haben, 18 und auch auf meine Sklaven und auf meine Sklavinnen werde ich in jenen Tagen von meinem Geist ausgießen, und sie werden weissagen.

Trockenes protestantisches Land

Johann Wolfgang Goethe hat sich über die lutherische Kirche beklagt. Sie habe die »Schwärmer und Inspiranten« abgewehrt, was ja auch manchmal berechtigt sei, aber nun sei es dahin gekommen, daß die Geistlichen überhaupt »nichts mehr von einer unmittelbaren Eingebung wissen«. Diese dürre Uninspiriertheit stehe im krassen Gegensatz zum Urchristentum, das in Zungenreden des göttlichen Geistes Geheimnisse verkündet habe. Die lutherische Abwehr der »Schwärmer« und »Enthusiasten« und eine entsprechende Deutung von 1 Kor 14 hat der Wahrnehmung des Pfingstwunders im Protestantismus schwer geschadet. Es gibt zweifellos Mißbrauch von geisterfülltem Reden, wie es überhaupt Mißbrauch von religiösen Lebensäußerungen gibt, aber das sollte nicht verhindern, die Pfingstgeschichte mit ihrer geradezu überbordenden Begeisterung für die Wirkungen des Gottesgeistes anzunehmen.

Die Urgemeinde: ein Ideal zum Nachahmen

Die Pfingstgeschichte erzählt, daß am jüdischen Wochenfest, am 50. Tage nach Passa, die Urgemeinde in Jerusalem vormittags zum gemeinsamen Gottesdienst versammelt war. Die lukanische Apostelgeschichte erzählt von der Jerusalemer Urgemeinde mit der deutlichen Absicht, sie als Ideal zum Nacheifern für spätere christliche Gemeinden darzustellen. Am ersten Pfingsten nach Jesu Tod und Auferstehung ist die Begabung der Gemeinde – als Gemeinschaft – mit dem Geist Gottes in einem gewaltigen kollektiven Offenbarungserleben handgreiflich geworden. Der göttliche Geist sah aus wie Feuer auf jedem einzelnen Kopf.

Ich habe mir in der Übersetzung des Textes Mühe gegeben, gerechte Sprache zu sprechen auch dort, wo der Text nur Männer erwähnt. Denn vom Zusammenhang her ist klar, daß diese Gemeinde aus Frauen und Männern (vgl. z. B. 1,14 und 2,17) und aus Sklaven und Sklavinnen besteht (2,18; trotz des Possessivpronomens »meine« SklavInnen sollte hier wie in Joel 3,2 an versklavte Menschen und nicht nur an die Diener und Dienerinnen Gottes im übertragenen Sinne gedacht werden, vgl. nur Apg 12,13ff.). Sie alle haben in gleicher Weise Anteil am Geist Gottes und erlangen ungeahnte Fähigkeiten, die Geheimnisse Gottes zu erkennen und öffentlich darzustellen.

Völkerfriede, Gerechtigkeit und die wilde Kraft der biblischen Visionen

Die Wirkung der Geistbegabung ist vielfältig: Die geistbegabten Frauen und Männer sprechen die Sprache des Himmels. Das Wort Zungenreden löst im protestantischen Kontext nur Unbehagen und exotische Assoziationen aus. Der Pfingsttext nennt das Zungenreden auch Prophetie (2,17.18). Was ist inhaltlich gemeint? Es ist – erstens – eine Kraft gemeint, die alle Völker und alle Klassen und die Geschlechter in eine gerechte Gemeinschaft bringt.

Das Sprachenwunder ab V. 5 verdeutlicht eine Seite der Kraft des Geistes Gottes. Es ist eine große Vision: Die babylonische Sprachverwirrung ist aufgehoben. Alle Völker sind am Wohnort Gottes versammelt. Sie werden repräsentiert von jüdischen Menschen, die überall im Römischen Reich verteilt – in der Diaspora – geboren wurden. Sie sprechen die Sprache ihres Geburtslandes und gestalten ihr Leben nach jüdischer Weise in Gehorsam der Tora gegenüber. Viele von ihnen zieht es nach Jerusalem. Unter ihnen sind auch Proselyten und Proselytinnen, Gläubiggewordene (2,11), die die jüdische Lebensweise und den jüdischen Glauben aus Überzeugung angenommen haben, obwohl sie nicht jüdischer Herkunft sind. Sie alle können die geistbegabten Frauen und Männer verstehen, weil sie nicht aramäisch – gar im galiläischen Dialekt – sprechen, sondern die jeweilige Muttersprache der Weitgereisten. Dieses Sprachenwunder ist die eine wunderbare Seite der Geistbegabung. Hier wird die Vision einer Menschheit geschaut, in der die Trennungen durch Sprache und Volksgrenzen aufgehoben sind und alle heimgekehrt sind zum Wohnort Gottes. Es ist eine Vision, die eine Hoffnung ausdrückt, aber auch eine Erfahrung, mit der niemand hatte rechnen können. Aramäisch war ein Minderheitendialekt, gemessen an der damaligen Weltsprache Griechisch. Es gab Mißtrauen und Spannungen zwischen jüdischen Menschen aus der Diaspora und z. B. aus Judäa/Galiläa. Der Geist vermag zu erreichen, daß ein gebildeter Diasporajude aus Athen eine Textilarbeiterin oder eine Fischereigehilfin aus Galiläa versteht. Denn der Geist gibt die Kraft, die Sprache des Lebens zu sprechen, die Grenzen überwindet.

Der Geist gibt eine neue Sprache, aber er verwandelt auch die Körper. Das ist die zweite Seite des Pfingstwunders. Das gemeinsame Gebet bewirkt, daß der Boden des Hauses der Gemeinde erbebt, erzählt Apg 4,31. Wie Sturm, Feuer und Erdbeben kommt der Geist über die Körper und Herzen. Menschen, die nicht gelernt haben, öffentlich zu reden, können »freimütig«, ohne Angst, begeistert über Gottes Gaben sprechen. Sogar vor Gericht verläßt sie dieser Geist des Mutes nicht (vgl. nur Mk 13,11). Die Verwandlung der Körper, die Heiligung der Körper, bedeutet, daß Gott in den Menschen wohnt. Sie werden zum Tempel Gottes, sagt Paulus (1 Kor 6,19). Das gemeinsame Gebet, das wie ein Erdbeben das Haus erzittern läßt, gibt die Gewißheit: Ich bin Gottes geliebtes Geschöpf. Gott beschützt und stärkt mich. Wenn Gottes Geist in den Körpern der Menschen wohnt, ist nichts unwichtig, was mit meinem Körper und mit den Körpern anderer Menschen geschieht. Der gekrümmte Rücken einer alten Frau, die dünnen Arme von Kindern, die hungern, – das sind Zeichen einer Gewalt, die Gottes Haus angreifen und die mich angreifen, denn mein Körper verbindet mich mit den anderen. Die Geistbegabung der urchristlichen Gemeinschaften hat die Körper der Menschen aufgerichtet und sie empfindlich gemacht für die Zerstörung anderer Menschen. Das die Identität begründende Sakrament dieser Gemeinde stellt den geschundenen und auferstandenen Körper Christi in den Mittelpunkt und verbindet im Essen der heiligen Mahlzeit die Menschen mit Gott und miteinander.

Der Geist schafft Gerechtigkeit. In seiner Rede zu Pfingsten zitiert Petrus Joel 3,1f. Frauen und Männer, Alte und Junge, Sklavinnen und Sklaven – sie haben alle den einen Geist der Prophetie und der Visionen. Die Alten werden Träume haben: von einer gerechten Welt, in der die Haus- und Versorgungsarbeit von Frauen und Männern geteilt und geliebt wird, weil sie Arbeit für das Leben ist. Die Alten träumen von einer Welt, in der Menschen »nicht bauen, damit ein anderer im Haus wohnt, und nicht pflanzen, damit ein anderer die Früchte genießt. In meinem Volk werden die Menschen so alt wie Bäume.« (Jes 65,22) Sie träumen von einer Welt, in der Kinder nicht hungern und krank werden müssen. Die Bibel steckt voll von Visionen. Der Geist gibt dem Menschen die Visionen ins Herz, er gibt ihnen die Kraft, sie zu vertreten und sie zu leben. Der Geist Gottes ist eine urdemokratische Kraft. Eine jüdische Auslegung von Num 11 sagt: »Mose glich in jener Stunde einer auf einem Leuchter brennenden Kerze. Mit der Kerze wurden andere angezündet, doch ihr Licht nahm nicht ab.« (Sifre zu Num. 11,17; Gradwohl 1988) Das Feuer, das auf den Köpfen zu sehen war, wird weitergegeben, und niemand verliert den Geist, wenn er die Nachbarin erfüllt.

Völkergemeinschaft, Sprache des Lebens, Heiligung der Körper und Gerechtigkeit: Das sind die Gaben des Geistes. Sie sind wild und ungezähmt. Sie befähigen zu Visionen. Sie machen mutig, gerecht und selbstbewußt. Zur Arbeit für Gerechtigkeit gehören feurige Visionen und eine Portion Dreistigkeit. Wir haben die Visionen. Die Bibel ist ihre Quelle; wer aus ihr trinkt, lernt die Visionen zu leben, auch auf die Gefahr hin, für betrunken gehalten zu werden.

Literatur

Willy Schottroff, Goethe als Bibelwissenschaftler, in: D. Kimpel; J. Pompetzki (Hg.), Allerhand Goethe, Frankfurt/New York 1985, 111-137.

Roland Gradwohl, Bibelauslegungen aus jüdischen Quellen, Bd. 3, Stuttgart 1988.

Die AutorInnen

Ulrike Bail, Dr., geb. 1960, Studium der Evangelischen Theologie und Germanistik, Pfarrerin der Württembergischen Landeskirche, Mitarbeit am feministischen Forschungsprojekt »Hedwig Jahnow«. Wissenschaftliche Mitarbeiterin im Fachgebiet Altes Testament an der Universität Frankfurt/M. von 1994-1996, seit 1996 am Lehrstuhl für Exegese und Theologie des Alten Testaments und biblische Hermeneutik der Ev.-Theologischen Fakultät der Ruhr-Universität Bochum. Promovierte 1997 mit dem Thema: Gegen das Schweigen klagen. Eine intertextuelle Studie zu Ps 6, Ps 55 und 2 Sam 13,1-22.

Klara Butting, Dr., geb. 1959, studierte Evangelische Theologie in Göttingen, Heidelberg und Berlin, promovierte 1993 in Amsterdam und arbeitet zur Zeit mit einer halben Stelle als Pastorin in Uelzen. Daneben leitet sie ein Projekt, das unter dem programmatischen Namen »Erev-Rav« – so heißt das »viele fremde Volk«, das mit Israel aus der Sklaverei zog (Ex 12,38) – Studienwochen, organisiert mit der Zielsetzung einer Befreiungstheologie im Kontext Europas.

Marlene Crüsemann, geb. 1953, Studium der Evangelischen Theologie in Göttingen und Heidelberg. Vikariat in Karlsruhe. Veröffentlichungen zur sozialgeschichtlichen und feministischen Exegese. Eine Dissertation bei Luise Schottroff über die Thessalonicher-Briefe steht kurz vor dem Abschluß.

Irene Dannemann, Dr., geb. 1962, arbeitet als Gemeindepfarrerin in Frankfurt/M. Sie war wissenschaftliche Mitarbeiterin im Forschungsprojekt Feministische Befreiungstheologie an der Universität Gesamthochschule Kassel, in dessen Kontext sie zu den »bösen« Frauen im Markusevangelium promoviert hat.

Claudia Janssen, Dr., geb 1966, Studium der Evangelischen Theologie in Kiel und Marburg. Vikariat in der Hannoverschen Landeskirche. Langjährige Mitarbeit am Forschungsschwerpunkt Feministische Befreiungstheologie an der Universität Gesamthochschule Kassel. Mit anderen Frauen und Männern arbeitet sie seit einigen Jahren an dem Projekt einer Feministischen Sozialgeschichte des frühen Christentums. In diesem Zusammenhang steht auch ihre Dissertation zum Thema »Elisabet und Hanna –

zwei widerständige alte Frauen in neutestamentlicher Zeit« (1996). Weitere Forschungsschwerpunkte sind: Antijudaismus und christliche Identität, Kreuzestheologie, paulinische Anthropologie und Ekklesiologie. Seit 1997 betreut sie die *Sozialgeschichtliche Bibelauslegung* in der Zeitschrift Junge Kirche.

Hanna Kreisel-Liebermann, geb. 1955 in Schömberg/Calw, aufgewachsen in Lüneburg; Theologie- und Politikstudium von 1974 bis 1981; Villigst-Stipendiatin, Vikariat, Religionsunterricht 1986-1988 am Gymnasium Lehrte; Studienleiterin Heimvolkshochschule Loccum 1989-1990; Lehraufträge für »Feministische Theologie« und »Bibliodrama« an der Ev. Fachhochschule Hannover von 1987 bis 1991; 1991 bis 1997 Pastorin in einer City-Kirche in Göttingen; seit 1997 Krankenhaus-Seelsorgerin; seit 1998 im Forschungsprojekt SUPPORT des Bundesministeriums für Gesundheit/Uni Göttingen. Verheiratet, drei Söhne im Alter von 22 bis 14 Jahren.

Regene Lamb, geb. 1960 in Brasilien; arbeitet als Gemeindepfarrerin in Erval Seco, RS. Langjährige Mitarbeit am Forschungsschwerpunkt Feministische Befreiungstheologie in Kassel und im Ökumenischen Zentrum für Biblische Studien in Brasilien (CEBI). Schwerpunkt ihrer Arbeit ist die kontextuelle Bibellektüre.

Sigrid Lampe-Densky, geb. 1957, studierte Evangelische Theologie in Göttingen. Sie arbeitet zu Gleichnissen im Neuen Testament. Mitarbeit bei verschiedenen feministisch-befreiungstheologischen Sommeruniversitäten, Pfarrerin in Hannover, verheiratet.

Annette Merz, geb. 1965, studierte 1985-92 Evangelische Theologie in Münster und Heidelberg, arbeitete 1992-1996 an einem Lehrbuch über den historischen Jesus (zusammen mit G. Theißen), ist seit 1996 Wissenschaftliche Mitarbeiterin für Neues Testament in Heidelberg. Der Abschluß der Promotion über den intertextuellen Ort der Pastoralbriefe in der Paulustradition ist für 1999 geplant. Arbeitsschwerpunkte: Neuere Methodendiskussion, Jesusforschung, paulinische Theologie und ihre Rezeption.

Ulrike Metternich, geb. 1957, hat im November 1998 bei Luise Schottroff promoviert. Der Titel ihrer Arbeit lautet: »Sie sagte ihm die ganze Wahrheit. Eine feministisch-befreiungstheologische Exegese der Erzählung von der »Blutflüssigen« (Mk 5,25-34 par) auf dem Hintergrund einer sozialgeschichtlichen Untersuchung der Menstruationsvorschriften im Judentum und frühen Christentum.« Eine Veröffentlichung als Buch ist in Planung. Ulrike Metternich ist ev. Theologin, Mutter von drei Kindern und arbeitet im Moment als Pfarrvikarin in Lörrach.

Stefanie Müller, geb. 1971 in Siegen, Studium der Evangelischen Theologie und Germanistik in Siegen und Kassel; Erste Staatsexamensarbeit über »Das Bild der Pharisäer in Mt 23 und in neuerer jüdischer und christlicher Literatur«. Zur Zeit arbeitet sie als Referendarin an einem Gymnasium in Hessen.

Luise Schottroff, geb. 1934 in Berlin, ab 1951 Studium der Evangelischen Theologie, Abschluß des Studiums 1960 mit der Promotion zum Dr. theol. an der Georg-August-Universität Göttingen. 1969 Habilitation für das Fach Neues Testament an der Johannes-Gutenberg-Universität Mainz, danach Privatdozentin und Professorin an der Universität Mainz (1969-1986). Seit 1986 Professorin für Biblische Theologie/NeuesTestament an der Universität Gesamthochschule Kassel. Arbeitsschwerpunkte sind Sozialgeschichte des frühen Christentums und feministische Auslegung des Neuen Testaments. Seit 1986 arbeitet sie zusammen mit anderen Frauen an Projekten im Rahmen eines Forschungsschwerpunkts feministische Befreiungstheologie in Kassel.

Willy Schottroff, 1931-1997, ab 1971 Professor für Altes Testament an der Johann Wolfgang Goethe-Universität in Frankfurt/M. Schwerpunkte seiner Arbeit waren die sozialgeschichtliche Erforschung des Alten Testaments, Martin Buber-Forschung, Philologie, Religionsgeschichte und Archäologie vorderorientalischer Kulturen der Alten Welt. Gesammelte Veröffentlichungen: Willy Schottroff, Gerechtigkeit lernen. Beiträge zur biblischen Sozialgeschichte, hrsg. v. Frank Crüsemann und Rainer Kessler in Verbindung mit Luise Schottroff, Gütersloh 1999.

Luzia Sutter Rehmann, Dr., geb. 1960. Mutter von zwei Töchtern. 1987-1996 Leiterin der Projektstelle für Frauen der evang.-ref. Kirche Basel-Stadt. Promovierte 1994 in Kassel zum Thema »Geh, frage die Gebärerin! Feministisch-befreiungstheologische Untersuchungen zum Gebärmotiv in der Apokalyptik«. Seit 1996 freischaffende Forscherin. Weitere Veröffentlichung: Vom Mut, genau hinzusehen. Feministisch-befreiungstheologische Interpretationen zur Apokalyptik, Luzern 1998.

Beate Wehn, geb. 1970, Studium der Evangelischen Theologie und Germanistik für das Lehramt an Gymnasien in Siegen (1990-92) und Kassel (1992-96); Erstes Staatsexamen 1996; seit 1997 als wissenschaftliche Mitarbeite-

rin von Luise Schottroff und im Feministisch-Befreiungstheologischen Archiv in Kassel tätig; arbeitet an einer feministisch-sozialgeschichtlichen Dissertation zu »Gewalterfahrungen von Frauen in den apokryphen Apostelakten«. Arbeitsschwerpunkte: Antijudaismus in christlicher Theologie, frühchristliche Sozialgeschichte, Gewalt gegen Frauen. Seit 1998 verantwortlich für die *Sozialgeschichtliche Bibelauslegung* in der Jungen Kirche.

Renate Wind, Dr., geb. 1950, lebt in Heidelberg. Studium der Theologie und Erziehungswissenschaft, Promotion, Vikariat, Schulpfarramt an der Gesamtschule Weinheim. Seit 1993 Professorin für Biblische Theologie an der Fachhochschule für Religionspädagogik in München und Nürnberg. Engagement in der Friedens- und Solidaritätsbewegung. Veröffentlichungen zu sozialwissenschaftlicher Exegese, Kirchengeschichte und Biographieforschung.

Fundorte der Erstveröffentlichungen

Ulrike Bail, Die Klage einer Frau, zu sprechen gegen das Schweigen (Ps 55), in: Junge Kirche 3 (1996) 154-157.

Klara Butting, Das Ächzen wird zu Worten (Ps 12), in: Junge Kirche 1 (1996) 27-30.

Marlene Crüsemann, Zusammengedrängte Zeit (1 Kor 7,29-31), in: Junge Kirche 9 (1994) 494-496.

Dies., Der Habgier nicht ausgeliefert (Lk 12,15-21), in: Junge Kirche 9 (1997) 506-509.

Dies., Gefäße der Ehre (1 Thess 4,1-8), in: Junge Kirche 9 (1998) 518-520.

Irene Dannemann, Aufstehen gegen die Entmutigung (Mk 16,1-8), in: Junge Kirche 3 (1997) 156-160.

Dies., Kämpferisch geduldig sein (Jak 5,7+8), in: Junge Kirche 11 (1997) 630-632.

Claudia Janssen, Maria und Elisabet singen ... (Lk 1,39-56), in: Junge Kirche 11 (1996) 620-624.

Dies., Gott, spürst du unsere Sehnsucht? (Röm 8,18-25), in: Junge Kirche 10 (1998) 583-585.

Hanna Kreisel-Liebermann, Solidarisch sein kann nur, wer eigenes Leid nicht vergißt (Lk 17,11-19), in: Junge Kirche 7/8 (1997) 434-437.

Dies., »Ich will euch einen köstlicheren Weg zeigen« (1 Kor 13,1-13), in: Junge Kirche 1 (1998) 32-35.

Regene Lamb, Ein Licht ist angezündet. Lk 15,8-10 aus feministisch-befreiungstheologischer Perspektive, in: Bibel und Kirche 4 (1995) 230-234.

Sigrid Lampe-Densky, Suchen, was verlorenging (Lk 15,1-7), in: Junge Kirche 5 (1997) 288-291.

Annette Merz, »Was dem Frieden dient«: Zum Umgang mit unlösbaren Konflikten in der Gemeinde (Röm 14,7-23), in: Junge Kirche 6/7 (1998) 368-373.

Luise Schottroff, Phil 4,10-13.14-20, in: Göttinger Predigtmeditationen, 44. Jg. 1989/90, Göttingen 1989, 81-87.

Dies., Sozialgeschichtliche Bibelauslegung zum Predigttext für den Sonntag Reminiscere, 24. Februar 1990, Mk 12,1-12, in: Junge Kirche 1 (1991) 31-34.

Dies., Hannas Prophetie (1 Sam 2,1-2.6-8a), in: Junge Kirche 3 (1994) 161-163.

Dies. Gleichnistheorie, in: dies., Lydias ungeduldige Schwestern. Feministische Sozialgeschichte des frühen Christentums, Gütersloh 1994, 83-86.

Dies., 13. Sonntag nach Trinitatis - 1.9.1996, Apg 6,1-7, in: Göttinger Predigtmeditationen, 50. Jg., Göttingen 1996, 359-365.

Dies., Feurige Visionen (Apg 2,1-18), in: Junge Kirche 5 (1998) 289-292.

Luise und Willy Schottroff, Gegen die Beliebigkeit, in: Junge Kirche 11 (1993) 596-600.

Willy Schottroff, »Wohin ich getrost fliehen kann ...« (Ps 91), in: Junge Kirche 5 (1996) 284-287.

Beate Wehn, Das Leben teilen - Ermutigung zur Solidarität (Röm 12,9-16), in: Junge Kirche 12 (1997) 696-698.

Renate Wind, Der Gott, der bei uns ist, ist der Gott, der uns verläßt (Lk 24,50-53), in: Junge Kirche 4 (1997) 224-227.